# 크리스천 티칭

A Theology of Christian Teaching

# 크리스천 티칭

A **T**heology of **C**hristian **T**eaching

다음 세대에 믿음의 스토리를 이어주라

양승헌 지음

## 차례

추천사  7

책을 시작하며  15

1장  크리스천 티칭이란?  27

2장  크리스천 티칭 – 목표  57

3장  크리스천 티칭 – 교사  93

4장  크리스천 티칭 – 내용  129

5장  크리스천 티칭 – 학생  159

6장  크리스천 티칭 – 방법  185

7장  크리스천 티칭 – 성령  225

책을 마치며  255

주  283

## 추천사

■

한국 교회는 선교하는 교회입니다. 전 세계에 파송된 한국 선교사님들의 수는 미국과 1, 2위 자리를 놓고 다툴 만큼 많습니다. 기독교 역사상 가장 짧은 기간 안에 가장 많은 선교사를 파송한 나라는 단연 한국입니다. 그럼에도 불구하고 한국 교회에는 큰 문제가 있습니다. 수평적으로 우리 시대에 타문화 타언어권의 사람들에게 복음을 전하는 데에는 정력을 아끼지 않는 우리 한국 교회가 수직적인 선교, 즉 우리보다 한 세대 뒤에 이 땅에서 태어날 복음을 듣지 못한 영혼들을 향한 선교와 교육에서는 상당히 뒤떨어지고 있는 형편입니다.

이런 점에서 이 책은 한국 교회의 취약점인 다음 세대를 향한 복음 교육의 새로운 획을 긋는, 진작에 나왔어야 할 책이라는 생각이 듭니다. 저는 이 책이 기독교 교육 분야에 있어 이론과 실제를 가장 잘 조화시킨 실천적 기독교 교육서의 결정판이 될 것이라 확신합니다. 파이디온 선교회와 도서출판 디모데를 통해 한국 교회에 기독교 교육의 선구자로 섬겨오신 양승헌 목사님의 삶과 앎이 집약된 이 책이 다음 세대를 향한 불타는 열정을 가진 모든 이들에게 사막의 오아시스처럼 신선한 활력과 회복을 가져다줄 것을 확신하며 이 책을 추천합니다.

김요셉 목사_중앙기독초등학교, 수원 원천침례교회

■

이 책은 정말 오랫동안 기다려왔던 책입니다. 교회 교육에 관한 책들이 수많이 발간되지만 기독교적 가르침의 핵심이 무엇인지 분명히 밝혀주는 책을 찾기는 쉽지 않습니다. 이 책을 읽노라면 어떻게 이렇게 실제적이면서도 이론적일 수 있는가 하는 생각이 듭니다. 정말 기독교 교육의 실제와 이론, 이론과 실제를 성경으로, 경험으로, 교육 신학의 원리로 꿰뚫고 있습니다. 한국 교회에서도 스토리가 이어져야 한다는 저자의 애통함이 교육에서 회복해야 할 가르침의 원리를 생명력 있게 풀어내고 있습니다. 그렇기 때문에 이 책에서 신학과 교육학, 학문과 현장 그리고 앎과 삶이 하나가 됩니다. 이 책은 어려운 책이 아닙니다. 적절한 이야기와 예화 그리고 그림을 통해 기독교 교육의 엑기스를 '아하, 그렇구나!' 하며 깨닫게 합니다. 이 책은 또한 저자의 삶이 녹아 있는 간증이기도 합니다. 40년 동안 교회 교육에 헌신했던 그의 삶, 파이디온 선교회를 시작하면서 교육 현장에 헌신했고, 달라스 신학교와 트리니티 신학대학원에서 기독교 교육학을 깊이 탐구했으며, 합동신학대학원에서 기독교 교육학으로 후학을 양성하고 그리고 지금 세대로교회에서 교육과 목회를 통합하는 새로운 목회 사역의 틀을 세워가고 있는 모든 삶이 직조되듯 짜인 글입니다. 철저히 첫 번째 교사 되신 예수 그리스도께 잡힌 바 된 그의 삶과 가르침의 진한 향기를 맡을 수 있는 이 책을 이 땅의 모든 목회자들, 교회학교 교사들, 학교의 기독교사들, 기독교 교육 학도들 그리고 자녀를 키우는 모든 부모들이 일독할 것을 권하고 싶습니다.

박상진 교수_장신대 기독교 교육학

■

　양승헌 목사님은 성경을 가르치는 많은 사람들에게 열등감을 갖게 하는 성경 교사입니다. 목사님은 성경을 가르치실 때 학생들은 물론 성인들도 흥미진진하게 배울 수 있게 가르치십니다. 똑같은 내용을 가르치더라도 배우는 입장에서 정말 이해하기 쉽고 재미있습니다. 그래서 그분을 보면 같은 목사와 교사의 입장에서 약간 질투가 나기도 합니다.
　그렇지만 양승헌 목사님 같은 분이 말씀을 가르치시고, 또 기독교 교육을 전문적으로 연구하시는 것은 한국 교회의 입장에서 여간 다행스러운 일이 아닙니다. 이 책에는 양승헌 목사님이 가지고 있는 성경 교사로서의 탁월함이 그대로 담겨 있습니다. 이 책을 읽는다고 누구나 양 목사님처럼 될 수 있다고 생각하지는 않습니다. 그러나 정말 말씀을 가르치려고 하는 사람이라면 이 책에서 많은 도전을 받고 도움을 얻게 될 것이라고 믿습니다.

기독교 교육학은 기독교 신앙을 후대까지 보존하고 계승하기 위해서 정말 중요한 학문입니다. 그런데 그 어떤 학문 영역보다 실천적이어야 할 기독교 교육이 이론적으로 흘러가는 것 같아 아쉽습니다. 이렇게 된 것은 기독교 교육이 신앙 계승이라는 위대한 목적을 위한 도구가 되어야 하는데 종종 학문 연구 그 자체가 목적이 되어버리기 때문이 아닐까 생각합니다. 그런 의미에서 이 책은 기독교 교육학이 가진 본래의 역할을 제대로 감당하고 있는 책이라고 생각합니다. 교회 내 교육 부서에서 섬기는 분들, 기독교 교육을 연구하는 분들에게 일독을 권합니다.

방선기 목사_이랜드 사목, 직장사역연구소 소장

■

하루 1, 2달러로 살아가야 하는 전 세계 수많은 가난한 어린이들을 양육하는 사람들이 있습니다. 그 지역의 볼품없고, 배움 없는, 어느 누구도 돌보지 않던 믿음 없는 어린이들에게 예수님의 말씀을 심고자 눈물과 기도로 헌신하는 컴패션의 많은 사역자들이 있습니다. 어쩌면 이 한국 땅에서, 말씀이 풍성하고, 어린이가 사랑받는 이곳에서 그와 같은 절박함을 기대한다는 것은 불필요한 일일지도 모릅니다.

하지만 제게 이 땅에서도 그런 절박함을 알고, 다음 세대를 향한 끝없는 사랑이 있음을 알게 해주신 분이 계셨습니다. 바로 양승헌 목사님입니다. 자꾸만 퇴색해가는 한국 교회 주일학교를 보며 그렇게 가슴 아파하는 목회자를 저는 지금껏 본 일이 없습니다.

"한국 교회 주일학교 교육을 보며 무언가를 해야 한다는 긴박감으로" 쓰셨다는 양승헌 목사님의 이번 저서를 보며 그분의 간절한 마음뿐 아니라, 기독교 교육의 풍성한 내용이 담긴 백과사전을 보는 것 같은 성찬을 만끽하는 기쁨도 함께 가졌습니다. 특히 오랜 시간 한국 교회 주일학교를 섬겨온 목사님만의 경험과 방법론 등을 잘 배울 수 있는 좋은 기회가 되었습니다.

양승헌 목사님이 왜 이 글을 쓰게 되셨는지(Why), 우리에게 필요한 기독교 교육이 무엇인지(What), 어떻게 그것을 이루어가야 할 것인지(How)에 대한 분명한 그림이 그려져 읽는 동안 쉽게 따라갈 수 있었고, 평생을 어린이에게 헌신한 사랑이 과연 이런 것이구나 하는 사실을 더욱 잘 알 수 있었습니다. 여기에 기독교 교육을 신학적으로 접근해보고자 하셨던 분들께도 유익한 내용일 것이라고 생각합니다.

전 세계 5,700개가 넘는 교회에서 120만 명의 어린이들을 그 땅의 책임감 있는 크리스천 리더로 양육하는 사람으로서 가르침을 위한 더욱 좋은 가르침이 될 이 책을 전 세계의 모든 교사들에게 추천하고 싶습니다.

서정인 목사_한국 컴패션 대표

■

우리의 말씀 운동이 힘을 얻기 위해서는 성경(신학)과 기독교 교육학의 만남이 필요하다고 생각해왔다. 신뢰할 만한 교회 교육의 멘토 양승헌 목사님은 이 일에 열정과 통찰을 제공해온 분이다. 양 목사님의 풍부한 체험과 오랜 연구가 통합된 노작(勞作)에 반가움이 앞선다. 이 책이 정태적(靜態的)인 기독교 교육학을 성경의 스토리가 살아 있는 역동적이고 실제적인 영적 무기로 변화시키는 촉매가 되리라 믿는다.

오형국 목사_성서유니온선교회 연구훈련원장

■

언젠가 한 신학 대학의 교수님이 교회학교 아이들을 대상으로 설문 조사를 했는데 질문 중에 이런 것이 있었습니다.

"교회에서 가장 하기 싫은 프로그램이 무엇인가?"

그랬더니 1위가 설교였고, 2위가 분반 공부였습니다. 아이들에게 이 두 가지가 다 기피 대상이라면 무엇이 남는지 모르겠습니다. 이렇게 아프고 슬픈 설문 결과였지만, 그러나 저는 이 설문에서 희망도 보았습니다.

질문 중에 "그렇다면 가장 좋은 선생님은 누구인가?"라는 문항이 있었는데, 놀랍게도 21퍼센트 이상의 아이들이 성경 공부를 잘 가르쳐주는 선생님이라고 대답한 것입니다.

이 설문을 보면 아이들이 하나님의 말씀을 배우는 것 자체를 싫어하는 것이 아님을 알 수 있습니다. 이런 결과는 어른들도 마찬가지라고 생각합니다.

교회 내에 있는 모든 사람이 말씀을 배우고 싶어하는 열망이 있습니다. 그러나 잘 가르치는 교사가 없다는 것이 현실적인 문제입니다. 더 엄밀히 말하면, 기독교 교육에 대한 열정은 있지만 방향성, 즉 철학이 없다는 것입니다.

방향성이 없는 에너지는 기대했던 바 목적을 이룰 수 없는 공허한 것입니다. 이런 맥락에서 이 「크리스천 티칭」은 이런 갈증을 채워주는 고마운 책입니다. 설교자를 비롯해 성경을 가르치는 모든 교사에게 이 책은 올바른 방향성을 제시할 것입니다. 말씀을 잘 가르치려는 열정이 바른 방향성을 만나 건강한 결과를 만들어낼 것을 기대하며 이 책을 기쁘게 추천합니다.

이찬수 목사_분당우리교회

■

교회와 선교 사역에 있어서 크리스천 티칭이 배제된 때는 교회 역사상 없었던 것 같다. 특히 예수님은 지상에 계실 때 이미 크리스천 티칭의 본을 보여주셨다. 주님의 사역 가운데 티칭은 주님의 사역의 근간을 이루었다고 해도 과언이 아닐 것이다. 사역자의 기준을 제시한 성경 말씀 가운데에도 가르치는 것은 빠지지 않고 언급되었다. 바울 사도도 감독의 자격을 논하면서 "가르치기를 잘하며"라고 가르치는 것의 중요성을 언급한 바 있다(딤전 3:2). 은사에 대해 논할 때에도 역시 그 중요성을 말하고 있다. 에베소서 4장 11-12절에 있는 은사의 목록 가운데 현대 교회에서 가장 잘 활용되는 부분이 목사와 교사인데 이는 일종의 복합적인 은사이다. 목사라면 가르치기도 잘해야 한다는 뜻으로 볼 수 있다.

설교, 목회 상담, 주일학교 교사 사역, 제자 훈련 그리고 훈계와 징계의 회복 과정에도 티칭이 포함되어 있다. 인체의 구조에 비교한다면 가르치는 것은 중추 신경과 같은 역할을 한다고 봐야 할 것이다. 만일 교회가 크리스천 티칭을 통해 세대와 세대 간의 신앙을 이어주는 역할을 하지 못한다면 우리의 다음 세대는 위태로울 수밖에 없다. 이는 이미 후기 기독교 사회가 된 유럽과 북미에서 확연히 볼 수 있는 현상이다.

애석하게도 지난 수십 년 동안 한국 교회는 여러 가지 이유로 크리스천 티칭이 심각할 정도로 약화되거나, 실패를 거듭해왔다. 이번에 양승헌 목사님이 자신의 전 생애를 통해 터득한 크리스천 티칭의 정수를 한국 교회를 위해 내어놓은 것은 이런 위기를 타개하려는 한국 교계에 큰 도움이 되리라 생각한다.

저자가 이미 책에서 언급한 대로 이 책은 단순한 기독교 교수법이나, 기독교 교육철학에 관한 책이 아니라 크리스천 티칭의 신학을 담고 있다. 이 책은 기존의 책들과 그 틀을 달리하는 면모를 보이면서도 기독교 철학 서적이 말하고 있는 내용과 기독교 교육 교과서들이 언급하고 있는 내용들을 무시하지 않고 거의 다 다루면서 그 외에 다음과 같은 면들을 더 추가하고 있다고 본다.

첫째, 예수님의 티칭 모델을 제시함으로써 티칭과 제자도(discipleship)와의 간격을 줄였다. 흔히 제자 훈련과 티칭은 별개의 것으로 다루는 것이 보통이다. 그러나 따지고 보면 예수님은 티칭을 하신 것이다. 이런 티칭은 곧 제자도의 핵심이다. 특히 일반 성경 공부를 가르치는 것을 제자도라고 인식하고 있는 사람들에게 이 책은 아주 큰 아이 오프닝(eye opening)의 계기가 될 것이라 믿는다. 모든 티칭이 이렇게만 된다면 세대와 세대가 이어지고, 유년 및 장년의 교회 교육이 다시 활성화될 뿐만 아니라, 교회마다 그리고 선교지마다 제자도가 살아날 것이다.

둘째, 저자의 소신에 따라 심오한 내용들이 쉽고 재미있게 쓰였다. 이 책은 읽는 이들이 지루해하거나 어려워하지 않고 알아들을 수 있도록 철저히 수신자 중심의 커뮤니케이션(receptor oriented communication)을 하였다. 이는 그만큼 저자가 이 분야에 출중한 능력을 가지고 있음을 알려준다. 마치 양 목사님이 사사한 달라스 신학교의 하워드 헨드릭스처럼, 또는 트리니티 신학교의 테드 워드처럼 말이다.

셋째, 현 한국 교회 교육과 선교사들의 사역을 잘 아는 가운데 크리스천 티칭을 논했다. 상황에 대한 바른 인식 없이 효과적인 티칭 사역을 하는 것은 낙타가 바늘귀에 들어가는 것처럼 어려운 일이다. 하지만 양 목사님은 평생 동안 한국 교회 교육을 위해 꿈을 꾸고, 연구하며, 가르치고, 교재를 집필하고 있다. 나는 그분이 목회 역시 티칭의 은사를 최대한 활용하는 가운데 새롭게 모델링하고 있다고 본다.

「크리스천 티칭」은 위와 같은 이유에서 티칭에 대한 성서적인 시각, 곧 예수님의 티칭 모드(mode)를 이해하게 할 것이고, 아울러 제자도와 티칭의 협업까지도 목도하게 해줄 것이다. 이 책을 목회자들, 선교사들, 교회의 장로들, 집사들을 포함한 모든 교인들에게 널리 추천하는 바이다.

이태웅 목사_한국해외선교회(GMF) 글로벌리더십포커스(GLfocus.org) 원장

책을 시작하며

〈따오기〉라는 노래가 있다.

"보일 듯이 보일 듯이 보이지 않는
따옥따옥 따옥 소리 처량한 소리…
잡힐 듯이 잡힐 듯이 잡히지 않는
따옥 따옥 따옥 소리 구슬픈 소리…"

1925년 한정동이 시를 쓰고 윤극영이 곡을 붙인 이 동요는 어린 시절 나의 애창곡이었다. 그리고 어쩌면 기독교 교육가로서 지금까지 불러온 내 평생의 노래인지도 모른다. 기독교 교육… 그 소중한 주제를 가슴에 품고 많은 세월 많은 사람들에게 많은 내용을 가르치며 교육을 해왔지만, 늘 부족감, 부적절감, 불명확함은 따오기 노래처럼 날 괴롭혀왔다. 무언가 확실히 있는 실체인 것은 분명한데 보일 듯 보일 듯하면서도 보이지 않고, 잡힐 듯 잡힐 듯하면서도 잡히지 않는 답답함과 모자람에 늘 아쉬웠다. 기독교 교육이란 말이 내게는 언제나 무언가 확 뚫리지 않는 약간은 답답하고 개념적이며 평면적인 명사로 고여 있었다. 나는 기독교 교육에 대해 우리가 처한 현실 속에서 나와 사람들을 변화하게 만드는 무언가 역동성 있는 동사적 정의가 절실했다. 1992년 어느 날 현대 기독교 교육의 아버지라고 불리는 호레이스 부쉬넬(Horace Bushnell)이 쓴 「크리스천 양육(Christian Nurture)」을 읽으면서 개념의 변환을 경험하게 되었다. 학문적이고 관념화되어가는 기독교 교육을 '지금 여기(here and now)'에 필요한 사역적 기능으로 변환하기 위해 나는 '크리스천 티칭(Christian Teaching)'이란 말을 사용하게 되었다. 어쩌면 그 말이 현장에서 기독교 교육을 배운 나에게는 더 합당한 용어일 듯싶다.

1973년 1월 3일 첫 주일, 조그만 개척 교회의 주일학교 교사로 서면서부터 나의 크리스천 티칭의 순례는 시작되었다. 예수님을 구세주와 주님으로 모신 지 6개월이 채 안 된 상태에서 그 해 부활절에 세례를 받는 조건으로 티칭 사역이 주어졌고, 그렇게 따오기 노래와 같은 나의 티칭 사역은 시작되었다. 성경도 모르는 채 아이들에게 성경을 가르치고, 스스로 제대로 서지도 못한 채 아이들을 세우면서, 나의 티칭은 그들을 세우는 사역이라기보다는 나를 세우는 축복으로 내 삶에 들어오게 되었다.

아이들을 가르치라는 목사님의 권유에 겁도 없이 순종한 것은 믿음이라기보다는 아마도 내 속에 하나님이 내장시켜놓으신 티칭 DNA가 발동한 것 같다. 평생 교육가로 사신 아버지의 일곱째 자식으로 태어나, 누군가를 가르치는 삶의 의미와 기쁨을 맛보며 성장한 배경이 싹이 튼 것인지도 모른다. 민족 동란 후 경제적으로 파산하다시피 한 우리 가족은 '수적 우세'를 밑천으로 먹고살아야 했다. 우리는 나지막한 야산 비탈의 나무를 베고, 돌을 주워내 거기에 아카시아 나무 묘목을 키워 팔기도 했다. 그 모든 과정에서 나는 가정 경제를 돕기 위한 노동력으로 동원되었다. 다섯 살 때부터 나는 소비자가 아닌 생산자로 간주되었고, 나 스스로도 그렇게 생각하며 자랐다. 한도 끝도 없는 농사일에 동원되는 자식들을 격려하기 위해 아버지는 늘 많은 이야기를 들려주셨다. 동서고금의 많은 이야기들, 고사성어에서 이솝 우화에 이르기까지 많은 스토리를 들으면서 나의 어린 상상력은 풍선처럼 부풀곤 했다. 초등학교에 들어가기 전 나는 게오르규의 「25시(The 25th Hour)」에 관한 이야기를 들었다. 내 스토리텔러로서의 거푸집이 그 길고 지루한 밭고랑과의 싸움터에서 빚어질 줄을 누가 알았겠는가?

매주일 초롱초롱한 눈빛으로 반응하는 아이들에게 성경 이야기를 들려주면서 나는 크리스천 티칭의 의미와 기쁨 속에 점점 빠져들게 되었다. 나의 티칭 사역이 주는 위로와 힘은 제1대 크리스천으로서 온 집안의 반대 가운데도 믿음을 지킬 수 있었던 동력이 되었다. 1974년 신문방송학과에 진학하려던 목표를 바꾸어 신학대학에 입학했을 때도, 크리스천 티칭에 대한 부담은 내 마음속에서 여전히 자라가고 있었다.

신학대학교에 입학하여 거기서 만난 몇 명의 동지들과 1년 동안 이 땅의 어린이들을 하나님의 말씀으로 세우기 위한 사역 모둠을 놓고 기도했다. 그 모둠이 1975년에 시작된 파이디온 선교회다. 크리스천 티칭에 헌신한 신학 대학생들의 동아리가 한국의 복음주의 기독교 교육을 선도하는 티칭 사역 기관으로 서게 될 줄은 그 당시에는 상상조차 하지 못했다.

파이디온을 중심으로 주일학교에서 가르치는 교사들을 훈련하고, 주일학교 학생들을 위한 교재를 개발하며, 그들이 하나님을 예배할 때 부를 찬양 가사를 쓰고, 낙도 오지를 다니며 아이들에게 복음을 전하면서 나의 티칭 순례는 더욱 탄력을 받게 되었다.

그러던 어느 날 나는 내 안에 성령이 심어놓으신 가르치는 은사가 꽃피어나는 순간을 경험했다. 성경이 되었든, 영문법이 되었든, 유전자 공학이 되었든, 철학이 되었든 소화만 할 수 있다면 내가 들은 것보다 더 잘 가르칠 수 있을 것 같은 엉뚱하고도 신비한 확신이 생겼다.

그럼에도 한편으로는 아버지께로부터 물려받은 티칭 DNA, 성령님이 주신 티칭의 은사가 개발되면서 나는 티칭에 대한 '큰 그림'을 잡지 못함으로 인한 따오기 신드롬은 더욱 심해지는 것을 느꼈다.

1988년 12월 하나님은 나의 교육가로서의 순례에 결정적인 길을 열어주셨다. 6년 동안 미국에 머물며 달라스 신학대학원에서 기독교 교육학 석사 과정을, 시카고의 트리니티 신학대학원에서 기독교 교육학 박사 과정을 마치는 호사를 누리게 되었다. 그런 학위증서가 내 티칭 사역에 무슨 영향이 있는지는 잘 모르겠다. 그러나 두 학교에서 만난 스승 두 분으로 인해 비로서 나는 따오기 신드롬에서 벗어날 수 있는 '크리스천 티칭'의 큰 그림을 잡게 되었다. 달라스 신학대학원에서 만난 평생의 멘토 하워드 헨드릭스(Howard Hendricks) 교수는 크리스천 티칭에서 성경의 권위와 능력을 붙들도록 나를 세워주었다. 트리니티 신학대학원에서 만난 테드 워드(Tedd Word) 교수는 크리스천 티칭의 교육학적 틀을 세울 수 있도록 나를 인도해 주었다.

귀국 후 파이디온 선교회를 이끌고, 합동신학대학원에서 가르치며, 또한 세대로교회의 교육목회 사역을 세우며 나는 더욱 가슴이 뜨거워짐을 느낀다. 크리스천 티칭의 영향력과 축복이 얼마나 크고 중요한지를 말이다. 그리고 크리스천 티칭은 내가 이 땅에 존재하는 이유이며 거룩한 소명이다.

이처럼 긴 순례를 계속하면서 나는 전문가가 되었다. 제 입으로 전문가 운운하는 것이 이상하게 보이겠지만, 아무리 겸손히 말하려 해도 세 가지 점에서만큼은 나는 부인할 수 없는 전문가다.

첫째, 가르침에 대한 좌절을 많이 겪었다는 점에서 나는 전문가다. 생명의 진리를 가르쳤음에도 사람들의 반응이 시원치 않을 때 나는 좌절감을 느낀다. 진주를 밟는 돼지처럼 강퍅하게 반응하는 사람들을 볼 때 화도 난다. 말씀이 낭비되고 내 헌신이 낭비된다고 느낄 때마다 많이 혼란스럽다. 왜 학생들이 변화되지 않는가? 나는 예수님이 느끼셨던 혼란스러움이 무엇인지 조금씩 공감하고 있다. "아이들이 장터에 앉아 서로 불러 이르되 우리가 너희를 향하여 피리를 불어도 너희가 춤추지 않고 우리가 곡하여도 너희가 울지 아니하였다 함과 같도다"(눅 7:32). 그러나 더 큰 좌절감은 내 안에 있었다. 나 자신은 왜 내가 가르치는 진리로 변화되지 않는가? 과연 나는 제대로 가고 있는 것인가? 내게 있는 무엇이 잘못된 것인가?

둘째, 크리스천 교사로서 시행착오를 많이 경험했다는 점에서 나는 전문가다. 1973년 1월 3일 이래 나는 나 자신을 어린이 사역자로 인식하며 살아오고 있다. 그러나 남들이 나를 그렇게 인정할 때는 오히려 긍지보다 부끄러움을 더 크게 느낀다. 내가 어린이들을 가르쳤다기보다 그 많은 어린이들이 나를 가르쳤다고 고백하는 것이 정직하기 때문이다. 좋게 말하면 그렇고, 나쁘게 말하면 나는 많은 어린 영혼들을 마루타 삼아 많은 임상 실험을 해온 죄인이다. 나쁜 의도는 없었으나 결과적으로 보면 그렇게 된 것이라 할 수 있다.

얼마나 많은 소중한 가르침의 기회들이 나의 부족함으로 인해 낭비되었을지… 내가 알지 못하는 많은 아이들이 나의 서툰 티칭 사역 때문에 말씀에서 멀어졌을지… 준비되지 못한 내 신앙 인격이 거침돌이 되어 얼마나 많은 어린이의 마음이 하나님에게서 떨어지게 되었을지… 어설픈 내 사역으로 인해 그들의 삶을 뒤집을 생명의 진리가 얼마나 많이 증발되었을지 나는 두렵다. 야고보 선생의 경고는 늘 내 마음을 때린다. "내 형제들아 너희는 선생된 우리가 더 큰 심판을 받을 줄 알고 선생이 많이 되지 말라"(약 3:1).

마지막으로 가르침에 대한 사랑과 믿음과 소망에 불타는 가슴을 가졌다는 점에서 나는 전문가다. 나는 가르침을 위해 부름받았다. 나는 가르침을 위해 양육되었다. 나는 오늘도 어떻게 하면 더 효과적으로 가르칠 수 있을까 궁리한다. 나는 가르침을 사랑한다. 몸살이 나서 뼈마디가 쑤셔도 가르치고나면 씻은 듯 낫는다. 가르침은 나의 기쁨이고 충전이며 비전이다. 가르침은 오늘 주의 나라를 세우는 나의 가장 소중한 연장일 뿐 아니라, 내가 성장하고 성숙해가는 가장 중요한 연장이다. 다른 사람을 가르치면서 나는 배운다. 다른 사람을 세우면서 내가 선다. 다른 사람을 인도하면서 나

- 그레데 섬 보브스에 있는 이 올리브 나무는 최소 2천 년, 탄소연대측정으로는 3천5백 년에서 5천 년에 이르는 세계 최장수 올리브 나무로 보고되고 있다. 나무 지름은 12.5미터에 이르고, 아직도 많은 열매를 맺고 있다.

는 주의 인도를 배운다. 나는 가르침을 믿는다. 예수님은 세상을 변화시키는 원리를 이렇게 말씀하셨다.

"그러므로 너희는 가서 모든 민족을 제자로 삼아 아버지와 아들과 성령의 이름으로 세례를 베풀고 내가 너희에게 분부한 모든 것을 가르쳐 지키게 하라 볼지어다 내가 세상 끝날까지 너희와 항상 함께 있으리라"(마 28:19-20).

내일의 역사를 오늘에 쓰는 성령의 작업이 크리스천 티칭이다. 나는 가르침에 대한 소망을 품고 오늘을 산다. 올리브 나무는 심긴 지 15년이 지나야 상품성 있는 열매를 맺는다고 한다. 물을 머금지 못하는 척박한 석회질 토양 속에서 안정된 수분층까지 뿌리를 내리는 데 걸리는 시간이 15년이기 때문이다. 15년은 보통의 과일나무로서는 생명을 마치는 연한이다. 그러고 나서 올리브 나무는 평균 천 년을 살면서 열매를 맺는다고 한다. 예루살렘에는 2천 년 된 올리브 나무가 아직도 파란 새순에 열매를 가득히 매달고 있다. 크리스천 티칭은 척박한 환경 속에서도 하나님께 뿌리를 깊이 내리고 천 년을 살아내며 열매를 맺는 올리브 묘목을 심고 돌보는 일과 같다.

나는 지금도 여전히 티칭을 배우는 학생이며, 아직도 내 앞에 가야 할 길은 멀다. 그럼에도 내가 이 책을 쓴 이유는 다음의 세 가지로 요약된다.

첫째, 방황을 끝내기 위해서다. 10일이면 들어갈 가나안 땅을 40년의 방황 끝에야 도달했던 이스라엘 민족처럼 나는 그렇게 40년을 걸어왔다. 나와 같은 혼란과 좌절의 걸음을 이 땅의 크리스천 티칭 사역자들이 반복할 이유가 없다. 세상은 점점 더 어두워만가는데 언제까지 우리는 '기독교 교육을 위한 새신자 교육'만 하고 있을 것인가.

둘째, 바른 길을 제시하기 위해서다. 크리스천 티칭은 사막에서 신기

루를 쫓듯이 막연하고 불확실한 일이 아니다. 〈따오기〉 노래와 같은 사역이 아니다. 우리의 모델 교사로서 예수님이 걸어가신 그 가르침의 길을 가는 것이 크리스천 티칭이다. 이 책은 '가르침에 대한 신학(A Theology for Christian Teaching)'을 정립하려는 시도에서 시작되었다.

셋째, 시들어가는 한국 교회 주일학교 교육을 위한 실제적인 교사 훈련을 위해서다. 기독교 교육에 관한 훌륭한 책들이 많이 있다. 문제는 그 중 많은 책들이 너무 전문적이고 이론적이어서 어려울 뿐 아니라 실제 현장에서 어떻게 적용할지가 막막하고, 또 많은 책들이 아주 실제적이기는 하지만 '꿩잡는 게 매'라는 식의 신학적 그리고 교육적 기초가 너무 약하다는 것이다. 평범한 주일학교 교사들까지도 기독교 교육의 큰 그림을 잡을 수 있는 길잡이가 필요하다는 호소를 여러 번 들었다. 이 책은 지금 여기에서 어떻게 해야 할까를 보이기 위해 쓴 책이다.

내가 여기에 이르기까지 많은 스승들에게 빚을 지고 있다. 아버지에게서는 스토리텔러의 기본 틀과 인격을, 손봉호 박사로부터는 크리스천답게 생각하는 방법을, 하워드 헨드릭스 교수로부터는 성경의 권위와 능력을, 테드 워드 교수로부터는 교육가로서의 시각과 열정을, 홍정길 목사로부터는 티칭의 목회적 태도를 배웠다. 특히 티칭의 실제적인 원리와 기술에서 Walk Thru the Bible의 대표였던 브루스 윌킨슨(Bruce Wilkinson)의 도움은 결정적이었다. 이 책은 결코 독창적인 책이 아니다. 그동안 내 삶과 사역으로 소화한 이 많은 스승들의 가르침을 나의 틀로 재구성한 것뿐이다.

그러나 그 누구와 비교해서도 안 되고 비교할 수도 없는 내 티칭 사역의 결정적 영향은 지금도 내 안에 살아계신 예수 그리스도시다. 예수님은 내 티칭 사역의 목표시다. 나의 소원은 예수님처럼 가르치는 것이다. 나의 기준도 예수님이시다. 내가 언제, 어디서, 누구에게, 어떤 주제를 가르치던 나는 예수님이시라면 그렇게 하실 원리로 가르치기 원한다. 예수님은 내 티칭의 동력이시다. 내가 사람들의 밖에서 일할 동안 그들 안에서 일하시는 예수님의 동역자로서 나는 오늘도 그분의 현존하심을 인식하며 의지하기 원한다.

이 책은 결코 나 혼자 쓴 것이 아니다. 평생 교육가로 사셨던 아버지와 큰형 양승인 선생님, 넷째 형 양승관 선생님이 자신들의 교육가로서의 생애를 이 책의 기초로 깔아주셨다. 지난 40년 동안 내게 배운 '나의 스승들'인 이땅의 어린이들, 내 소중한 동역자들인 모든 어린이 사역자들, 파이디온의 동역자들, 세대로교회 성도들이 여전한 증인이자 기도 후원자로 이 책 뒤에 서 있다. 이 땅의 다음 세대를 사랑하는 같은 마음과 정성으로 거친 글을 읽어주시고 지도해주신 수원 원천초등학교 김요셉 목사님, 장신대 박상진 교수님, 직장사역연구소 방선기 목사님, 한국 컴패션 서정인 목사님, 성서유니온 선교회 오형국 목사님, 분당우리교회 이찬수 목사님, 한국해외선교회 이태웅 목사님과 세대로교회 교육 디렉터 서은선 전도사님께 감사드린다. 아내와 자녀들, 세 손녀의 한결같은 사랑과 믿음이 이 책 갈피마다 배어 있다. 도서출판 디모데의 고종율 대표와 하희옥 실장에게도 감사드린다.

2011년 11월 30일 삼전동 1번지에서
양승헌

# 1장

## 크리스천 티칭이란?

## 크리스천 티칭, 그 절박한 과제

다음 세대로 전해져야 할 스토리가 끊어지고 있다. 이 절박한 과제를 해결하려면 크리스천 티칭이 바로 세워져야 한다. 그러나 크리스천 티칭이 무엇인가를 정의하기 전에 왜 크리스천 티칭이 우리가 생각해야 할 절박한 과제인가로 이야기를 열고 싶다.

지금 아프리카 대륙에 살고 있는 많은 부족들은 그들의 전통 문화가 단절될 위기 앞에 서 있다. 문자가 없는 부족들의 역사와 전통과 가치는 소위 스토리텔러(storyteller)라고 불리는 구전(口傳) 역사가에 의해 전수되어왔다. 현대화의 바람은 검은 대륙에도 불어 사람들이 어떻게든 전기를 만들고 텔레비전 앞에 모여들면서 그들을 지켜온 뿌리가 된 스토리에 대한 흥미와 관심이 사그라들게 되었다. 매일 큰 마당에 모여 노래하고 춤추다 밤이 깊으면 모닥불 곁에 모여 스토리텔러의 이야기에 귀를 기울이던 세대는 떠나가고, 스토리를 이어받지 못한 새 세대가 자라고 있는 것이다.

스토리가 끊어진 부족들에게 어떤 일이 일어나게 될까? 아메리카 인디언들의 슬픈 역사가 그에 대한 대답을 준다.

1970년대 초 유행했던 올드 팝송 가운데 〈인디언 보호구역(Indian Reservation)〉이란 노래가 있다.[1]

그들은 체로키 땅 전부를 가져갔네
우리를 이 보호구역에 처박아두고
우리의 생활 방식, 돌도끼
그리고 활과 칼마저 가져가버렸네

- 스토리가 끊어진 부족에게 어떤 일이 일어나게 될까?

우리의 모국어도 빼앗고
우리 아이들에게 영어를 가르쳤네
우리가 손으로 꿴 구슬들은
지금은 일본에서 만들어내고 있다네

체로키 사람들, 체로키 부족
자랑스럽게 살고 자랑스럽게 죽네

그들은 인디언 부족 전부를 점령했네
우리를 이 보호구역에 가둬놓았네
내가 셔츠와 타이를 입기는 하지만
나는 아직도 가슴 깊은 곳에선 인디언이라네

체로키 사람들, 체로키 부족
자랑스럽게 살고 자랑스럽게 죽네

언젠가 그들도 알게 되리라
체로키 부족이 돌아올 것을
돌아올 것을 돌아올 것을.

찰스 만(Charles Mann)은 이 노래에서 우리가 그동안 잘못 알았던 인디언의 역사를 조명해주고 있다.[2] 그가 다양한 자료를 조사하여 연구한 결과에 의하면 인디언들은 서기 천 년경 아메리카 대륙 전체에 걸쳐 놀랍고도 다양한 문화를 꽃피우고 있었다. 대륙 곳곳에 질서정연한 마을과 도시를 건설하고, 수천만 명의 사람들이 물건을 교역하며 살았다. 1,200개의 개별 언어와 천문학, 수학, 종교, 문화가 싹트고 발전했다. 인도보다 1세기나 앞서 숫자 0을 발명했으며, 천체 현상을 통한 역법을 비롯해 다양한 문자 체계를 만들었다. 메소포타미아 문명이 6천 년에 걸쳐 이루어낸 것들을 인디언들은 천 년도 안 되는 기간에 해낸 것이다. 또한 인디언들은 동시대 유럽보다 더 인구가 밀집되고 체계적인 농경 사회를 이루고 있었다. 인디언들은 오랜 세월 동안 농경지와 밭을 일구었지만 토양의 질이 떨어지기는커녕 농사를 지을수록 오히려 더 좋아지는 농법으로 농사를 지었다. 옥수수를 비롯해 오늘날 전 세계 식탁 위에 오르는 곡물의 5분의 3이 그들의 땅에서 처음 경작되었다. 유럽과 아시아를 지배했던 전제 정치와는 달리, 합리적이고 개인의 권리를 존중하는 민주적인 정치 제도를 누리고 있었다.

그랬던 그들이 지금은 어떻게 되었는가? 유럽 백인들이 북미 대륙에 들어오기 전인 16세기 무렵 그곳에는 연구자에 따라 적게는 약 천만 명, 많게는 약 2천5백만 명의 인디언이 살고 있었던 것으로 추정한다. 그러나 500년이 지난 19세기 말 인디언의 수는 25만 명으로 줄어들어 거의 멸종 위기에 처하게 되었다. 1990년 현재 북아메리카 인디언의 숫자는 190만 명이다. 이는 미국 전체 인구의 1퍼센트도 되지 않는 숫자인데, 그나마 그 중에는 백인 혼혈이 많아서 순수한 혈통을 가진 인디언의 수는 훨씬 적다. 어떤 의미에서 인디언은 거의 사라지고 있다고 해도 과언이 아니다.

어떻게 이런 일이 벌어지게 되었을까? 숫자의 감소보다 더 심각한 문제는 남아 있는 이들을 다시 일으킬 스토리가, 그 조상들의 위대한 스토리가 끊어지고 있다는 것이다. 그 위대한 미 대륙의 주인공들은 지금 인디언 보호구역에 갇혀 살고 있다. 정부는 이들에게 주택과 직장을 주고 세금을 면제시켜준다. 매월 생활 지원금을 꼬박꼬박 대준다. 그 안일한 삶의 환경

속에서 이들은 문화도, 종족도, 그들의 야성도, 꿈도 하나둘 잃어가고 있다. 높은 실업률에다 만연한 약물 중독으로 45퍼센트 이상의 인디언들이 빈곤선 이하의 비참한 삶을 살고 있다. 40퍼센트의 중학생들이 학교를 중퇴한다. 10-24세 사이의 인디언 자살률은 같은 연령대 백인들에 비해 두 배나 높다. 60퍼센트의 인구가 문맹으로 살고 있다. 인디언들이 보호구역에서 사는 삶의 모습은 마치 동물원에 있는 사자나 호랑이의 처지와 다르지 않다. 이렇게 민족의 스토리가 끊어지면 역사가 비참해진다.

우리에게는 너무 먼 나라의 이야기처럼 들리는가? 그럼 교회 이야기를 해보자.

10여 년 전 나는 영국 교회가 쇠퇴한 현장을 직접 확인하고 그들이 소생하기 위해 어떤 노력을 하는지 배우려고 영국의 큰 도시들을 방문하였다. 100년 전 영국은 대표적인 개신교 국가였다. 국민의 80퍼센트 이상이 교회를 다녔다. 모든 타운과 도시의 중심에는 교회가 있었고, 모든 거리는 어느 쪽으로든 교회와 연결되게 설계되었다. 100년 전 영국이 해외로 송금한 내역의 가장 큰 부분은 해외 선교비여서 많은 경제 학자들이 이에 대해 우려하는 기사를 쓰곤 했다. 그러나 지금 영국 사람들의 3퍼센트만이 교회를 다닌다. 영국에서 30년 가까이 일한 어느 선교사와의 대화를 통해 참으로 서글픈 영국 교회 현실을 듣게 되었다. 1980년에서 2000년 사이에 5천 개 이상의 교회가 문을 닫았다. 영국 교회 통계 전문가인 피터 브라이얼리(Peter Brierley)는 2040년이 되면 영국 사람 천 명 중에 다섯 명만이 교회에 다닐 것이라 추정하고 있다. 교회에 다음 세대가 없는 것이다. 다섯 교회 중 세 교회에서만 주일학교가 운영되고, 86퍼센트의 교회에는 청소년 부서가 아예 없다.

사람이 떠난 예배당이 문제가 되고 있다. 역사적, 문화적 가치 때문에 문화재로 등재된 예배당을 유지할 수 없는 각 자치단체가 그것을 매각하거나 영구 임대하고 있는 것이다. 근래에는 큰 예배당을 오피스텔이나 아파트로 리모델링해서 분양하는 사업이 한창 유행했다고 한다. 영국의 유구한 역사와 전통을 품고 있는 교회 건물들의 과반수 이상이 팔려 나갔다. 어떤 건물은 술집으로, 어떤 건물은 이슬람 성전으로, 어떤 건물은 힌두교 성전으로, 어떤 건물은 나이트 클럽으로, 어떤 건물은 유령 체험관으로. 이 중 상당수는 이슬람 성전으로 팔렸다. 이는 교회가 팔렸다는 것보다 더 충격적인 사실이다. 영국의 국교인 기독교가 이슬람교와 자리바꿈을 하고 있다는 반증이기 때문이다. 영국의 크리스천들은 잘 지은 예배당 건물은 물려주었지만, 그 안에서 하나님을 섬기고 예배하는 믿음의 스토리는 물려주지 못했다. 스토리가 끊어지면 우리가 소중히 여기는 교회 건물이 하나님을 욕되게 하는 애물단지로 전락한다.

그래도 먼 나라 이야기로 들리는가? 이제 우리 한국 교회 이야기를 해보자. 스토리가 끊어지는 현실은 결코 남의 이야기가 아니다. 우리는 지금 심각한 위기를 맞고 있음을 직시해야 한다. 스토리가 끊어지는 위기는 두 가지 요인 때문이다.

첫째, 스토리를 이어받을 다음 세대 자체가 없어지는 것이다. 이것은 정치적, 군사적, 경제적 위기보다 심각한 저출산의 위기다. 1960년대 평균 6명이었던 자녀 출산율이 70년대에는 4.53명, 80년대는 2.82명, 90년대는 1.57명이더니 급기야 2010년에는 1.22명이 되어 전 세계에서 저출산 1위 국가가 되었다. 1970년대만 해도 하나씩만 낳아도 삼천리는 초만원이라고 국가가 나서서 피임을 장려하였다. 그러더니 이제는 이것이 우리의 발목을 잡는 무서운 위기로 돌아온 것이다. 이제는 남들이 우리의 위기를 걱정하고 있다.[3] 옥스퍼드 대학교 인구문제 연구소 데이빗 콜만(David Coleman)

교수는 "한국은 지금의 출산율이 지속되면 2305년에는 한국인이 사라지고, 지구상에서 소멸하는 국가 1호가 될 것이다"라고 말했다. 미국의 인류학자 폴 히윗(Paul Hewitt)은 경고한다. "한국이 출산율을 높이는 데 성공하지 않으면 2100년에는 현재 인구의 3분의 1만 남게 되고, 2200년에는 140만 명만 남게 되어, 지구에서 한국인의 소멸을 초래할 수 있다." 2005년 0세에서 19세까지의 총인구수는 1200만 명이었지만, 2031년이면 그 숫자가 740만 명으로 줄어들 것으로 통계청은 예상하고 있다.

둘째, 스토리를 이어줄 믿음의 다음 세대가 없어지는 것이다. 저출산의 영향으로 다음 세대의 숫자뿐만이 아니라 교인 수도 현저히 줄어듦에 따라서 한국 교회의 다음 세대가 현저히 감소하고 있다. 불과 20년 전 우리는 한국 교회 크리스천의 수가 1200만 명으로 인구의 25퍼센트라고, 네 명 가운데 한 명이 크리스천이라고 자랑스럽게 그 부흥을 증거했었다. 그러나 2005년 통계청 조사에 의하면 자신의 종교를 기독교로 쓴 사람은 860만 명이었다. 앞으로 기독교 인구 변화의 큰 변수 중 하나다.

한국 교회 주일학교는 수적으로 줄어들고 있다. 농어촌 교회를 중심으로 다음 세대 교회 학교가 사라지기 시작하더니 최근에는 도시 교회에서도 다음 세대의 교회 출석 숫자가 급격히 줄어들고 있다. 믿을 만한 통계조차 없는 것이 더욱 안타까운 현실이다. 한 연구에 의하면 2004년 한국 주일학교 학생 수는 전체 교인 수의 27퍼센트라고 한다. 이것은 이 당시로부터 17년 전(1987년)과 비교해볼 때 충격적인 수치다. 1987년 개신교 주일학교 학생 수는 전체 개신교 교인의 거의 반에 육박하는 규모였으나, 1994년에는 전체 교인의 32퍼센트로 줄어들었고, 2004년에는 27퍼센트로 줄어든 것이다.[4]

우리나라 한 대형 교단의 통계에 의하면 1990년 64만 명이던 청소년과 어린이의 숫자가 2009년에는 55만 명으로 줄어들었다고 한다. 10만여 명이 감소된 것이다. 1997년에서 2002년 사이 5년 동안 중·고등학교에서는 11퍼센트의 학생 수가 감소되었다. 교단 내 중·고등부의 경우는 11퍼센트 정도가 아니라 무려 32퍼센트가 감소되었다. 한국 땅에서 다음 세대가 줄어들고 있다. 당연히 교회에서도 다음 세대가 사라지고 있다. 2010년 5월에는 '2020 어린이 없는 교회: 차세대, 하나님 나라 그루터기'란 주제로 실천신학 심포지엄이 열릴 지경이 된 것이다. 예수 믿는 집 아이들은 교회를 떠나고, 세상의 아이들이 교회에 새로 들어오지 않으니 이런 결과는 당연할 뿐이다.

1970년대 부흥기에는 교회의 인구 구조가 피라미드처럼 어린이들의 수가 가장 많고, 그 다음 청소년, 청년, 장년순이었는데, 이제는 역피라미드 모양으로 그 구조가 바뀌고 있다. 급속한 고령화 사회가 만들어낸 인구 구조가 교회에도 그대로 나타나고 있는 것이다. 그 동안 어린이 전도의 흡입구 역할을 하던 주일학교의 기능은 그 교회 성도들의 자녀들을 위한 신앙 교육 기관으로 전락해가고 있다.

그렇다면 이렇게 어린이들의 숫자가 줄어든 만큼 질적으로 수준 높은 교육을 하고 있는가? 그렇게 말하기 어렵다. 우리는 학교 교실이 무너지는 소리를 듣고 있다. 그러나 주일학교 교실이 무너지고 있는 소리는 왜 듣지 못하는 것일까. 주일학교의 경우 학생들의 3분의 1은 지각을 한다. 4분의 1은 결석한다. 시험이 있는 주일이면 심한 경우 절반이 학원을 가기 위해 결석한다. 성경맹(聖經盲)이 점점 심해지고, 복음을 모르는 세대가 자라고 있다. 구원의 의미도, 능력도 경험하지 못한 세대가 자라고 있다. 한 사람의 운명을 좌우할 생명 같은 진리가 가르쳐져야 할 성경공부는 지루하며, 삶과 동떨어진 채 별로 도움이 되지 않는 낭비라는 생각으로 이어지는 현실을 어떻게 설명해야 할까? 다음 세대에게 성경은 큰 짐으로 여겨지고, 온 마음을 다해 예배드려야 할 하나님이 무거운 짐으로 전락하고 있다.

이제 그러한 교육의 결과를 점검해보자. 공장으로 치면 이미 문을 닫았어야 할 불합격 제품을 각 주일학교는 생산해내고 있지는 않은가? 교회 안을 들여다보면 대(代)가 끊기는 가문처럼 그 교회 출신 아이들이 초등부에서 중등부로, 중등부에서 고등부로, 고등부에서 대학 청년부로 올라갈 때마다 얼마나 많이 떨어져나가는가? 고등부 아이들이 자기 교회의 대학 청년부로 이어지는 비율이 30퍼센트 정도인 것이 현실이라면, 아이들이 생각하는 주일학교는 얼마나 매력 있고, 얼마나 중요하며, 얼마나 의미 있는 곳이겠는가? 주일학교를 다니는 아이와 다니지 않는 아이의 차이가 '종교' 칸에 '기독교'라고 적어 넣는 것 말고 체감되는 차이점이 무엇일까?

출산율 감소라는 인구 구조의 변화, 주일학교의 수적인 감소, 주일학교가 미치는 영향력의 추락… 이런 추세로 간다면 앞으로 20년 안에 (이런 일이 없기를 바라지만) 한국 교회는 현재의 절반인 430만 명의 시대를 맞게 될지도 모른다. 스토리가 끊어지고 있기 때문인 것이다.

## 영적 계대(繼代) 단절, 해법은 없는가?

해법은 있다. 감사하게도, 아니 죄송하게도 하나님은 스토리가 끊어지는 위기를 미리 막는 백신도, 치료하는 해독제도 이미 성경을 통해 마련해놓으셨다. 가나안 땅에 들어가기 전, 모세가 이스라엘 백성들에게 신신당부한 말 가운데 그 백신도 해독제도 들어 있다.

"이스라엘아 들으라 우리 하나님 여호와는 오직 유일한 여호와이시니 너는 마음을 다하고 뜻을 다하고 힘을 다하여 네 하나님 여호와를 사랑하라 오늘 내가 네게 명하는 이 말씀을 너는 마음에 새기고 네 자녀에게 부지런히 가르치며 집에 앉았을 때에든지 길을 갈 때에든지 누워 있을 때에든지 일어날 때에든지 이 말씀을 강론할 것이며 너는 또 그것을 네 손목에 매어 기호를 삼으며 네 미간에 붙여 표로 삼고 또 네 집 문설주와 바깥 문에 기록할지니라"(신 6:4-9).

그러나 오래지 않아 모세의 염려가 현실이 되고야 말았다. 가나안 땅에 들어간 세대가 하나님의 스토리를 잇는 일에 실패한 것이다.

"그 세대의 사람도 다 그 조상들에게로 돌아갔고 그 후에 일어난 다른 세대는 여호와를 알지 못하며 여호와께서 이스라엘을 위하여 행하신 일도 알지 못하였더라"(삿 2:10).

이 구절 뒤에는 세 개의 세대가 서 있다. 첫째 세대는 하나님을 알았던 사람들이다. 그들은 개인적이고 인격적인 관계로 '하나님을' 알았다. 그들은 만나를 먹고, 메추라기를 뜯고, 반석의 물을 마시는 매일의 경험 속에서 하나님을 배웠다. 그들은 하나님을 '나의'라는 인칭 대명사를 붙여 불렀다. 둘째 세대는 하나님에 '대하여' 알았다. 그들은 정보의 차원에서 하나님에 대한 객관적 지식을 갖고 있었다. 그들은 가나안에 정착한 일세대로부터 학습을 통해 하나님에 대하여 배웠다. 그들은 하나님 앞에 "나의 아버지의" 혹은 "나의 어머니의"라는 형용사구를 붙였다. 자기 자신과는 큰 관계가 없었다. 셋째 세대는 하나님도 모르고 하나님에 대해서도 몰랐다.

경험도, 학습도 하지 못했기 때문이다. 그들에게 여호와 하나님은 가나안의 여러 신 가운데 그들이 선택하고 쇼핑할 수 있는 하나의 신일뿐이었다. 그 이름이 무엇이든 나를 행복하게 하고 안전하게 도와준다면 뭐라도 상관없는 그런 세대였다. 모세가 그렇게 애타는 마음으로 간곡히 부탁했던 말씀이 선포된 지 불과 100년도 되지 않아 제3세대는 믿음의 스토리가 끊어진 채 가나안 땅에 살게 되었다.

스토리가 끊어진 일이 뭐 그리 심각한 것이며, 그렇게나 안타까워해야 하는지 모르겠다고 생각하는가?

사사기가 그 분명한 답을 준다. 사사기는 암흑기라고 불리며 사람마다 제 소견에 옳은 대로 행했던 시대이다. 스토리가 끊어지면 역사가 어두워진다. 사사기 18장 30절에 그 기막힌 경우의 예가 나온다.

"단 자손이 자기들을 위하여 그 새긴 신상을 세웠고 모세의 손자요 게르솜의 아들인 요나단과 그의 자손은 단 지파의 제사장이 되어 그 땅 백성이 사로잡히는 날까지 이르렀더라."

이 요나단은 다윗의 친구 요나단이 아니다. 모세의 손자이다. 요나단은 레위인의 소중한 신분과 정체성을 팔아 미가라는 사람이 만든 개인 우상을 섬기는 제사장으로 취직한다. 그 후에는 단지파의 우상을 섬기는 제사장이 되어 자자손손 대를 이어 악한 우상 종교를 번성하게 만든다. B. C. 722년 북왕국 이스라엘은 앗시리아에 의해 멸망당하는 심판을 받게 된다. 결국 북왕국 이스라엘의 멸망 원인은 우상 숭배였고, 그 우상 숭배의 근원은 바로 요나단이었는데, 그가 바로 이스라엘의 위대한 지도자 모세의 손자였다는 사실을 잊어서는 안 된다. 스토리가 이어져야 한다는 사실을 그토록 간

■ 믿음의 스토리가 끊어지게 하는 것은 민족과 역사에 큰 죄를 짓는 일이다.

절한 유언으로 남기고 간 모세의 가문에서 불과 몇 대가 지나지 않아 스토리가 끊어지고야 만 것이다.

너무 오래전 이야기라 실감이 가지 않는가? 그렇다면 다른 예를 하나 더 들어보자. 강돈욱이라는 사람은 교육가이자 교회의 장로였다. 그에게는 강반석이라는 딸이 있었다. 그 딸이 교회 다니는 청년 김형직과 결혼하여 김일성이라는 아들을 낳았다. 그들은 아들을 열심히 키웠다. 어쩌면 지금 이 땅의 많은 부모들이 선망하는 아들로 키웠는지도 모른다. 건강하고, 카리스마 넘치며, 정치적 감각과 배포도 있는…. 그런데 그 아들이 이룩한 김일성 종교는 세계 16대 종교라는 말까지 들을 정도로 사람들에게 죽어서까지 영향을 끼치고 있다. 당신은 정말 그들이 아들을 잘 키웠다고 생각하는가? 정말 그 아들이 성공했다고 믿는가? 그 부모로부터 믿음의 스토리를 이어받지 못한 김일성으로 인해 우리는 반백 년 넘게 고통과 위협 속에서 살고 있지 않은가? 우리의 60만 아들들은 오늘도 나라를 지키느라 밤을 새며 고생하고 있지 않은가? 믿음의 스토리를 이어주지 못하는 것은 민족과 역사에 큰 죄를 짓는 일이다.

반대로 우리가 역사와 세상에 기여할 수 있는 가장 큰 일이 있다면 우리의 다음 세대를 모양이 반듯하고, 색깔이 확실하며, 맛이 선명한 하나님의 세대로 세우는 것이다. 하나님의 말씀을 배우고(learn), 그 말씀에 순종해 살며(live), 마음을 다하고 뜻을 다하고 힘을 다하여 하나님을 사랑하는(love) 그런 믿음의 스토리를 다시 그 다음 세대에 정확하게 물려주는(leave) 스토리텔러로 세우는 것이다.

믿음의 스토리는 이어져야 한다. 그것이 끊어지지 않게 목숨을 걸고 지켜야 한다. 그 대안이 바로 크리스천 티칭이다.

# 크리스천 티칭

이 책을 집어든 순간부터 당신에게 떠나지 않는 질문이 있었을 것이다. 크리스천 티칭이란 과연 무엇이며, 그것은 일반적인 티칭과 무엇이 다른가 하는 것이다.

### 크리스천이란

티칭에 대한 이야기를 하기 전에 먼저 크리스천의 진정한 의미에 대해 알아보기로 하자. 나의 멘토이신 테드 워드 교수는 지금의 기독교 교육이 크리스천적이지도, 교육적이지도 못하다고 자주 탄식했다.[5] 도대체 크리스천이라는 말은 무슨 의미인가?

크리스천 신문도 있고, 크리스천 기업도 있으며, 크리스천 연예인도 있다. 어떤 명사 앞에 크리스천이라는 형용사를 붙일 때 그것은 무슨 의미인가? 교회에 다니는 사람이 하는 일이면 모두 크리스천이라는 말을 붙일 수 있는가? 교회라는 건물 안에서 이루어지면 두말할 필요 없이 크리스천인가? 총회나 노회나 교회에서 주관하는 것이면 당연히 크리스천인가? 그렇지 않다. 그것은 크리스천이 아니고 교회적인(churchian) 것이다. 그렇다면 이력서의 종교 칸에 기독교라고 쓰면 크리스천인가? 기독교라는 종교의 내용을 말하거나 가르치면 크리스천인가? 그것은 크리스천이 아니고 기독교 종교적인(christianitian) 것이다.

그러면 크리스천이란 어떻게 정의되어야 하는가? 크리스천이란 말은 1세기에 안디옥에서 처음으로 사용되었다. 사도행전 11장 26절에 그 말이 이렇게 등장한다.

"(바나바가 사울을) 만나매 안디옥에 데리고 와서 둘이 교회에 일 년간 모여 있어 큰 무리를 가르쳤고 제자들이 안디옥에서 비로소 그리스도인이라 일컬음을 받게 되었더라."

1세기에는 어떤 사람 뒤에 '~ian'을 붙이면 그 집안사람이라는 뜻이었다. 시간이 지나자 어떤 사람과 같은 특징을 지닌 사람이란 말로 보통 명사화되어 쓰이게 되었다. 안디옥 사람들이 관찰한 안디옥 교회 성도들은 단지 교회에 다니는 처치안(churchian)이 아니었다. 기독교로 개종한 크리스채니티안(christianitian)도 아니었다. 그들의 눈에 비친 안디옥 성도들은 크리스천들이었다. 예수 그리스도의 특성이 그 인격과 삶에 밴 작은 예수였다. 그들은 그리스도와 같은 목적을 가진 사람들이었다. 그들은 그리스도와 같은 원리로 살았다. 삶을 살아가는 태도와 행동 방식조차 그리스도를 닮은 사람들이었다. 그리스도를 빼면 별로 남을 것이 없는 사람들로 보였다. 그래서 안디옥의 이교도들은 그들을 비아냥하여 '크리스천'이라고 불렀다.

나는 크리스천을 우리말로 푸는 것을 좋아한다. 크리스천은 영어로 Christ라는 말 뒤에 i(나는 이 발음을 할 때 우리말로 '이'라는 소리를 내며 내 가슴을 친다)와 an('안'이라고 발음하며 내 마음속 왕좌, 내 모든 삶의 바퀴를 돌리는 중심축을 연상한다)이 붙어 그 낱말을 구성한다. 그리스도가, 그분의 교훈이나 정신이 아닌 살아계신 인격으로 내 안에 사시며 내 삶을 주관하시는 사람이 크리스천이다. 그렇게 정의할 수 있는 근거를 성경은 분명한 어조로 여러 번 반복하고 있다.

"내가 그리스도와 함께 십자가에 못 박혔나니 그런즉 이제는 내가 사는 것이 아니요 오직 내 안에 그리스도께서 사시는 것이라 이제 내가 육체 가운데 사는 것은 나를 사랑하사 나를 위하여 자기 자신을 버리신 하나님의 아들을 믿는 믿음 안에서 사는 것이라"(갈 2:20).

"내 안에 거하라 나도 너희 안에 거하리라 가지가 포도나무에 붙어 있지 아니하면 스스로 열매를 맺을 수 없음 같이 너희도 내 안에 있지 아니하면 그러하리라 나는 포도나무요 너희는 가지라 그가 내 안에, 내가 그 안에 거하면 사람이 열매를 많이 맺나니 나를 떠나서는 너희가 아무 것도 할 수 없음이라"(요 15:4-5).

"우리가 이 보배를 질그릇에 가졌으니 이는 심히 큰 능력은 하나님께 있고 우리에게 있지 아니함을 알게 하려 함이라"(고후 4:7).

"만일 너희 속에 하나님의 영이 거하시면 너희가 육신에 있지 아니하고 영에 있나니 누구든지 그리스도의 영이 없으면 그리스도의 사람이 아니라 또 그리스도께서 너희 안에 계시면 몸은 죄로 말미암아 죽은 것이나 영은 의로 말미암아 살아 있는 것이니라"(롬 8:9-10).

### 티칭이란

교육이란 때로 배움, 가르침, 학습 등의 단어들과 혼용되어 사용되어왔다. 이 책 서두에서 말했듯 교육이란 말이 갖게 된 학문성, 전문성, 평면성, 개념성의 이미지를 역동성, 실제성으로 변환하기 위해 나는 교육이란 말 대신에 티칭이란 말로 바꾸어 사용하고 있다. 그러나 그 용어가 교육이든 티칭이든 교육이란 개념은 같다. 교육이란 가정이 되었든, 교회가 되었든, 아니면 사회가 되었든 한 공동체가 의도적으로 그 공동체에 축적된 지식과 기술과 가치를 한 세대에서 다음 세대로 물려주는 의도적인 과정이라고 정의할 수 있다. 어원적으로 그렇게 정의하는 것이 옳다. 교육이라는 단어 '에듀케이션(education)'은 '키우다, 양육하다'라는 뜻의 라틴어 '에듀카치오(educatio)'에서 나왔다. 이 말은 '이끌어내다, 끄집어내다, 세우다, 일으키다'라는 뜻의 동형이의어 '에듀코(educo)'에서 나왔다. 교육이란 한 세대를 이끌어온 스토리를 가지고 다음 세대를 세우는 것이다. 간단히 말해 스토리를 이어주는 것이 교육인 것이다. 교육은 하나님의 형상으로 지음받은 인간의 특별한 존재 형식이다. 임마누엘 칸트는 "인간이 신이라면 교육은 불필요하고, 인간이 동물이라면 교육은 불가능하다. 인간은 인간이기 때문에 교육이 가능하고 또 필요하다"고 말했다. 인간은 교육을 통해서만 인간다운 인간이 될 수 있다는 뜻이다.

내가 교육이란 말을 피하고 싶은 또 하나의 이유가 있다. 우리가 생각하는 교육의 이미지는 '학교에 다니는 것(schooling)'과 결합되어 있어 쉽게 분리되지 않는다. 주일학교이든 교회 학교이든 간에 우선 교사가 있어야 하고, 교재가 있어야 하며, 학년을 나누어야 하고, 내용을 가르쳐야 한다. 왜 그럴까? 우리가 살아오면서 받은 교육은 거의 그리스 전통에 기인한다. 학교를 세운 사람들이 그리스인들이므로 그것은 당연한 결과라고 할 수 있다. 그리스인들은 가르침의 목표를 지식에 두었다. 머리가 그 타깃이었다. 그들은 짧은 시간에, 되도록 많은 사람들에게, 되도록 많은 정보를 그 머리에 채워주는 것을 교육의 초점으로 생각하였다. 문제는 이런 교육적 전통에 따라 공교육에서 훈련된 우리가 의심도 하지 않고 교회 안에 그 티칭 원리를 가지고 들어왔다는 데 있다.

우리가 따라야 할 예수님의 교육 원리는 그리스적이라기보다는 히브리적이다. 예수님이 오시기 500년 전 이미 지중해 연안에는 그리스 사람들이 세운 학교 교육 제도가 왕성하게 꽃을 피우고 있었다. 그런데 학교 시스템의 효율성을 다 아시면서도 예수님은 교과서를 만들고, 커리큘럼을 짜고, 학칙을 만들어 학교를 세우지 않으셨다. 왜 그러셨을까? 히브리적 교육은 가르침의 초점을 지식이 아닌 지혜에 두었기 때문이다. 머리가 아닌 가슴이 그 타깃이었다. 진리에 대한 인격적, 경험적 반응을 교육의 핵심으로 생각했다. 오늘날 교회 교육이 힘을 잃는 이유 가운데 하나는 그리스 방식의 가르침을 따르기 때문이다. 예수님의 제자를 세우기 원한다면 그리스식의 티칭이 아닌 그리스도식의 티칭을 해야 한다.

그렇다면 크리스천이란 형용사가 앞에 붙은 티칭이란 무엇인가에 대해 살펴보자. 일반 교육이나 크리스천 티칭이나 사람을 그의 형상대로 지으신 하나님과 관련된다. 그러므로 같은 점이 많다. 첫째, 사람이 그 모든 교육 행위의 초점이라는 점. 둘째, 가르침은 변화를 바라는 의도적 행위라는 점. 셋째, 교사와 학생, 내용과 방법, 환경 등 교육의 본질적 요소들이 상호 역동적으로 작용한다는 점. 넷째, 가르침과 배움은 전인적인 행위라는 점.

그러나 크리스천 티칭은 일반 교육과 근본적으로 다른 독특성이 있다. 첫째, 살아계신 하나님을 교육의 기본 전제로 한다는 점. 둘째, 사람을 하나님의 형상대로 지음받은 피조물로 인식한다는 점. 셋째, 하나님의 계시인 일반 계시와 특별 계시인 성경을 교육의 근본 내용으로서 그 기초로 삼는다는 점. 넷째, 그리스도의 구속하심을 목표로 한다는 점. 다섯째, 성령의 능력을 기본 동력으로 전제한다는 점. 보다 자세한 내용은 이 책 전체에 걸쳐 논의될 것이므로 여기서는 핵심만 살펴보기로 하자. 기억을 쉽게 하기 위해 6개의 전치사로 설명하고자 한다.

1. for: 이것은 크리스천 티칭의 독특한 목적을 말한다. 크리스천 티칭의 목적은 그리스도와 같은 목적으로 구속, 곧 인간 회복이다.
2. with: 이것은 크리스천 티칭의 독특한 주역에 대해 말한다. 크리스천 티칭의 주역은 그리스도의 동역자로서 그리스도와 함께 일하는 교사이다.
3. on: 이것은 크리스천 티칭의 독특한 내용에 대해 말한다. 크리스천 티칭의 내용은 하나님의 말씀과 그리스도의 인격으로 계시된 하나님의 진리다.
4. unto: 이것은 크리스천 티칭의 독특한 대상에 대해 말한다. 크리스천 티칭의 대상은 하나님의 형상대로 지음받은 사람이다.
5. like: 이것은 크리스천 티칭의 독특한 방법에 대해 말한다. 크리스천 티칭의 방법은 그리스도가 하신 것처럼, 또한 하실 것처럼 가르치는 것이다.
6. in: 이것은 크리스천 티칭의 독특한 동력에 대해 말한다. 크리스천 티칭의 동력은 우리 안에 계신 그리스도의 영, 즉 성령이시다.

이러한 크리스천 티칭의 큰 그림은 예수 그리스도의 사역을 통해 드러난다. 크리스천 티칭은 그리스도가 '하신', 또한 '하고 계신', 그리고 '하실' 가르침을 그분과 함께 그분 안에서 이루는 것이다.

## 예수님 – 탁월한 교사, 탁월한 모델[6]

어느 날 니고데모가 예수님께 와서 말했다.

"랍비여 우리가 당신은 하나님께로부터 오신 선생인 줄 아나이다"(요 3:2).

예수님의 티칭을 치밀하게 모니터링한 니고데모가 예수님을 그렇게 생각하게 된 이유는 무엇일까? 예수님이 고향 나사렛으로 돌아오셔서 그들의 회당에서 가르치실 때 사람들은 깜짝 놀랐다.

"그들이 놀라 이르되 이 사람의 이 지혜와 이런 능력이 어디서 났느냐"(마 13:54).

예수님이 성전에 올라가 가르치실 때 그분의 가르침을 들은 유대인들은 깜짝 놀랐다.

"놀랍게 여겨 이르되 이 사람은 배우지 아니하였거늘 어떻게 글을 아느냐"(요 7:15).

예수님이 티칭을 마치실 때마다 청중들이 그 가르치심에 깜짝 놀랐다.

"이는 그 가르치시는 것이 권위 있는 자와 같고 그들의 서기관들과 같지 아니함일러라"(마 7:28-29).

왜 사람들은 예수님의 가르침에 하나같이 깜짝 놀랐을까? 예수님의 가르침이 사람들을 사로잡을 수 있었던 이유는 무엇인가? 그 가르침의 원리를 들여다보자.

첫째, 예수님은 가르침의 분명한 목적을 가지고 계셨다. 그것은 한마디로 구속(Redemption)이었다. 쉬운 말로 하면 인간 회복(Restoration)이다. 구속이란 속전을 지불함으로써 노예를 해방시켜 자유케 하는 것을 말한다. 예수님의 목적은 죄에 팔려 죄와 죽음과 지옥과 사탄과 욕망의 노예가 된 인간을 구속하시는 것이다. 예수님이 말씀하셨다.

"도둑이 오는 것은 도둑질하고 죽이고 멸망시키려는 것뿐이요 내가 온 것은 양으로 생명을 얻게 하고 더 풍성히 얻게 하려는 것이라"(요 10:10).

"주의 성령이 내게 임하셨으니 이는 가난한 자에게 복음을 전하게 하시려고 내게 기름을 부으시고 나를 보내사 포로 된 자에게 자유를, 눈 먼 자에게 다시 보게 함을 전파하며 눌린 자를 자유롭게 하고 주의 은혜의 해를 전파하게 하려 하심이라 하였더라"(눅 4:18-19).

예수님은 각 인간의 영혼이 구속되는 일은 누룩이 온 반죽을 변화시키듯이 사회적인 구속(Kingdom of God)으로 이어질 것을 말씀하셨다. 그것은 한 사람에게 일어난 생명의 변화가 그가 속한 가정, 사회 속으로 파급되어 가는 것을 말한다. 한 사람 바울 속에서 일어난 생명의 역사는 온 세계를 향해 지금도 그 파동을 계속하고 있다. 복음의 역사는 한 개인에서 한 공동체 그리고 정치, 경제를 비롯한 한 사회의 각 영역에 영향을 미치게 된다.

"이르시되 때가 찼고 하나님의 나라가 가까이 왔으니 회개하고 복음을 믿으라 하시더라"(막 1:15).

"또 비유로 말씀하시되 천국은 마치 여자가 가루 서 말 속에 갖다 넣어 전부 부풀게 한 누룩과 같으니라"(마 13:33).

둘째, 예수님은 가르치는 사람의 확실한 인격을 가지고 계셨다. 예수님은 언제나 하나님의 임재 속에서 사셨다.

"아버지여, 아버지께서 내 안에, 내가 아버지 안에 있는 것 같이 그들도 다 하나가 되어 우리 안에 있게 하사 세상으로 아버지께서 나를 보내신 것을 믿게 하옵소서"(요 17:21).

예수님은 하나님의 뜻을 이루기 위해 사셨다. 예수님은 자신이 가르치시는 바대로 사셨고, 사시는 바대로 가르치셨다.

"예수께서 이르시되 나의 양식은 나를 보내신 이의 뜻을 행하며 그의 일을 온전히 이루는 이것이니라"(요 4:34).

예수님의 투명한 인격과 삶은 그분의 티칭에서 누구도 모방할 수 없는 권위로 작동하였다.

셋째, 예수님은 가르치는 내용에 대한 확실한 지식을 가지고 계셨다. 예수님은 엄청나게 많은 내용을 가르치셨다. 예수님은 말씀하시거나 가르치실 밑천이 떨어지신 적이 없었다. 복음서 전체 구절 3,629구절 가운데 1,950절이 예수님의 말씀이며, 신약 7,800구절 가운데 4분의 1이 예수님의 말씀이라는 것이 그 증거이다.

예수님은 가르치시려는 내용을 확실히 파악하고 계셨다. 예수님은 친구나 적이 어떤 질문을 던지든 당황하신 적이 없었다. 예수님은 무슨 말을 해야 할지 망설이신 적도 없었다. 단 한 번도 '아마', '혹시', '어쩌면', '~하는 것 같다' 등 불확실한 어투를 사용하신 적이 없었다. 예수님은 메시지를 선포하실 때 주저하거나 말끝을 흐리지 않으셨다. 예수님은 갑작스런 질문이나 방해를 흔쾌히 받아들이셨을 뿐 아니라, 오히려 가르침의 기회로 삼으셨다. 그분에게는 막히는 주제나 과목이 없으셨다. 예수님이 가르치시는 내용은 듣는 자들에게 실제적으로 적용되는 것이었다. 예수님은 삶이나 현실과 관계없는 것을 가르치신 적이 없었다.

넷째, 예수님은 가르침을 받는 학생들에 대한 확실한 사랑을 가지고 계셨다. 스승으로서 예수님의 초점은 과목이 아닌 학생들에 맞추어져 있었다. 그분의 긍휼(compassion)을 보라.

"무리를 보시고 불쌍히 여기시니 이는 그들이 목자 없는 양과 같이 고생하며 기진함이라"(마 9:36).

학생들에 대해 연민하시며 공감하시는 그분의 가슴(empathy)을 보라. "예수께서 눈물을 흘리시더라 이에 유대인들이 말하되 보라 그를 얼마나 사랑하셨는가"(요 11:35-36). 예수님의 관심은 학생들의 삶을 가로막는 죄라는 장애를 제거하는 것이었다.

"보라 세상 죄를 지고 가는 하나님의 어린 양이로다"(요 1:29).

다섯째, 예수님은 가르침을 위한 효과적인 방법을 사용하셨다. 예수님은 단순한 정보의 전달이 아닌, 배우는 이의 생각을 자극하는 가르침을 베푸셨다. 예수님의 가르침에는 발목 없이 떠다니는 영화 속 유령처럼 현실의 상황과 거리가 먼 가르침이 없었다. 그분의 티칭은 실제 삶의 핵심을 찌르는 것이었을 뿐 아니라, 언제나 상황에 뿌리를 내리게 만드는 가르침이었다.

예수님의 가르침은 사람들의 마음과 관심을 사로잡는 그릇 속에 담겨졌다. 예수님의 가르침은 원맨쇼가 아니었다. 언제나 학생들의 참여를 유도하고, 그들이 진리를 경험하게 하셨다. 세상을 바꾸신 그분의 가르침의 가장 강력한 방법은 삶의 모본과 희생이라는 교수 방법이었다.

**여섯째,** 예수님은 하늘의 동력으로 일하셨다. 예수님의 지혜와 능력은 성령의 도우심이었다.

"그의 위에 여호와의 영 곧 지혜와 총명의 영이요 모략과 재능의 영이요 지식과 여호와를 경외하는 영이 강림하시리니"(사 11:2).

예수님이 당시 티칭 전문가 그룹인 랍비들이나 서기관들과는 비교되지 않는 지혜와 권능으로 가르치셨던 것은 성령의 역사하심 때문이었다. 성경은 말한다. 예수님의 능력 있는 설교와 가르침은 바로 그 성령의 능력에서 비롯되었다고.

"예수께서 성령의 능력으로 갈릴리에 돌아가시니 그 소문이 사방에 퍼졌고 친히 그 여러 회당에서 가르치시매 뭇 사람에게 칭송을 받으시더라"(눅 4:14-15).

# 크리스천 티칭의 모델

성경을 훑어가며 예수님의 가르침을 연구하면서 그분의 강력한 티칭에는 여섯 가지 요소가 있다는 것을 알게 되었다. 그래서 나는 크리스천 티칭을 이루는 여섯 가지 요소를 6P로 정의하면서 '스타 모델'이라고 이름을 붙였다.

- Purpose: 가르침의 바른 목적
- Personality: 가르치는 이로서의 인격
- Precept: 가르치는 내용에 대한 확신
- Pupil: 가르침을 받는 이들을 향한 비전
- Pattern: 가르침을 위한 효과적인 방법
- Parakleitos: 가르침의 동력이신 성령의 능력

▪ 당신은 지금 누구를 카피하고 있는가?

그렇다면 이것이 왜 스타 모델일까? 이 여섯 요소를 기억하기 위해 나는 별모양을 사용하기 때문이다. 스타 모델은 다섯 개의 티칭 요소가 크리스천 티칭을 결정짓는 성령님과 어떻게 연결되는가를 하나의 그림으로 보여준다. 또한 누구라도 이 틀을 따라 자신을 훈련할 때 탁월한 스타 교사로 세워질 수 있기 때문이다. Star가 형용사로 사용될 때는 '초월한, 우수한, 현저한, 눈에 띄는, 두드러지는' 등의 뜻을 갖는다.

중요한 것은 이 여섯 요소 모두가 필수적이라는 것이다. 우리의 손에 다섯 손가락이 있듯이 흔히 그리는 별은 다섯 개의 꼭짓점을 갖고 있다. 별에서 한 꼭짓점이라도 빠지면 그 별은 균형을 잃어버리고 만다. 또한 이 여섯 요소가 따로 놀지 말아야 한다. 크리스천 교사에게 Pupil(학생과의 관계) 하나만 있다면 그는 박애주의자가 된다. Purpose(가르침의 목적)만 있다면 그는 이상주의자가 된다. Precept(가르치는 내용)만 있다면 그는 철학자가 된다. Personality(가르치는 이로서의 좋은 인격)만 있다면 그는 도덕군자가 된다. Pattern(가르치는 방법)만 좋다면 그는 기술자가 된다. Parakleitos(성령의 능력)만 강조한다면 그는 신비주의자가 된다.

크리스천 티칭의 모델은 예수 그리스도이시다. 당신은 어떠한가? 예수님의 가르침과 비슷한가? 여섯 요소가 균형이 잡혀 있는가? 그 가운데 어떤 요소가 약한가?

## 말굽 만들기

크리스천 티칭의 큰 그림을 그린 이 장을 마무리하면서 내 마음에 떠오르는 이야기가 있다.

어느 대장장이가 100개의 말굽을 주문받은 후 급한 일로 며칠 동안 자리를 비우게 되었다. 그는 자신의 도제에게 원형으로 쓸 말굽 하나를 주면서 그것과 똑같이 100개를 만들어놓으라고 지시를 하고는 길을 떠났다. 도제는 정성을 다해 100개의 말굽을 완성하였다. 며칠 후 돌아온 장인의 첫 관심사는 도제가 만들어놓았을 100개의 말굽이었다. 그러나 그가 만든 말굽을 본 장인은 할 말을 잃고 말았다. 도제는 100개의 말굽이 아닌, 100종류의 말굽을 만들어놓았던 것이다. 그 말굽들은 모양이 각기 달라 납품이 불가능했다.

왜 그렇게 되었을까? 장인도 궁금했다. 그래서 도제에게 물었다. "네가 원형으로 삼은 모델은 무엇이었느냐?" 도제는 머리를 긁적이며 대답했다. "새 것을 만들기 바로 직전에 만들어진 것을 모델로 삼았습니다." 그는 100번째 말굽은 99번째 말굽을 본뜨고, 50번째 것은 49번째 것을 본뜨는 식으로 만들었던 것이다. 무엇이 문제였는가? 도제가 자신이 건네받은 0번째 원본을 버린 것이 문제였다.

예수님은 0번째 모델 교사이시자, 크리스천 티칭의 원형이시다. 나의 소명은 이 땅의 모든 크리스천 교사들에게 그 원형을 찾아주는 것이다. 당신에게 던지는 나의 도전과 격려는 0번째 말굽을 소중히 보존하며 본뜨라는 것이다. 크리스천 티칭의 표준을 세우는 삶과 사역을 원한다면 탁월한 교사 예수님을 원본으로 카피해야만 한다.

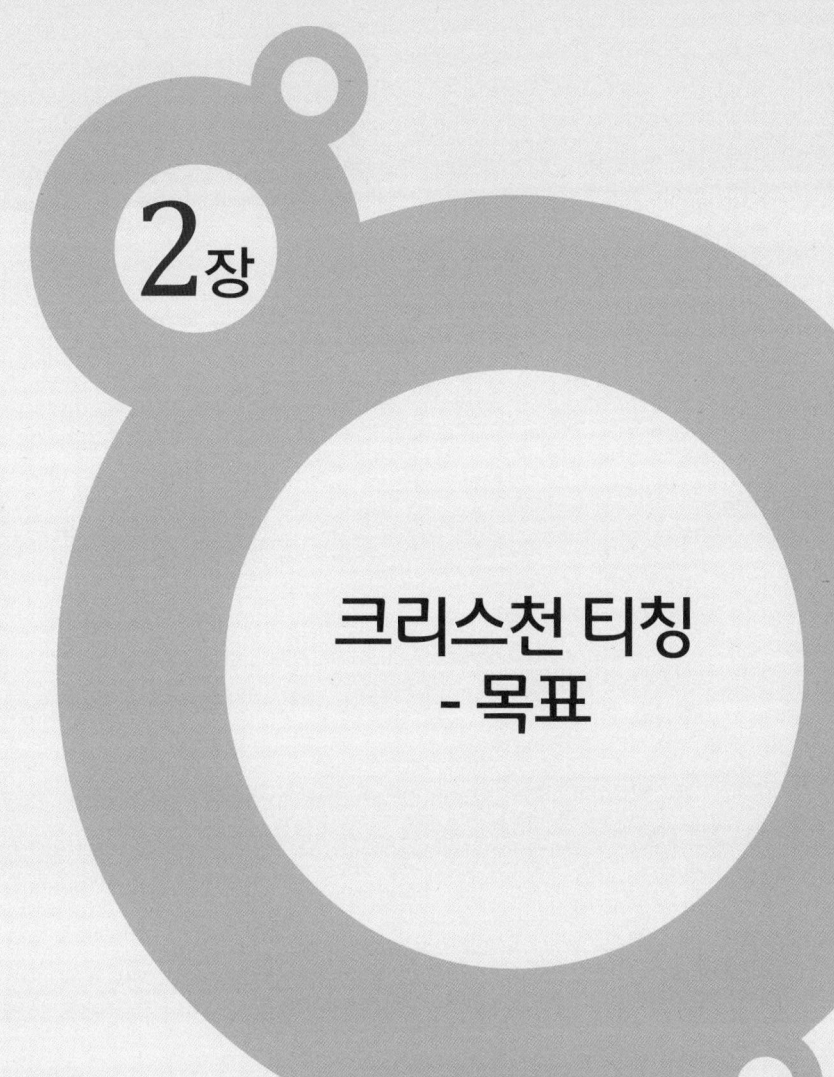

# 2장

## 크리스천 티칭
## - 목표

## 목표가 중요하다

미국 서부를 여행하다 인디언들이 사용한다는 꿈채(dream catcher) 하나를 샀다. 그 의미가 마음 깊이 와 닿아서이다. 오네이다 인디언들은 자신들의 꿈을 잡기 위해 그것을 사용한다. 그들은 꿈을 정신적인 현상으로 이해하는 대신 눈에 보이지 않는 바람과 같은 물리적인 실체로 이해한다고 한다. 그들은 나뭇가지를 동그랗게 휜 다음, 그것에 거미줄을 감아 꿈채를 만든다. 식구 수대로 만들어진 꿈채는 각자의 베갯머리에 걸린다. 그러면서 그들은 이렇게 믿는다. 자기만 알고, 자기 배만 채우는 욕심 사나운 꿈은 그물 사이로 모두 새 나가지만, 자신과 가족과 부족 전체에 유익이 되는 좋은 꿈은 꿈채에 걸린다고. 예를 들어 막내아들이 큰 멧돼지 한 마리를 잡아 온 마을 사람이 배부르게 먹는 꿈을 꾸었다면, 아버지는 그 꿈이 걸린 아이의 꿈채를 집 입구에 건다. 그러고는 그날부터 그 꿈을 이루기 위해 삶을 몰아간다고 한다. 그 꿈이 바로 그 가족이 살아가는 목표가 되는 것이다. 물론 우리는 꿈채를 믿지 않는다. 그러나 우리 모두의 마음속에는 눈에 보이지 않는 꿈채가 있고, 그 꿈을 향해 삶을 몰아가고 있다. 한 사람이 그 마음 꿈채에 어떤 꿈을 걸어놓고 사느냐에 따라 그의 삶이 달라지듯, 크리스천 교사로서 우리가 마음에 어떤 목표를 걸고 가르치느냐에 따라 아주 다른 티칭이 전개되고 아주 다른 열매를 맺게 될 것이다.

사람들이 하는 모든 의미 있는 활동에는 반드시 목적이 있다. 아무것도 겨냥한 것이 없다면 아무것도 맞힐 수 없다. 목적이 분명하지 않은 일이라면 그것을 이루기 위해 힘써야 할 이유도 없다. 목적지가 없으면 가야 할 길도, 이유도 없다. 언제 무슨 일을 하든 분명한 목표를 갖는 것이 중요하다.

▪한 사람이 그 마음 꿈채에 어떤 꿈을 걸어놓고 사느냐에 따라 그의 삶이 달라진다.

그러나 목표를 갖는 것보다 더 중요한 것은 그것이 바른 목표인가 하는 것이다. 밭을 가는 사람이 건너편에서 풀을 뜯는 소의 꼬리를 보고 밭을 간다면 밭고랑의 모습이 어떻게 되겠는가?

1992년 나는 브루스 윌킨슨의 '배우는 이의 일곱 가지 법칙(Seven Laws of Learner)'이라는 세미나에 참석하여 다섯 가지 요소로 이루어진 티칭 모델을 배웠다.[7] 나는 그것을 '5S 모델'이라고 부르며 그 틀에 내 가르침을 부어왔다. 가운데 성령(Spirit)을 모셔놓은 다음, 사방으로 교사(Speaker), 내용(Story), 방법(Style), 학생(Student)을 배치하는 구조이다. 이 모델은 누가(who), 무엇을(what), 어떻게(how), 누구에게(to whom), 어떤 동력으로(by what) 가르치는가를 균형 있게 규정하는 훌륭한 틀이다. 그런데 이 틀에는 왜(why)가 빠져 있다.

나는 예수님의 가르침을 연구하면서 교사로서 예수님의 가장 큰 관심은 '왜(why)'였음을 알게 되었다. 노련한 선장이 조타기를 잡고 있고, 충분한 식량과 연료가 있으며, 강력한 신형 엔진이 장착되어 있고, 사기충천한 선원들이 있을지라도 나아가야 할 '목적지'가 없으면 배는 움직일 수 없는 것과 같다. 크리스천 티칭에서도 모든 요소를 움직이게 만드는 역동성은 '목표'에 있다.

크리스천 티칭에서는 바른 목표가 중요하다. 바른 목표는 교사와 학생에게 바른 동기와 열정과 확신을 불러일으킨다. 바른 목표는 가르칠 내용이라는 구슬들을 꿰는 독특한 줄을 제공한다. 바른 목표는 가장 효과적인 가르침의 전략과 방법을 선택하는 기준선이 된다. 바른 목표는 교사로 하여금 바른 결과를 산출하는 에너지로서 성령의 동력을 가동하는 지혜를 준다.

그러면 그 바른 목표를 어떻게 설정하는가? 대답은 단순하다. 하나님의 티칭 목표와 예수님의 티칭 목표를 우리의 티칭 목표로 삼으면 된다. 그러려면 하나님의 티칭 목표와 예수님의 티칭 목표가 무엇인가를 정확하게 파악하는 것이 가장 먼저 이루어져야 할 작업이다. 성경은 하나님의 티칭 설계도와도 같다. 성경에는 우리를 향하신 하나님의 계획이 분명하게 그려져 있다.

## 하나님의 티칭 목표

출애굽기 19장 5-6절에 하나님의 교육 목표가 한 문장으로 제시되어 있다.

"세계가 다 내게 속하였나니 너희가 내 말을 잘 듣고 내 언약을 지키면 너희는 모든 민족 중에서 내 소유가 되겠고 너희가 내게 대하여 제사장 나라가 되며 거룩한 백성이 되리라 너는 이 말을 이스라엘 자손에게 전할지니라."

그 백성 이스라엘의 위대한 교사로서 하나님의 첫째 교육 목표는 하나님과의 관계에 있다. 그것은 하나님과의 영적 교통(Communion)이다. 하나님은 말씀하신다. "내 소유가 되겠고." 이것은 하나님의 소유된 백성으로서의 새로운 정체성을 깨우쳐주시기 위한 말씀이다. 하나님은 또 말씀하신다. "내 말을 잘 듣고 내 언약을 지키면." 이것은 하나님의 백성으로서 그분의 말씀에 순종으로 반응해야 하는 새로운 삶의 원리를 제시하시는 말씀이다. 이스라엘 백성이 하나님의 축복을 누리며, 또 온 세상에 축복이 되기 위해서 삶의 첫 번째 목표로 삼아야 할 것은 하나님과의 사랑과 교통을 유지하는 것이었다.

"이스라엘아 들으라 우리 하나님 여호와는 오직 유일한 여호와이시니 너는 마음을 다하고 뜻을 다하고 힘을 다하여 네 하나님 여호와를 사랑하라"(신 6:4-5).

하나님의 둘째 교육 목표는 백성들 자신과의 관계에 있다. 그것은 거룩한 성품(Character)을 계발하는 것이다. 하나님은 말씀하신다. "거룩한 백성이 되리라." 거룩함은 하나님의 대표적인 성품이다. 이사야는 천사들이 하나님을 묘사하는 찬양을 들었다.

"거룩하다 거룩하다 거룩하다 만군의 여호와여 그의 영광이 온 땅에 충만하도다"(사 6:3).

신약으로 가면 요한도 하늘 보좌에서 충만하게 울려 퍼지는 천사들의 찬양을 통해 하나님이 어떤 분이신지를 배웠다.

"네 생물은 각각 여섯 날개를 가졌고 그 안과 주위에는 눈들이 가득하더라 그들이 밤낮 쉬지 않고 이르기를 거룩하다 거룩하다 거룩하다 주 하나님 곧 전능하신 이여 전에도 계셨고 이제도 계시고 장차 오실 이시라"(계 4:8).

하나님은 그 백성 이스라엘이 하나님과 같이 되기를 바라셨다. 하나님이 원하시는 것도 그들의 거룩함이었다.

"나는 너희의 하나님이 되려고 너희를 애굽 땅에서 인도하여 낸 여호와라 내가 거룩하니 너희도 거룩할지어다"(레 11:45).

구약 시대의 이스라엘이나 신약 시대의 우리나 하나님의 백성들은 거울과 같은 기능을 하기 위해 이 땅에 남겨진 특수한 목적의 사람들이다. 하나님의 교육 목표는 그분의 백성을 거룩한 성품과 거룩한 삶을 통해 하나님의 거룩함을 반사하는 거룩한 백성으로 세우는 것이었다.

하나님의 셋째 교육 목표는 하나님의 백성 공동체(Community)에 있다. 이스라엘 백성은 믿음의 공동체 안에서 사랑과 하나 됨을 누리고 지켜가야 했다. 하나님이 출애굽기 19장 5-6절에서 세 번이나 말씀하시는 "너희는"은 백성 개개인이 아닌, 이스라엘 민족 공동체를 이르시는 말씀이다. 또 하나님은 말씀하신다. 제사장 '나라', 거룩한 '민족'이 되리라고. 한 개인은 나라도 민족도 아니다. 나라나 민족이 공동체인 것이다.

하나님은 공동체적인 분이시다. 하나님의 하나 되심을 보라. 삼위일체, 그것은 복수이자 단수이며, 한 분이신 하나님을 의미한다. 하나님은 그분의 백성들이 이 땅에서 하나 됨을 이루기 원하신다. 그분의 백성들 한 사람 한 사람이 모인 복수가 하나의 단수 공동체로 서야 하는 이유는 무엇인가? 그것은 그들이 셋인데 하나이고 하나인데 셋인 하나님의 공동체성을 반사하는 거울 백성이기 때문이다.

하나님의 넷째 교육 목표는 세상과의 관계에 있다. 하나님은 그분의 백성들을 '다리'로서의 섬김(Commission)을 감당하는 제사장 나라로 세우기 원하셨다. 하나님은 말씀하신다. "너희가 내게 대하여 제사장 나라가 되며"(출 19:6).

제사장이란 라틴어로 폰티팩스(pontifax)라고 한다. 그것은 '다리'라는 뜻의 폰티와 '만든다'는 뜻의 팩스로 이루어진 합성어이다. 제사장 나라는 다른 말로 '다리 나라'라고 할 수 있다. 이스라엘은 하나님과 그분을 잃어버린 온 세상을 이어야 할 책임을 맡은 민족으로 부름받았다. 그러나 불행하게도 이스라엘은 이 목표에 이르지 못한 낙제생이 되고 말았다. 하나님으로부터도, 세계로부터도 모두 단절되어 있었기 때문이다.

## 예수님의 티칭 목표

예수님의 첫째 교육 목표도 하나님과의 관계에 있다. 그것은 하나님과의 영적 교통(Communion)이다. 예수님이 이 땅에 오신 것도, 그 가르치심도 영적 교통의 회복을 목표로 하고 있다. 예수님이 선포하신 그분 자신의 사명 선언에 그것이 잘 드러나 있다.

"주의 성령이 내게 임하셨으니 이는 가난한 자에게 복음을 전하게 하시려고 내게 기름을 부으시고 나를 보내사 포로 된 자에게 자유를, 눈 먼 자에게 다시 보게 함을 전파하며 눌린 자를 자유롭게 하고 주의 은혜의 해를 전파하게 하려 하심이라 하였더라"(눅 4:18-19).

예수님의 둘째 교육 목표도 백성들과의 관계에 있다. 그것은 거룩한 성품(Character)을 계발하는 것이다. 예수님이 제자들에게 기대하시는 하늘 백성으로서의 표준 성품이 산상수훈에서 주어졌다. 거룩함이라는 개념이 보다 구체적으로 제시되어 있다.

"심령이 가난한 자는 복이 있나니 천국이 그들의 것임이요 애통하는 자는 복이 있나니 그들이 위로를 받을 것임이요 온유한 자는 복이 있나니 그들이 땅을 기업으로 받을 것임이요 의에 주리고 목마른 자는 복이 있나니 그들이 배부를 것임이요 긍휼히 여기는 자는 복이 있나니 그들이 긍휼히 여김을 받을 것임이요 마음이 청결한 자는 복이 있나니 그들이 하나님을 볼 것임이요 화평하게 하는 자는 복이 있나니 그들이 하나님의 아들이라 일컬음을 받을 것임이요 의를 위하여 박해를 받은 자는 복이 있나니 천국이 그들의 것임이라 나로 말미암아 너희를 욕하고 박해하고 거짓으로 너희를 거슬러 모든 악한 말을 할 때에는 너희에게 복이 있나니 기뻐하고 즐거워하라 하늘에서 너희의 상이 큼이라 너희 전에 있던 선지자들도 이같이 박해하였느니라"(마 5:3-12).

공생애를 마치실 때 제자들을 위한 그분의 마지막 기도에도 그 간절한 교육 목표가 배어 있다.

"내가 아버지의 말씀을 그들에게 주었사오매 세상이 그들을 미워하였사오니 이는 내가 세상에 속하지 아니함 같이 그들도 세상에 속하지 아니함으로 인함이니이다 내가 비옵는 것은 그들을 세상에서 데려가시기를 위함이 아니요 다만 악에 빠지지 않게 보전하시기를 위함이니이다 내가 세상에 속하지 아니함 같이 그들도 세상에 속하지 아니하였사옵나이다 그들을 진리로 거룩하게 하옵소서 아버지의 말씀은 진리니이다 아버지께서 나를 세상에 보내신 것 같이 나도 그들을 세상에 보내었고 또 그들을 위하여 내가 나를 거룩하게 하오니 이는 그들도 진리로 거룩함을 얻게 하려 함이니이다"(요 17:14-19).

예수님의 셋째 교육 목표 역시 믿음의 공동체에 있다. 예수님은 그분의 제자들이 사랑으로 하나 되는 공동체(Community)를 이루기 원하셨다. 예수님의 마지막 기도에도 이 소원이 녹아 있다.

"내가 비옵는 것은 이 사람들만 위함이 아니요 또 그들의 말로 말미암아 나를 믿는 사람들도 위함이니 아버지여, 아버지께서 내 안에, 내가 아버지 안에 있는 것 같이 그들도 다 하나가 되어 우리 안에 있게 하사 세상으로 아버지께서 나를 보내신 것을 믿게 하옵소서 내게 주신 영광을 내가 그들에게 주었사오니 이는 우리가 하나가 된 것 같이 그들도 하나가 되게 하려 함이니이다 곧 내가 그들 안에 있고 아버지께서 내 안에 계시어 그들로 온전함을 이루어 하나가 되게 하려 함은 아버지께서 나를 보내신 것과 또 나를 사랑하심 같이 그들도 사랑하신 것을 세상으로 알게 하려 함이로소이다" (요 17:20-23).

예수님의 넷째 교육 목표 역시 세상과의 관계에 있다. 예수님은 하나님과 세상 사이에 놓인 다리로서의 섬김(Commission)을 위해 제자들을 부르셨고, 훈련시키셨으며, 파송하셨다. 예수님의 산상수훈과 최후의 유언에 그 교육 목표가 분명하게 나타나 있다.

"너희는 세상의 소금이니 소금이 만일 그 맛을 잃으면 무엇으로 짜게 하리요 후에는 아무 쓸 데 없어 다만 밖에 버려져 사람에게 밟힐 뿐이니라 너희는 세상의 빛이라 산 위에 있는 동네가 숨겨지지 못할 것이요 사람이 등불을 켜서 말 아래에 두지 아니하고 등경 위에 두나니 이러므로 집 안 모든 사람에게 비치느니라 이같이 너희 빛이 사람 앞에 비치게 하여 그들로 너희 착한 행실을 보고 하늘에 계신 너희 아버지께 영광을 돌리게 하라"(마 5:13-16).

"예수께서 나아와 말씀하여 이르시되 하늘과 땅의 모든 권세를 내게 주셨으니 그러므로 너희는 가서 모든 민족을 제자로 삼아 아버지와 아들과 성령의 이름으로 세례를 베풀고 내가 너희에게 분부한 모든 것을 가르쳐 지키게 하라 볼지어다 내가 세상 끝날까지 너희와 항상 함께 있으리라 하시니라"(마 28:18-20).

## 크리스천 티칭, 그 목표[8]

지금까지 살펴본 바 이스라엘을 향한 하나님의 목표와 우리를 향한 예수님의 목표가 같다. 왜 그럴까? 예수님은 하나님이 그 백성을 향해 가지고 계셨던 원래의 목표를 성취하시기 위해 오셨기 때문이다. 인간이 타락함으로 하나님이 의도하신 관계들이 뒤틀려졌다. 예수님은 그 손상된 관계를 회복시키려고 오셨다. 때문에 예수님의 티칭 목표는 하나님의 티칭 목표와 동일할 수밖에 없는 것이다.

니콜라스 월터스토프(Nicholas Wolterstorff)는 인간이 타락하자 본연의 책임에 대해 혼동하게 되었는데, 그것은 바로 책임을 저버림으로 말미암아 '땅'을 훼손했고, '이웃'에게 고통을 주게 되었으며, '자신의 능력'을 남용했고, '우상'을 세웠다고 말한다.[9] 다른 말로 하면, 인간의 타락으로 말미암아 하나님과의 관계, 자신과의 관계, 공동체와의 관계, 세상과의 관계가 손상되었다는 것이다.

또한 프란시스 쉐퍼(Francis Shaeffer)도 인간의 타락은 하나님으로부터 인간을 분리시켰을 뿐 아니라(영적 분리), 그 자신으로부터의 분리(심리학적 분리), 이웃으로부터의 분리(사회적 분리), 자연으로부터의 분리(환경론적 분리)를 낳았다고 말한다.[10]

회복이란 뒤틀어지고 깨진 이 네 관계를 원상 복구시키는 것을 말한다. 예수님은 죄로 말미암아 뒤틀어진 이 관계들을 회복시키기 위해서 이 땅에 오신 것이다. 로날드 하버머스(Ronald Habermas)와 클라우스 이슬러(Klaus Issler)는 이러한 회복의 네 범주를 4C로 규정하였다.[11]

- 하나님과의 관계 회복 – Communion
- 자신과의 관계 회복 – Character
- 공동체와의 관계 회복 – Community
- 세상과의 관계 회복 – Commission

크리스천 티칭을 하기 원한다면 그 목표는 하나님의 목표, 예수님의 목표와 동일해야 한다.

크리스천 티칭의 목표는 하나님의 형상의 회복이다. 그것을 다르게 표현하면 하나님이 세워놓으신 관계를 회복하는 것이다. 크리스천 티칭을 통해 벌어지는 하나님의 영광스런 청사진을 보자.[12] 그것은 3막 3장의 드라마와 같다. 1막에서 인간은 하나님과의 관계, 자신과의 관계, 공동체와의 관계, 세계와의 관계가 완전한 에덴의 주인공으로 등장한다. 그러나 2막에서는 타락으로 말미암아 그 관계가 형편없이 손상된 죄인들을 보게 된다. 3막 1장에서 하나님은 그 손상된 형상을 가지고 태어나는 죄인들을 구원하실 놀라운 일을 행하신다. 예수님을 보내사 십자가의 대속으로 죄의 노예로 팔린 인류를 속량하신다. 예수님은 부활하시고 승천하셔서 영으로 이 땅에 오사 시공간의 제약을 받지 않는 사역을 펼치고 계신다. 3막 1장의 회복의 시작에서 3막 3장의 회복의 완성을 이루시기까지 그분은 성령으로 3막 2장을 끌고 가신다. 그곳이 성령이 티칭 사역을 하시는 현장이고, 크리스천 교사로서 우리가 성령과 함께 일하는 동역의 현장이다.

**회복의 청사진**

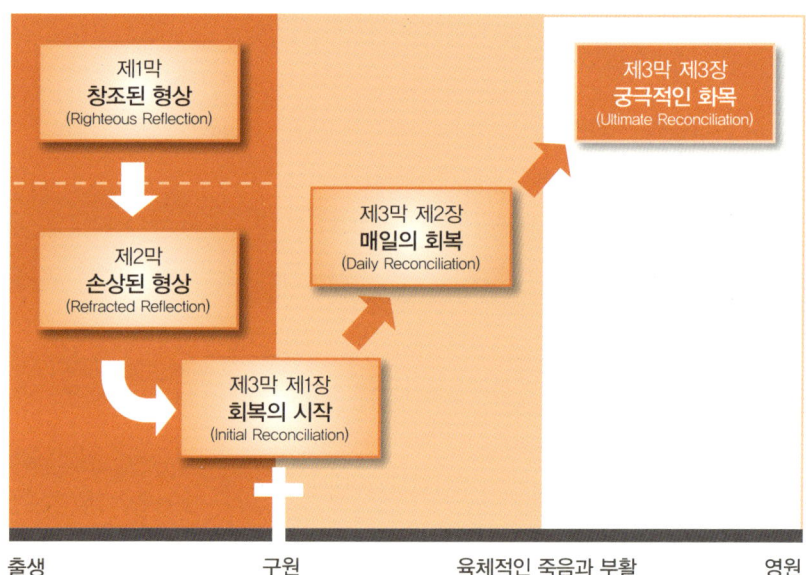

그러면 크리스천 티칭을 통해 이러한 네 관계에서 우리가 구체적으로 이루어야 할 티칭의 주제는 무엇일까?

**하나님과의 관계**

하나님과의 관계에서 티칭 목표는 영적 교통(Communion)이다. 기독교는 종교가 아니라 관계라고 말한다. 하나님에 대한 머릿속 지식이 아닌, 하나님과의 개인적이고 인격적인 사랑의 관계를 유지하고 살아가는 것이 우리가 살아가는 으뜸 되는 목표이다. 크리스천 티칭의 가장 우선적이고 중요한 목표는 학생들이 하나님과의 그런 영적인 교통 속에서 사는 법을 가르쳐주는 것이다.

하나님의 백성으로서 우리가 이 땅에 살아 있는 것은 하나님을 영화롭게 하기 위해서다. 하나님을 영화롭게 하기 위해 해야 할 첫 번째 일은 온 마음 다해 하나님을 사랑하는 것이다. 왜 그래야 할까?

첫째, 하나님 때문이다. 우리는 이 세상의 많은 신 가운데 하나로서 하나님을 섬기는 것이 아니다. 세상에는 오직 두 종류의 신이 있을 뿐이다. 사람이 창조한 신들과, 사람을 창조한 신. 하나님은 이렇게 말씀하신다.

"나 외에 다른 신이 없나니 나는 공의를 행하며 구원을 베푸는 하나님이라 나 외에 다른 이가 없느니라 땅의 모든 끝이여 내게로 돌이켜 구원을 받으라 나는 하나님이라 다른 이가 없느니라"(사 45:21-22).

오직 한 분이신 참 신 '하나님', 그분만이 참 하나님이시기 때문에 우리는 온 마음 다해 그분을 사랑해야 하는 것이다. 성경은 우리에게 말한다.

"우리 하나님 여호와는 오직 유일한 여호와이시니 너는 마음을 다하고 뜻을 다하고 힘을 다하여 네 하나님 여호와를 사랑하라"(신 6:4-5).

참되신 하나님을 온 마음 다해 사랑하는 것은 우리의 책임과 부담이 아니라 특권과 영광이다. 하나님의 사람 다윗은 그 특권과 축복을 이렇게 노래하고 있다.

"여호와여 위대하심과 권능과 영광과 승리와 위엄이 다 주께 속하였사오니 천지에 있는 것이 다 주의 것이로소이다 여호와여 주권도 주께 속하였사오니 주는 높으사 만물의 머리이심이니이다 부와 귀가 주께로 말미암고 또 주는 만물의 주재가 되사 손에 권세와 능력이 있사오니 모든 사람을 크게 하심과 강하게 하심이 주의 손에 있나이다 우리 하나님이여 이제 우리가 주께 감사하오며 주의 영화로운 이름을 찬양하나이다"(대상 29:11-13).

하나님을 온 마음 다해 사랑해야 할 두 번째 이유는 우리 자신 때문이다. 내가 매기는 하나님에 대한 가치가 나의 가치가 된다. 하나님이 말씀하셨다.

"나를 존중히 여기는 자를 내가 존중히 여기고 나를 멸시하는 자를 내가 경멸하리라"(삼상 2:30 하).

이 원리는 성경을 꿰뚫는 영적인 척추이다. 하나님을 시시하게 여기면 시시한 사람이 되고, 시시한 사람이 되면 시시한 삶을 살게 된다. 하나님을 우리의 모든 것 앞에 모실 때 우리의 모든 삶은 비싼 삶으로 바뀌는 것이다. 그 반대가 되면 우리의 삶은 별 볼 일 없이 시들게 된다. 하나님이 존귀히 여기시는 인생을 살도록 우리가 우리의 제자들을 돕는 길은 하나님과 깊은 사랑의 교통 가운데 살도록 그들을 세워주는 것이다.

그렇다면 그러한 영적 교통을 위해 가르쳐주어야 할 첫 번째 주제는 하나님을 아는 것이다. 호세아는 바람난 아내와 같은 이스라엘에 호소한다.

"그러므로 우리가 여호와를 알자 힘써 여호와를 알자"(호 6:3).

베드로는 유서나 다름없는 자신의 마지막 편지 마지막 장 마지막 절에서 우리에게 권고하고 있다.

"오직 우리 주 곧 구주 예수 그리스도의 은혜와 그를 아는 지식에서 자라 가라"(벧후 3:18).

영적 교통을 위해 가르쳐주어야 할 두 번째 주제는 하나님을 사랑하는 것이다. 예수님이 성경을 한 문장으로 요약해주셨다. 지상 최대의 명령은 하나님을 사랑하는 것이라고.

"예수께서 이르시되 네 마음을 다하고 목숨을 다하고 뜻을 다하여 주 너의 하나님을 사랑하라 하셨으니 이것이 크고 첫째 되는 계명이요"(마 22:37-38).

영적 교통을 위해 가르쳐주어야 할 세 번째 주제는 하나님의 사람으로 자라가는 것이다. 사람은 나무와 같아서 자라가거나 죽어가거나 둘 중 하나다. 정지 상태란 없다. 위대한 크리스천 교사로서 바울의 주된 관심과 티칭의 초점은 그의 학생들의 영적 성장에 맞추어져 있었다.

"주께 합당하게 행하여 범사에 기쁘시게 하고 모든 선한 일에 열매를 맺게 하시며 하나님을 아는 것에 자라게 하시고"(골 1:10).

"우리가 다 하나님의 아들을 믿는 것과 아는 일에 하나가 되어 온전한 사람을 이루어 그리스도의 장성한 분량이 충만한 데까지 이르리니"(엡 4:13).

### 자신과의 관계

자신과의 관계에서 티칭의 목표는 거룩한 성품(Character)이다. 식물이든 동물이든 모든 생명체는 같은 종류를 재생산한다. 말은 말을, 개는 개를, 닭은 닭을, 사람은 사람을 낳는 것이다. 이것은 영적인 면에서도 마찬가지다. 하나님이 우리의 아버지시고, 우리가 그분의 자녀임이 틀림없다면 우리의 성품이, 우리의 말이, 우리의 행동이 하나님을 닮아야 하는 것은 당연하다. 믿지 않는 사람들을 향한 하나님의 소원이 있다면 "내게 오라"이다. 그러나 믿는 자녀들을 향한 하나님의 소원은 "나를 닮은 사람으로 자라라"이다. 크리스천 교사로서 우리의 목표는 우리 자신도, 우리의 제자도 아버지를 닮아 자라는 것이어야 한다.

하나님의 거룩함을 닮아 자란다는 의미는 막연한 것이 아니다. 감사하게도 하나님은 우리가 닮아갈 모델로 그 아들을 보내주셨다. 우리가 본받아 자라야 할 목표는 예수님이시다. 맞춤옷집에 가면 옷본이 있다. 내가 고른 천 위에 그 옷본을 놓고 분필로 그려 오린 후, 선을 따라 박으면 옷이 된다. 우리도 우리의 인격이라는 천 위에 예수님을 올려놓고 그 본을 따라 동일하게 만들면 된다. 예수님은 우리의 완벽한 옷본(pattern)이시다. 바울은 말한다.

"우리 모두는 하나님의 아들을 믿고 아는 일에 하나가 되어, 그리스도를 닮은 온전한 사람으로서 성숙한 그리스도인이 될 것입니다"(엡 4:13, 쉬운 성경).

하나님의 거룩하심을 닮아가는 것에 대해 이야기할 때 내게는 그 그림이 막연하지 않다. 예수님을 나의 주님으로 영접하고 얼마 되지 않아 나는 정말 우연히 중학교 교과서에서 읽었던 나다니엘 호손(Nathaniel Hawthorne)의 〈큰 바위 얼굴〉이란 글을 다시 접하게 되었다. 국어 선생님으로부터 '언행일치'의 주제라고 받아 적고 끝났던 그 짧은 이야기가 예수님을 닮아가는 내 영적 순례의 그림을 잡아줄 줄은 몰랐다. 줄거리는 대강 이렇다. 어느 산골 마을에 어네스트라고 하는 소년이 살고 있었다. 이 동네 뒷산에는 절묘한 풍화 작용으로 만들어진 사람 얼굴 모양의 바위가 있었다. 그래서 사람들은 그 바위를 큰 바위 얼굴이라고 불렀다. 저녁 햇살이 빛날 때 붉은 태양이 그 바위를 비추면 그것은 진짜 살아 있는 사람의 얼굴처럼 보였다. 그 모습이 얼마나 인자하고 기품이 있었던지 사람들은 그 바위를 쳐다보며 즐거워했다. 언젠가부터 사람들은 그 바위와 똑같은 얼굴의 사람이 그 마을에서 태어나리라는 전설을 믿었다. 어머니로부터 그것을 들은 어린 어네스트는 그 사람이 마을에 나타나는 날 그를 만나러 달려가리라는 소망을 품고 자라난다. 그러면서 늘 이렇게 생각했다. '큰 바위 얼굴이라면 이럴 때 어떻게 할까.' 그는 마음속에 강렬히 심겨진 큰 바위 얼굴을 흉내 내며 살았다. 그러나 세월이 지나도 그 사람은 나타나지 않았다. 그 마을 출신의 누군가가 부자나 장군, 또는 위대한 정치가가 되어 다시 돌아올 때마다 사람들은 그를 큰 바위 얼굴이라고 소란을 피웠지만, 어네스트의 정직한 눈은 속일 수가 없었다. 오랫동안 그 전설은 실현되지 않았다.

어느덧 어네스트도 바위틈만큼 얼굴에 깊은 주름이 생기고 백발이 성성한 할아버지가 되었다. 어느 날 어네스트가 서산으로 넘어가는 햇빛을 받으며 동네 사람들과 이야기를 나누고 있었다. 그런데 그 순간 사람들은 어네스트와 그의 뒤로 보이는 큰 바위 얼굴을 동시에 보게 되었다. 그리고 깨달았다. 큰 바위 얼굴이 바로 어네스트라는 사실을.

이와 같이 우리도 날마다 예수님을 바라보고 따르면 그분의 성품을 닮게 된다. 이것이 크리스천 티칭의 두 번째 목표이다.

그렇다면 예수님을 닮은 성품을 계발하기 위해 가르쳐주어야 할 것은 무엇일까? 그 첫 번째 주제는 하나님의 백성으로서의 정체성을 확립하는 것이다. 하나님은 그분의 백성들이 십계명을 받기 전에, 또한 그들이 보여야 할 거룩한 삶을 요구하시기 전에 그들의 거룩한 정체성을 확인시켜주셨다. 자신이 누구인지를 아는 사람만이 그 신분에 합당한 삶을 살 수 있기 때문이다. 하나님은 말씀하셨다.

"세계가 다 내게 속하였나니 너희가 내 말을 잘 듣고 내 언약을 지키면 너희는 모든 민족 중에서 내 소유가 되겠고 너희가 내게 대하여 제사장 나라가 되며 거룩한 백성이 되리라 너는 이 말을 이스라엘 자손에게 전할지니라"(출 19:5-6).

예수님도 우리의 온전한 삶은 완전하신 하나님의 자녀 된 정체성을 확신하는 데서 시작된다는 것을 염두에 두시고 말씀하셨다.

"그러므로 하늘에 계신 너희 아버지의 온전하심과 같이 너희도 온전하라"(마 5:48).

우리도 그래야 한다. 학생들의 행동이 바뀌기를 바란다면, 자신들의 정체성에 대한 그들의 생각을 바꿔주어야 한다.

예수님을 닮은 성품을 계발하기 위해 가르쳐주어야 할 두 번째 주제는 하나님과 한 방향으로 정렬된 목표를 확립하는 것이다. 예수님의 지상계명과 지상사명 속에 이 목표가 분명하게 요약되어 있다.

- 지상계명

"예수께서 이르시되 네 마음을 다하고 목숨을 다하고 뜻을 다하여 주 너의 하나님을 사랑하라 하셨으니 이것이 크고 첫째 되는 계명이요 둘째도 그와 같으니 네 이웃을 네 자신 같이 사랑하라 하셨으니 이 두 계명이 온 율법과 선지자의 강령이니라"(마 22:37-40).

- 지상사명

"그러므로 너희는 가서 모든 민족을 제자로 삼아 아버지와 아들과 성령의 이름으로 세례를 베풀고 내가 너희에게 분부한 모든 것을 가르쳐 지키게 하라 볼지어다 내가 세상 끝날까지 너희와 항상 함께 있으리라"(마 28:19-20).

예수님을 닮은 성품을 계발하기 위해 가르쳐주어야 할 세 번째 주제는 하나님의 백성으로서 바른 삶의 원리를 확고하게 붙드는 것이다. 속도가 아닌 방향이 중요하다. 벽돌공에게 얼마나 많은 벽돌을 얼마나 빨리 쌓아 올리느냐 하는 것보다 중요한 것은 얼마나 수직 기준선인 다림줄에 일치되게 쌓느냐는 것이다. 우리의 바른 사상과 바른 믿음과 바른 삶의 절대 기준은 오직 성경뿐이다. 그러려면 성경적 사고방식을 훈련해야 하고, 성경적 가치 기준을 확립해야 한다. 성경이 성경 자신의 이러한 절대적 기준성에 대해 말한다.

긴밀하게 연결된 공동체는 구성원들을 포식자의 위협으로부터 보호해준다.

"모든 성경은 하나님의 감동으로 된 것으로 교훈과 책망과 바르게 함과 의로 교육하기에 유익하니 이는 하나님의 사람으로 온전하게 하며 모든 선한 일을 행할 능력을 갖추게 하려 함이라"(딤후 3:16-17).

### 공동체와의 관계

공동체와의 관계에서 티칭 목표는 사랑으로 하나 됨을 이루는 것(Community)이다. 하나님의 거룩은 한 개인에게서 세상으로 흘러가기 전에 먼저 공동체에서 풍성하게 실현되어야 한다. 왜 하나님의 백성들은 사랑으로 하나 되는 공동체를 이루어야 하는가? 첫째, 앞에서 설명한 대로 영적인 이유 때문이다. 이 땅의 공동체는 하늘의 공동체를 반사하는 거울이다. 둘째, 서로를 보호해주는 실제적인 이유 때문이다. 아프리카 초원의 초식 동물들이 스스로를 보호하는 유일한 방법은 떼를 지어 사는 것이다. 포식자가 이들을 공격하는 한 가지 방법은 무리에서 개체를 분리시키는 것뿐이다. 피터 버거(Peter Berger)는 말한다.[13]

"자신의 입장과 정반대의 입장을 취하는 세상에 살면서 그것을 견지하는 것은 어려운 일이다. 우리 신학자들이 광야의 성인들처럼 굳건한 마음을 가지고 있지 않음에도, 여러 외적인 압력으로 인해 붕괴되지 않기 위해서는 오직 하나의 방법이 있을 뿐이다. 자신과 비슷한 생각을 하고 있는 사람들과 모여야 한다. 아주 긴밀한 유대를 가지고 모여야 한다. 아주 강력한 힘을 가진 공동체를 형성해야 살아남을 수 있다."

사랑으로 하나 됨을 이루는 목표를 위해 가르쳐주어야 할 첫 번째 주제는 가정생활에 관한 것이다. 이 땅에는 많은 기관들이 있지만, 그 중에 하나님이 직접 지으신 기관은 셋밖에 없다. 가정과 교회와 나라. 크리스천의 가정은 하늘나라를 반사하기 위해 이 땅에 설치하신 하나님의 거울이다. 여전히 작고 불완전하지만 크리스천 가정은 이 땅에 개설된 하나님 나라의 대사관이다. 남편과 아내의 관계는 그리스도와 성도와의 관계를 상징한다. 진정으로 부부가 하나 됨을 이루기 원한다면, 남편과 아내가 하나님과 하나 됨을 이루어야 한다. 바울은 그 신비를 이렇게 설명하고 있다.

"아내들이여 자기 남편에게 복종하기를 주께 하듯 하라 이는 남편이 아내의 머리 됨이 그리스도께서 교회의 머리 됨과 같음이니 그가 바로 몸의 구주시니라 그러므로 교회가 그리스도에게 하듯 아내들도 범사에 자기 남편에게 복종할지니라 남편들아 아내 사랑하기를 그리스도께서 교회를 사랑하시고 그 교회를 위하여 자신을 주심 같이 하라 이는 곧 물로 씻어 말씀으로 깨끗하게 하사 거룩하게 하시고 자기 앞에 영광스러운 교회로 세우사 티나 주름 잡힌 것이나 이런 것들이 없이 거룩하고 흠이 없게 하려 하심이라"(엡 5:22-27).

뿐만 아니라 가정은 하나님의 나라가 확장되는 가장 효과적인 선교 기관이다. 선교는 지역 간 개념(transregional mission)으로만 이해해서는 안 된다. 세대 간 개념(transgenerational mission)으로도 이해해야 한다. 한 세대의 믿음의 스토리가 다음 세대로 이어지는 가장 확실한 통로는 가정이다. 이것은 하나님의 아이디어이다.

"내가 입을 열어 비유로 말하며 예로부터 감추어졌던 것을 드러내려 하니 이는 우리가 들어서 아는 바요 우리의 조상들이 우리에게 전한 바라 우리가 이를 그들의 자손에게 숨기지 아니하고 여호와의 영예와 그의 능력과 그가 행하신 기이한 사적을 후대에 전하리로다 여호와께서 증거를 야곱에게 세우시며 법도를 이스라엘에게 정하시고 우리 조상들에게 명령하사 그들의 자손에게 알리라 하셨으니 이는 그들로 후대 곧 태어날 자손에게 이를 알게 하고 그들은 일어나 그들의 자손에게 일러서 그들로 그들의 소망을 하나님께 두며 하나님께서 행하신 일을 잊지 아니하고 오직 그의 계명을 지켜서 그들의 조상들 곧 완고하고 패역하여 그들의 마음이 정직하지 못하며 그 심령이 하나님께 충성하지 아니하는 세대와 같이 되지 아니하게 하려 하심이로다"(시 78:2-8).

사랑으로 하나 됨을 이루는 목표를 위해 가르쳐주어야 할 두 번째 주제는 교회 생활에 관한 것이다. 하나님은 교회를 사랑하신다. 교회를 기뻐하신다. 교회를 통해 일하고 계신다. 하나님도 우리가 그러기를 바라신다. 하지만 그러기에는 교회에 문제가 너무 많다고 생각하는가? 그렇다. 교회는 성자들의 모임이 아니다. 생명은 건졌지만 회복을 기다리는 중환자들의 모임이다. 나 자신이 불완전하고 문제가 많듯이, 모든 교회는 불완전하고 문제가 많다. 누군가 말했듯 문제가 없는 교회를 찾았다면 절대 그 교회에 가지 말라. 당신이 거기에 들어서는 순간 그 교회는 문제 있는 교회가 될 테니 말이다.

성경에 교회란 말이 111번 나오는데 그 중에 우주적인 교회, 보이지 않는 교회에 관해 말하는 것은 11번에 불과하다. 나머지는 모두 예배와 양육, 돌봄과 교제 그리고 만남이 있는 불완전한 지역 교회에 대해 말하고 있다. 하나님이 이 불완전한 교회를 얼마나 귀히 여기고 기뻐하시는지 성도들이 안다면 교회는 얼마나 달라질까. 교회를 소중히 여길 때 우리가 받을 축복은 얼마나 클까.

언젠가 새벽 예배 때 한 부사역자가 자기 자녀들 이야기로 말문을 열었다. 그의 아내가 아이들을 데리고 아파트 앞으로 나와 놀게 하고 있었다. 그런데 한 아주머니가 개 두 마리를 끌고나오더니 아이들이 노는 곳에 풀어놓았다. 개들은 아이들에게 사납게 짖으며 달려들었고, 아이들은 사색이 되어 엄마에게 피했다. 아이들을 진정시킨 그의 아내가 아주머니에게 항의했다. "개들을 이렇게 풀어놓으시면 어떻게 해요?" 그러자 아주머니가 대답했다. "어디서 못생긴 애들을 데리고 나와서 우리 개들을 화나게 해요?" 그 순간 그의 아내는 온 몸이 굳어져 부들부들 떨다 겨우 집으로 들어와 그 이야기를 남편에게 했고, 그 남편은 감당하기 어려운 분노를 경험했다고 한다.

나는 그 이야기를 들으며 교회를 향한 하나님의 뜨거운 사랑의 분노를 느낄 수 있었다. 부족하고 못나 세상이 경멸하지만 교회를 멸시하는 것은 하나님을 멸시하는 것이고, 교회를 공격하는 것은 교회의 아버지이신 하나님을 능멸하는 것과 같다. 하나님은 거룩한 분노를 느끼실 정도로 그분의 백성 공동체를 사랑하신다.

"그 날에 사람이 예루살렘에 이르기를 두려워하지 말라 시온아 네 손을 늘 어뜨리지 말라 너의 하나님 여호와가 너의 가운데에 계시니 그는 구원을 베푸실 전능자이시라 그가 너로 말미암아 기쁨을 이기지 못하시며 너를 잠잠히 사랑하시며 너로 말미암아 즐거이 부르며 기뻐하시리라 하리라"(습 3:16-17).

예수님은 교회를 이렇게 사랑하신다.

"남편들아 아내 사랑하기를 그리스도께서 교회를 사랑하시고 그 교회를 위하여 자신을 주심 같이 하라 이는 곧 물로 씻어 말씀으로 깨끗하게 하사 거룩하게 하시고 자기 앞에 영광스러운 교회로 세우사 티나 주름 잡힌 것이나 이런 것들이 없이 거룩하고 흠이 없게 하려 하심이라"(엡 5:25-27).

바울은 교회를 하나님의 가정으로 설명한다. 우리는 하나님이 질투하시는 하나님의 가족들이다.

"그러므로 이제부터 너희는 외인도 아니요 나그네도 아니요 오직 성도들과 동일한 시민이요 하나님의 권속이라"(엡 2:19).

사랑으로 하나 됨을 이루는 목표를 위해 가르쳐주어야 할 세 번째 주제는 내가 심긴 작은 세상 속에서의 삶에 관한 것이다. 우리는 거룩하신 성령이 우리 안에 거하시는 거룩한 사람들이다. 우리의 거룩함은 우리 자신의 거룩한 생각이나 거룩한 행동에서 나오는 것이 아니라, 우리 안에 계신 거룩하신 성령으로 말미암는다. 대제사장이 일 년에 딱 한 차례 목숨 걸고 들어가 피를 뿌리던 그 지성소에 거하시던 거룩하신 하나님이 이제는 우리 안에 거하신다. 거룩하신 하나님과 관련되는 모든 것은 거룩하게 된다. 하나님이 모세에게 말씀하셨다.

"하나님이 이르시되 이리로 가까이 오지 말라 네가 선 곳은 거룩한 땅이니 네 발에서 신을 벗으라"(출 3:5).

왜 그곳이 거룩했는가? 하나님이 거기 계시기 때문이었다. 하나님과 관련되면 책도, 가구도, 집기도, 건물도, 직업도, 합창단도, 식사도, 사람도 그 의미가 달라진다. 우리는 하나님과 관련된 것들을 이렇게 부른다. "성경, 성구, 성물, 성전, 성직, 성가대, 성찬, 성도…." 그렇다면 하나님의 거룩한 영을 모신 성도가 관련된 모든 삶과 장소도 거룩할 수밖에 없다. 하나님이 바로 그곳, 그 학교, 그 아파트, 그 직장, 그 회사, 그 기관, 그 조직에 심어놓으신 것은 우리로 하여금 거기에서 하나님의 거룩하심을 드러내게 하기 위해서다.

하나님의 긍휼하심, 하나님의 인자하심, 예수님의 희생, 예수님의 살아계심, 하늘의 소망… 이런 말은 모두 추상 명사다. 세상은 죽었다 깨어나도 그 말을 이해할 수 없다. 그래서 하나님은 우리를 세상 속에 넣으셨다. 세상이 우리를 통해 그 막연하고 추상적인 실체가 무엇인지 보고 듣고 경험하게 하기 위해서다. 내가 심긴 세상 공동체 속에서 섬김과 희생, 배려와 돌봄, 책임과 헌신을 통해 하나님의 추상 명사를 실체 명사로 번역해주어야 한다. 주님이 제자 된 우리에게 말씀하신다.

"너희는 세상의 소금이니 소금이 만일 그 맛을 잃으면 무엇으로 짜게 하리요 후에는 아무 쓸 데 없어 다만 밖에 버려져 사람에게 밟힐 뿐이니라 너희는 세상의 빛이라 산 위에 있는 동네가 숨겨지지 못할 것이요 사람이 등불을 켜서 말 아래에 두지 아니하고 등경 위에 두나니 이러므로 집 안 모든 사람에게 비치느니라 이같이 너희 빛이 사람 앞에 비치게 하여 그들로 너희 착한 행실을 보고 하늘에 계신 너희 아버지께 영광을 돌리게 하라"(마 5:13-16).

### 세상과의 관계

세상과의 관계에 대한 티칭 목표는 하나님과 세상 사이의 다리(Commission) 노릇을 하는 것이다.

하나님이 아브라함에게 주신 가나안은 네 개의 물로 경계가 이루어진 땅이다. 북쪽으로는 갈릴리 바다, 서쪽으로는 지중해, 남쪽으로는 사해, 동쪽으로는 요단 강. 가나안은 비옥한 초승달 모양으로 생긴 땅의 한복판에 놓인 교차로와 같은 곳이다. 메소포타미아 문명권과 이집트 문명권이 교류하고 충돌하는 사통오달 사거리 같은 땅이다. 그래서 그 땅에는 전쟁과 피 흘림이 끝없이 이어졌다. 왜 하나님은 이런 땅으로 그들을 보내셨을까? 유대인들이 하는 우스갯소리가 있다. 아브라함은 귀가 약간 어두웠단다. 하나님이 아브라함에게 가라고 하신 곳은 가나안(Canaan)이 아니고 캐나다(Canada)였는데, 아브라함이 귀가 어두워 캐나다를 가나안으로 들었다는 것이다. 그때 캐나다로 갔으면 좋았을 텐데, 조상님의 잘못된 청력 때문에 자기들이 이렇게 죽을 고생을 하며 산다는 이야기다. 이 땅에 하나님이 그 백성을 두신 두 가지 이유가 있다. 첫째, 그들은 하나님의 백성으로서 하나님을 모르는 세계의 거센 외부적 영향으로부터 가장 잘 보호될 수 있는 지리적 특성을 가지고 있었기 때문이었다. 외부적인 영향을 비교적 적게 받음으로써 자기들의 민족 공동체의 독특한 소명과 공동체의 조직 문화를 보존하기에 아주 좋은 위치에 있었다는 것이다. 둘째, 사통오달 사거리에서 그 땅을 지나는 모든 세상 사람들에게 살아계신 하나님을 증거하기 위해서이다. 소아시아 지방 사람들이 아라비아로 갈 때도, 메소포타미아 사람들이 애굽으로 갈 때도 반드시 통과해야 할 길목이 바로 가나안 땅이다. 외부적인 요인으로부터 최소한의 영향을 받으면서, 밖으로는 사통오달 교통의 중심지에 이 백성들을 놓으신 하나님의 지혜가 참으로 놀랍지

▪ 우리가 존재하는 목표는 하늘의 축복을 이 땅에 연결하는 축복의 통로가 되는 것이다.

않은가? 이스라엘 백성들은 살아 있는 여호와의 증거 공동체가 되기 위해서 선택받았다. 가나안을 반드시 통과해야 하는 당시 세계의 사람들은 이 공동체를 통해 여호와 하나님만이 참 하나님이시고, 그분에게 돌아오는 것만이 참 생명을 얻는 길이라는 사실을 깨닫기 원하셨다. 아브라함을 부르실 때 바로 그런 하나님의 증거 공동체가 하나님의 마음에 있으셨음을 창세기 12장 1-3절에서 말씀하셨다.

"여호와께서 아브람에게 이르시되 너는 너의 고향과 친척과 아버지의 집을 떠나 내가 네게 보여 줄 땅으로 가라 내가 너로 큰 민족을 이루고 네게 복을 주어 네 이름을 창대하게 하리니 너는 복이 될지라 너를 축복하는 자에게는 내가 복을 내리고 너를 저주하는 자에게는 내가 저주하리니 땅의 모든 족속이 너로 말미암아 복을 얻을 것이라."

이 구절은 두 마디로 요약할 수 있다. 첫째, 축복의 대상. "너는 나의 복을 받고 살 사람이다." 둘째, 축복의 통로. "천하 만민이 너 때문에 복을 받게 될 것이다." 구약의 이스라엘 민족 공동체나 신약의 교회 공동체나 우리가 존재하는 네 번째 목표는 하늘의 축복을 이 땅에 연결하는 축복의 통로가 되는 것이다.

하나님과 세상 사이의 다리 역할을 하는 목표를 위해 가르쳐주어야 할 첫 번째 주제는 하나님을 알지 못하는 우리의 미래 신자들에 관한 것이다. 전도는 우리의 프로그램도, 행사도 아니다. 전도는 우리의 생존 이유이다. 천국이 완전한 곳이고, 예수님을 믿는 우리에게 보장된 미래로 그곳이 확보되어 있음에도 우리가 이 땅에 남겨진 이유는 복음을 증거하기 위해서이다.

제자들을 향한 예수님의 첫 번째 명령은 전도였다.

"나를 따라오라 내가 너희를 사람을 낚는 어부가 되게 하리라"(마 4:19).

예수님의 마지막 명령도 전도였다.

"너희는 온 천하에 다니며 만민에게 복음을 전파하라"(막 16:15).

우리 안에 성령을 주신 이유도 전도다.

"오직 성령이 너희에게 임하시면 너희가 권능을 받고 예루살렘과 온 유대와 사마리아와 땅 끝까지 이르러 내 증인이 되리라"(행 1:8).

주님의 최대의 관심사, 최대의 염려, 최대의 기쁨은 잃어버린 영혼이 돌아오는 것이다. 바로 당신을 통해.

"내가 너희에게 이르노니 이와 같이 죄인 한 사람이 회개하면 하늘에서는 회개할 것 없는 의인 아흔아홉으로 말미암아 기뻐하는 것보다 더하리라"(눅 15:7).

"지혜 있는 자는 궁창의 빛과 같이 빛날 것이요 많은 사람을 옳은 데로 돌아오게 한 자는 별과 같이 영원토록 빛나리라"(단 12:3).

하나님과 세상 사이의 다리 역할을 하는 목표를 위해 가르쳐주어야 할 두 번째 주제는 우리가 속한 국가 공동체에 관한 것이다. 기독교에는 국경이 없지만 기독교 신자에게는 조국이 있다는 말이 있다. 우리는 이 땅 위에 살고 있지만 두 가지 국적을 가지고 있다. 하나는 천국 시민의 국적이고, 다른 하나는 대한민국의 국적이다. 천국 시민으로서, 또한 대한민국 국민으로서 우리는 어떻게 살아야 하는가? 우리는 학생들에게 바른 국가관을 세워주어야 한다. 국가를 어떻게 볼 것인가에 대해 바울은 이렇게 가르친다.

"각 사람은 위에 있는 권세들에게 복종하라 권세는 하나님으로부터 나지 않음이 없나니 모든 권세는 다 하나님께서 정하신 바라 그러므로 권세를 거스르는 자는 하나님의 명을 거스름이니 거스르는 자들은 심판을 자취하리라 다스리는 자들은 선한 일에 대하여 두려움이 되지 않고 악한 일에 대하여 되나니 네가 권세를 두려워하지 아니하려느냐 선을 행하라 그리하면 그에게 칭찬을 받으리라 그는 하나님의 사역자가 되어 네게 선을 베푸는 자니라 그러나 네가 악을 행하거든 두려워하라 그가 공연히 칼을 가지지 아니하였으니 곧 하나님의 사역자가 되어 악을 행하는 자에게 진노하심을 따라 보응하는 자니라"(롬 13:1-4).

국가는 하나님이 세우신 제도이다. 국가의 권위를 하나님이 주셨다고 하는 사상은 이미 구약 성경에도 잘 나타나 있다.

"지극히 높으신 이가 사람의 나라를 다스리시며 자기의 뜻대로 그것을 누구에게든지 주시며 또 지극히 천한 자를 그 위에 세우시는 줄을 사람들이 알게 하려 함이라"(단 4:17).

그러므로 크리스천은 나라가 있음에 감사하고, 나라를 소중히 여기며 사랑해야 한다. 하나님이 그분의 주권 속에 세우신 통치자의 권위를 인정하고 존중해야 한다. 국가의 법을 잘 지킬 뿐 아니라 국민으로서의 의무를 다해야 한다.

하나님과 세상 사이의 다리 역할을 하는 목표를 위해 가르쳐주어야 할 세 번째 주제는 하나님이 지으신 창조 세계에 관한 것이다. 에덴에서 우리 인간은 하나님이 지으신 모든 창조 세계의 관리자로 지음받았다. 인간은 자연 만물에 이름을 붙여줌으로써 자연을 가치 있고 의미 있게 만들었다. 그러나 인간의 타락으로 자연 생태계가 황폐되었다. 하나님이 말씀하신 대로다. "땅이 네게 가시덤불과 엉겅퀴를 낼 것이라"(창 3:18). 지금도 인간의 발길만 닿으면 자연은 더러워지고 훼손된다. 청지기이자 정원사였던 자연과의 관계는 착취자와 오염자로 변하고 말았다. 자연이 탄식하고 있다.

> "피조물이 다 이제까지 함께 탄식하며 함께 고통을 겪고 있는 것을 우리가 아느니라"(롬 8:22).

예수 그리스도의 십자가 구속은 자연과의 관계 회복을 포함한다. 우리는 창조주 하나님의 파트너로서 자연을 대해야 한다. 자연의 청지기로서 사랑하고, 아끼며, 돌보고, 지켜야 한다. 이런 하나님의 세상에 대한 청지기 의식을 심어주어야 한다.

## 십자가를 보는 방법

이제 이야기를 정리해보자. 그 백성을 향하신 하나님의 티칭 목표는 분명하다. 위로는 하나님을 사랑하고(Communion), 안으로는 자신을 사랑하며(Character), 옆으로는 공동체를 사랑하고(Community), 아래로는 세계 인류를 사랑하는(Commission) 하나님의 백성으로 사는 것이다.

무슨 일을 하든지 목표가 중요하다. 더 중요한 것은 바른 목표를 바라보는 것이다. 우리의 티칭이 크리스천적인 것이 되려면 십자가로 구획되는 네 관계와 관련된 네 개의 목표를 바라보아야 한다. 지금까지 십자가의 가로세로 두 나무 막대만 보았다면, 이제는 그 나무에 못 박히사 회복하기를 원하셨던 네 관계, 곧 십자가 뒤의 네 배경까지 보아야 한다.

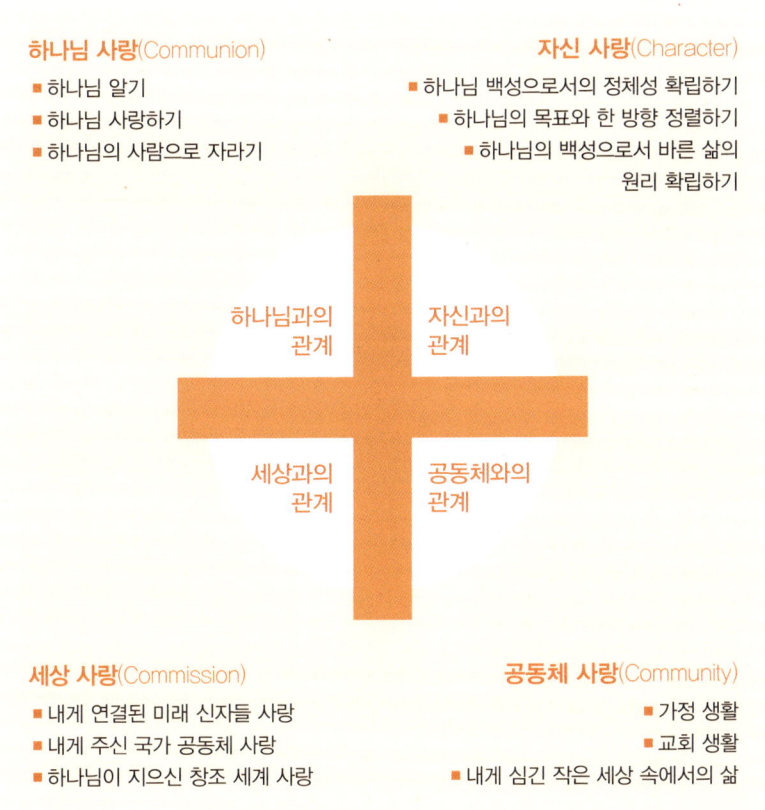

그리고 크리스천 티칭의 목표는 십자가를 초점으로 바라볼 때만 하나님의 목표와 한 방향으로 정렬된다. 하나님이 인간을 만드실 때 품으셨던 그 목표, 예수님이 십자가에서 죽으심으로 이루기를 바라신 그 동일한 목표, 성령님이 지금도 그분의 종들과 더불어 그분의 백성들 속에 이루고 계신 그 동일한 목표, 그리고 우리가 가르치는 어린 영혼들을 위한 티칭의 그 동일한 목표는 십자가를 통해서만 보인다. 그리고 십자가를 통해서만 이루어진다.

# 3장

## 크리스천 티칭 - 교사

## 가장 중요한 도구

우리나라 주일학교 교육의 획기적인 전환을 위해 내가 한 가지 제안을 할 테니, 이 계획에 대해 판단을 해보라. 우선 주일학교 교사를 모두 없애자. 어차피 교사로서의 준비도 안 되어 있고 훈련도 시키지 못한 사람들, 더 이상 힘들게 하지 말고 다 해산시키자. 그 대신 전국 교회가 비상 기금을 거두고 전문가를 모으자. 한국에서 가장 성경을 바르게 해석하는 신학자 5명, 한국에서 가장 티칭 감각이 탁월한 교육가 5명, 한국에서 가장 글을 잘 쓰는 작가 5명, 한국에서 가장 연기를 잘하는 배우 5명, 한국에서 가장 아이디어가 출중한 카피라이터 5명, 한국에서 가장 드라마를 잘 만들 수 있는 연출가 5명, 한국에서 가장 그림을 잘 그리는 화가 5명, 한국에서 가장 능숙한 게임 디자이너 5명, 한국에서 가장 뛰어난 작곡가 5명…. 이런 식으로 전문가 70명을 묶어 팀을 만드는 것이다. 마치 70인경을 번역했던 알렉산드리아의 70인 학자 그룹을 모으듯이. 그래서 그들로 하여금 창세기부터 요한계시록까지 200편의 성경 학습 DVD를 만들게 하는 것이다. 어차피 주일학교에서 가르치는 전체 본문 수가 200개가 안 되니 말이다. 200편의 본문으로 아이들의 관심과 흥미를 제대로 사로잡는 성경 교육용 멀티 학습 교재를 만드는 것이다. 아이들이 도착하면 자동으로 스크린이 열리고, 그저 스위치만 눌러주면 화면이 재생되어 아이들이 꼼짝도 못하고 40분 동안 앉아 성경 말씀을 듣게 하면 어떨까? 내가 보기에 지금 우리가 하는 것보다는 훨씬 효과적이고 정확하며 능력 있는 성경 교수가 이루어질 것이 틀림없다. 당신의 생각은 어떤가?

나는 지금 당신의 고개가 좌우로 흔들리는 것을 느끼고 있다. 왜 그런가? 크리스천 티칭의 가장 중요한 목적이 성경의 내용을 정확하게 가르치는 데 있지 않기 때문이다. 크리스천 교사 한 사람은 하나님의 사람으로 자라가는 과정에서 하나님이 쓰시는 가장 중요한 도구이다. 공과도, 프로젝터도, 인형극도 아닌 바로 교사 자체가 하나님이 그분의 백성들을 돌보고 양육하시는 도구라는 말이다. 크리스천 티칭에서 교사는 가장 중요한 사람이다. 한 교회의 크리스천 티칭이 성공하느냐 실패하느냐는 그 교회가 보유하고 있는 교사의 질에 달려 있다. 정말 성경에서 튀어나온 것 같은 사람들을 키워내는 능력 있는 신앙 교육 공동체가 되려면 교사들이 먼저 그렇게 세워져야 한다.

어느 모임에서 주일학교 교사 한 사람을 만났다. 나는 그가 들려준 기막힌 이야기를 아직도 생생히 기억하고 있다.[14] 그는 주일학교에서 잘 가르쳐보려고 애를 썼지만 아이들이 너무 산만하고 흥미 없어 하길래 여러 신들의 이야기를 들려주었단다. 그리스 로마의 신들, 중동 지방에 사는 알라신에서 인도의 시바신, 일본의 가미사마들에서 동해 바다에 사는 용왕귀신, 동네 성황당의 처녀귀신, 냉장고의 달걀귀신에서 양변기 속에 사는 만득이 귀신까지…. 아이들은 숨도 못 쉬고 그 귀신 이야기에 빨려들었다고 했다. 듣다듣다 너무 황당한 생각에 내가 말을 끊었다. "아니 예수님을 가르치도록 주신 소중한 시간에 귀신 이야기라니요?" 그는 조금도 당황하거나 미안해하지 않았다. 오히려 당당하게 말했다. "아니죠. 제가 결론을 잘 내려주었습니다." "그래요? 뭐라고 하셨는데요?" "그러면, 하나님은 누구시냐? 그게 중요해. 하나님은 이 모든 신들 중에 가장 센 신이다 이거야!"

## 교사를 부르신 하나님

다시 강조하고 싶다. 하나님은 그분의 뜻을 이루시기 위해 사람을 사용하신다. 교사는 크리스천 티칭을 위해 부름받은 하나님의 동역자이다. 하늘의 부르심을 확신하지 못하는 교사는 충성스럽게 그분의 뜻을 이룰 수 없다. 숱한 환란과 박해 속에서도 온 세계의 운명을 바꿔놓은 바울의 티칭 능력은 주님의 부르심에 대한 확신에 뿌리를 내리고 있다. 바울의 능력 있는 티칭 사역의 비밀이 그의 서신서 맨 앞에 공개되어 있다. 로마서는 이렇게 시작된다.

"예수 그리스도의 종 바울은 사도로 부르심을 받아 하나님의 복음을 위하여 택정함을 입었으니"(롬 1:1).

그분의 부르심에 대한 고백과 믿음이 선언되는 것은 로마서뿐만이 아니다. 데살로니가전·후서를 제외한 바울의 모든 서신서는 자신이 하나님의 뜻 안에서 예수 그리스도의 부르심을 받아 일꾼이 되었음을 밝히고 있다.

당신은 어떤가? 아무리 목표가 분명하다고 해도 하나님이 그 목표를 이루기 위하여 자신을 부르셨다는 확신이 없다면, 자신이 그 목표에 이를 힘도 가지고 있지 못한 것이다. 이제 우리 자신의 부르심을 확인해보자. 우선 교사를 부르신 세 개의 구절을 자세히 살펴보자.

"말씀하시되 나를 따라오라 내가 너희를 사람을 낚는 어부가 되게 하리라 하시니"(마 4:19).

"예수께서 나아와 말씀하여 이르시되 하늘과 땅의 모든 권세를 내게 주셨으니 그러므로 너희는 가서 모든 민족을 제자로 삼아 아버지와 아들과 성령의 이름으로 세례를 베풀고 내가 너희에게 분부한 모든 것을 가르쳐 지키게 하라 볼지어다 내가 세상 끝날까지 너희와 항상 함께 있으리라 하시니라"(마 28:18-20).

"그들이 조반 먹은 후에 예수께서 시몬 베드로에게 이르시되 요한의 아들 시몬아 네가 이 사람들보다 나를 더 사랑하느냐 하시니 이르되 주님 그러하나이다 내가 주님을 사랑하는 줄 주님께서 아시나이다 이르시되 내 어린 양을 먹이라 하시고 또 두 번째 이르시되 요한의 아들 시몬아 네가 나를 사랑하느냐 하시니 이르되 주님 그러하나이다 내가 주님을 사랑하는 줄 주님께서 아시나이다 이르시되 내 양을 치라 하시고 세 번째 이르시되 요한의 아들 시몬아 네가 나를 사랑하느냐 하시니 주께서 세 번째 네가 나를 사랑하느냐 하시므로 베드로가 근심하여 이르되 주님 모든 것을 아시오매 내가 주님을 사랑하는 줄을 주님께서 아시나이다 예수께서 이르시되 내 양을 먹이라"(요 21:15-17).

이 구절들은 크리스천 교사에 대한 주님의 생각을 잘 보여준다.

**첫째, 크리스천 교사의 소명에 대해**

예수님이 우리에게 - 베드로와 열두 제자로 대표되는 그분의 제자 된 사람들에게- 그 일을 직접 명령하셨다.

"나를 따라오라 내가 너희를 사람을 낚는 어부가 되게 하리라."

"내가 너희에게 분부한 모든 것을 가르쳐 지키게 하라."
"내 양을 먹이라."
"내 양을 치라."

우리가 어떤 자리에서 어떤 이유로 교사를 시작했건 간에 우리를 부르신 분은 예수님이시다. 교회의 필요나 목사님의 부탁 때문에 교사를 하게 되었다 해도 그들을 통해 예수님은 우리를 동역자로 부르셨다. 우리의 양 떼는 우리 교회의 아이들이기 이전에 예수님께 그 소유권이 있는 주님의 양들이다. 주님의 부르심에 대한 확신을 짧은 말로 사명감이라고 부른다. 이 부르심을 늘 의식하는 교사만이 한결같은 충성됨으로 주님과 동역할 수 있다.

바울은 교회 안에 목사와 교사를 두신 분이 예수님이라고 말한다. 그러므로 우리는 우리를 부르신 그분만을 의식하며 그분의 양 떼를 먹여야 한다.

### 둘째, 크리스천 교사의 권위에 대해

국민들에게 권위를 잃어버린 대통령, 학생들에게 권위를 잃어버린 선생님, 자식들에게 권위를 인정받지 못하는 부모… 우리와 우리의 다음 세대는 삶의 전 영역에서 권위가 상실되어가는 세상에서 살고 있다. 더구나 권위를 '권위적' 또는 '권위주의'와 동일시하면서 법이건, 제도건, 전통이건 모든 권위를 배격하거나 부인하는 것이 지성적인 것처럼 착각하는 사람들이 늘고 있는 것이 우리의 현실이다. "제 소견에 옳은 대로 행하였던" 사사 시대와 무엇이 다르겠는가.

부모가 되었든, 스승이 되었든 하나님의 말씀으로 하나님의 세대를 세우는 우리 교육가들에게 권위는 필수 불가결한 요소이다. 우리를 부모로,

교사로 부르신 하나님의 권위, 우리를 보내신 예수님의 권위, 우리 속에서 우리와 함께, 우리를 통해 일하시는 성령님의 권위, 우리의 가르침의 근거가 되는 성경 진리의 권위 등 가르치는 자로서 우리의 역할은 온통 '권위'를 기초로 수행되기 때문이다. 궁극적으로 크리스천 교사의 권위는 학력이나 연륜, 경험에서 나오지 않는다. 그 권위는 '하늘과 땅의 모든 권세'를 가지신 온 우주의 통치자에게서 나온다. 우리는 그 왕의 권위로 일하는 그분의 대사들이다.

### 셋째, 크리스천 교사의 동기에 대해

우리가 무슨 일을 하느냐, 어떻게 그 일을 하느냐보다 중요한 것은 그 일을 왜 하며, 왜 그렇게 하느냐이다. 세 번씩이나 주님을 부인했던 베드로에게 예수님은 세 번씩이나 물으셨다. "네가 나를 사랑하느냐?" 세 번씩이나 "내가 주님을 사랑하는 줄 주님께서 아십니다"라는 대답을 확인하시며 그 양을 위탁하신 이유가 뭘까? 주님의 양 떼를 먹이는 사역은 주님을 사랑하지 않고서는 할 수 없는 일이기 때문이다.

내가 평생을 어린이 사역자로 살아야겠다고 결단한 장소가 있다. 갈릴리 호수 북쪽에는 검은 벽돌로 지어진 베드로 수위권 교회가 있다. 부활하신 예수님이 갈릴리로 가셔서 물고기를 잡고 있던 베드로에게 "네가 나를 사랑하느냐"고 세 번 물으신 후 양을 먹이라고 거듭 말씀하셨던 일을 기념하는 교회다. 그곳을 방문한 나는 교회 안팎을 돌아본 후 호숫가로 내려갔다. 그 호숫가에는 하트 모양으로 거칠게 깎인 큰 바위 하나가 놓여 있었다. 그 바위에 올라앉았을 때 나는 마치 베드로가 된 느낌이었다. "주님, 제가 주님을 사랑합니다." 베드로 대신 나를 넣어 주님과의 대화를 해보았다. 부족하고 연약한 내게 주님이 확인하시는 것은 딱 한 가지였다. "네가 나를 사랑하느냐?" 그분은 나의 능력에 대해 묻지 않으셨다. 학위나 재능이나 비전에 대해 묻지 않으셨다. "네가 나를 사랑하느냐?" 그러고는 내게 부탁하셨다. "내 어린양을 먹이라." 지난 40년 동안 어린이들을 섬기면서 내가 열정을 다해 이 소명을 따를 수 있었던 것은 "제가 주님을 사랑하는 줄 주님께서 아십니다"라고 고백하는 사랑의 동기 때문이었다. 예수님을 사랑하지 않고서는 크리스천 티칭은 이루어지지 않는다.

### 넷째, 크리스천 교사의 동력에 대해

크리스천 교사는 무슨 힘으로 일하는가? 내 열심? 내 노력? 내 결심? 아니다. 주님이 이렇게 말씀하신다.

> "만군의 여호와께서 말씀하시되 이는 힘으로 되지 아니하며 능력으로 되지 아니하고 오직 나의 영으로 되느니라"(슥 4:6).

예수님은 지상사명을 주시면서 왜 하늘과 땅의 모든 권세를 가지셨음에도 세상 끝날까지 우리와 항상 함께 계시겠다고 약속하셨을까? 그것은 우리가 우리 힘으로 할 수 있는 일이 아니기 때문이다. 크리스천 교사는 예수님의 약속과 경고를 잊지 말아야 한다.

> "나는 포도나무요 너희는 가지라 그가 내 안에, 내가 그 안에 거하면 사람이 열매를 많이 맺나니 나를 떠나서는 너희가 아무 것도 할 수 없음이라"(요 15:5).

이 부분은 7장에서 자세히 다루기로 하자.

### 다섯째, 크리스천 교사의 영광에 대해

크리스천 교사의 영광은 사람들의 칭찬이나 평판으로부터 오지 않는다. 그 영광은 하늘 왕으로부터 온다. 하늘의 왕이 부르셨고, 하늘의 왕이 파트너로 함께 일하시며, 하늘의 왕을 위해 일한다는 것이 우리의 영광인 것이다.

### 여섯째, 크리스천 교사의 상급에 대해

크리스천 교사의 상급은 '성장'에 있다. 누군가를 가르침으로써 자신도 자라게 된다. 다른 사람을 세우면서 내가 선다. 다른 사람을 변화시키면서 내가 변화된다. 티칭은 우리 자신에게 성장의 기회가 된다.

크리스천 교사의 또 다른 상급은 다른 영혼이 성장하는 것을 보는 즐거움이다. 부족한 나의 섬김을 통해 누군가가 변화되는 것보다 더한 즐거움이 있을까? 부모는 자식이 커가는 즐거움 때문에 자녀 키우는 일을 고생스럽게 여기지 않는다. 목사는 성도들이 변화되는 것을 보는 즐거움 때문에 힘든 목회를 계속할 수 있다. 또 하나의 상급은 하나님 나라의 성장과 확장에 기여하는 보람과 의미다. 크리스천 티칭은 이처럼 상급이 확실한 사역이다.

### 마지막으로 크리스천 교사의 영향에 대해

마태복음 28장 19-20절은 지상사명을 기록하고 있다. 세상을 이미 변화시킨 그리고 앞으로 변화시킬 이 명령에는 정말 놀라운 예수님의 지혜가 들어 있다.

이 지상사명을 떠받치고 있는 네 개의 동사 – '가라', '제자를 삼으라', '세례를 주라', '가르치라' – 에 대해 살펴보자. 예수님이 공생애 동안 하신 일이 이 네 개의 동사로 요약된다. 이 넷 중 셋은 서까래이고 하나만이 대들보다. 하나가 본동사이고 나머지 셋은 그 본동사를 받쳐주는 분사인 것이다. 목사건, 선교사건, 교사건 당신이 어떤 동사를 대들보로 보느냐에 따라 그 사역의 방향이 달라진다. 당신은 어느 것이 예수님의 마음 중심에 있던 동사라고 생각하는가? 그러나 이것은 우리의 취향이나 경험이 아닌, 신약 성경이 기록된 그리스어 문법으로 판단할 문제다. '제자를 삼으라'가 본동사다. 예수님의 사역을 보아도 그것이 확실하다. 예수님은 갈릴리 바닷가로 가셔서(가다, poreuthentes) 어부들을 불러, 제자단에 입단시키고(세례주다, baptizontes), 그들을 가르치심으로(가르치다, didaskontes), 제자를 만들 제자로 세우셨다(제자를 만들다, matheteusate). 하늘로 오르시기 전 예수님이 제자들에게 부탁하신 일은 공생애 동안 그분이 하셨던 그 똑같은 일이 지속되게 하는 것이었다. 그렇게 할 때 세상은 변화된다. 이것이 누구도 막지 못할 크리스천 교사의 영향력이다.

## 교사의 정체성

어린 시절 우리 집은 옹기장이네 윗집에 살았다. 옹기장이가 진흙을 빚어 그릇을 만드는 모습은 하루 종일 보아도 지루하지 않았다. 특히 회전판 위에 올려진 한 덩이의 진흙이 옹기장이의 두 손놀림 속에서 멋진 그릇으로 빚어지는 모습은 어린 나의 눈에 마술처럼 보였다.

이런 생각을 자주 해보았다. 한 손으로 옹기를 빚을 수 있을까? 아니다. 그렇게 해서는 안 된다. 두 손의 절묘한 협력 속에서 그릇의 크기와 두께와 모양이 결정되기 때문이다.

▪ 나의 부족하고 서툰 손이 사람들 밖에서 일하는 동안 하나님의 손은 사람들 안에서 일하신다.

나는 그동안 사람들을 가르치면서 옹기를 빚어내는 두 개의 손 그림을 자주 떠올렸다. 내 부족하고 서툰 손이 사람들 밖에서 일할 동안 하나님의 전능하신 손, 지혜로우신 손은 사람들 속에서 일하신다. 크리스천 교사는 그렇게 하나님과 함께 일하는 하나님의 동역자이다.

이 세상에 영원한 것은 세 가지밖에 없다. 하나님이 영원하시다. 성경은 말한다.

"영원하신 왕 곧 썩지 아니하고 보이지 아니하고 홀로 하나이신 하나님께 존귀와 영광이 영원무궁하도록 있을지어다 아멘"(딤전 1:17).

하나님의 말씀이 영원하다. 성경은 말한다.

"여호와여 주의 말씀은 영원히 하늘에 굳게 섰사오며"(시 119:89).

하나님의 형상대로 지음받은 사람의 영혼이 영원하다. 성경은 말한다.

"무릇 살아서 나를 믿는 자는 영원히 죽지 아니하리니 이것을 네가 믿느냐"(요 11:26).

크리스천 교사의 영광은 이 영원한 세 실체와 연관된다. 영원하신 하나님이 우리처럼 연약한 사람들에게 영원한 두 가지를 위임하신 것이다.

첫째, 영원한 하나님의 말씀이다. 안개와 같은 인생을 살아가는 우리가 하나님의 영원한 말씀을 맡았다. 바울도 그 사실을 늘 감격해했다.

"사람이 마땅히 우리를 그리스도의 일꾼이요 하나님의 비밀을 맡은 자로 여길지어다"(고전 4:1).

"자기 때에 자기의 말씀을 전도로 나타내셨으니 이 전도는 우리 구주 하나님이 명하신 대로 내게 맡기신 것이라"(딛 1:3).

"내가 복음을 부끄러워하지 아니하노니 이 복음은 모든 믿는 자에게 구원을 주시는 하나님의 능력이 됨이라 먼저는 유대인에게요 그리고 헬라인에게로다"(롬 1:16).

둘째, 사람의 영원한 영혼이다. 우리는 사람을 맡았다. 사람의 영혼은 영원하다. 어디에서 영원을 보낼 것인지만 다를 뿐 사람의 영혼은 영원하다. 우리의 사역은 한 영혼이 영원을 보낼 삶의 장소와 영원을 누릴 삶의 질에 결정적인 역할을 한다. 크리스천 교사의 부담과 두려움이 여기에 있다.
그럼에도 불구하고 하나님은 그분의 말씀을 가르치는 일을 천사에게 맡기신 적이 없다. 허물 많고 부족한 우리에게 그 일을 맡기셨다. 세 번씩이나 주님을 부인했던 베드로를 다시 찾아오셔서, 용서하시고 새롭게 하신 뒤 양 떼를 먹이라고 부탁하셨듯 말이다.
영원하신 하나님이 영원한 그분의 말씀과 영원한 사람의 영혼을 우리에게 맡기셨다. 왜일까? 하나님의 동역자로서 크리스천 교사에게 기대하시는 하나님의 일은 하나님과 함께 하나님의 말씀으로 하나님의 사람을 세우는 것이기 때문이다. 하나님의 말씀으로 하나님의 사람을 세우는 일은 우리의 위대한 모델 교사 예수님이 하신 일이다.

"내가 온 것은 양으로 생명을 얻게 하고 더 풍성히 얻게 하려는 것이라"(요 10:10).

하나님이 성경을 주신 것도 같은 목적이다.

"모든 성경은 하나님의 감동으로 된 것으로 교훈과 책망과 바르게 함과 의로 교육하기에 유익하니 이는 하나님의 사람으로 온전하게 하며 모든 선한 일을 행할 능력을 갖추게 하려 함이라"(딤후 3:16-17).

하나님이 교회 안에 목사와 교사를 두신 목적도 바로 그 때문이다.

"그가 어떤 사람은 사도로, 어떤 사람은 선지자로, 어떤 사람은 복음 전하는 자로, 어떤 사람은 목사와 교사로 삼으셨으니 이는 성도를 온전하게 하여 봉사의 일을 하게 하며 그리스도의 몸을 세우려 하심이라"(엡 4:11).

그러므로 우리가 어떤 대상에게, 어떤 주제를, 어떤 현장에서 가르치던 크리스천 교사의 사명 선언은 하나다.
"나는 하나님의 말씀으로 하나님의 사람을 세우는 하나님의 동역자!"
이 사명 선언은 크리스천 교사로서 우리에게 다음 세 가지에 대한 헌신과 사랑을 요구한다.
첫째, 하나님께 대한 헌신과 사랑.
둘째, 말씀에 대한 헌신과 사랑.
셋째, 사람에 대한 헌신과 사랑.

■ 리더 양의 역할은 목자의 생각을 잘 파악하고 목자가 인도하는 방향을 따라가는 길잡이가 되는 것이다.

## 교사의 역할

지금까지 우리는 크리스천 교사의 소명과 정체성을 살펴보았다. 그러면 하나님이 학생들 가운데서 일하실 동안 그들 밖에서 일하는 하나님의 파트너로서 우리의 역할은 무엇인가?

### 리더 양(Leader sheep)

몇 년 전 나는 요르단과 유다 광야 지역을 여행할 수 있는 기회를 가졌다. 마침 건기여서 온 땅이 공사판의 모래 더미처럼 느껴졌다. 그런데 마침 내 눈길을 잡아끄는 광경이 차창 밖으로 펼쳐졌다. 마치 외계인이라도 와서 거대한 갈퀴로 긁어놓은 듯 산기슭, 산중턱, 산봉우리까지 평행선이 그어져 있는 것이었다. 누가, 왜 그 모든 산에다 산기슭에서 산꼭대기까지 자를 대고 줄을 긋듯 간격이 일정한 선을 그어놓았을까? 호기심에 눈이 커지며 가이드에게 물었다. 그러자 그의 대답은 의외로 단순했다. 양들이 걸어간 길이라는 것이었다.

그제야 이미 알고 있던 양들에 대한 이야기 조각들이 하나로 들어맞는 것을 느꼈다. 염소와는 다르게 양들은 지독한 길치에다 지독한 근시여서 스스로 길을 찾지도 먹이를 잘 보지도 못한다. 때문에 반드시 목자가 양들보다 앞서 방향을 잡고 나아간다. 그러면 그 뒤를 양들이 따른다. 양들과 목자 사이에는 리더 양이라고 불리는 노련한 양이 있다. 그 양들은 목자의 생각을 잘 파악하고 목자가 인도하는 방향을 따라가는 길잡이 역할을 한다. 리더 양들이 목자를 따라 길을 가면 그 뒤를 양들이 따라가며 눈에 띄는 풀들을 뜯는다. 앞에 가는 녀석들이 눈에 보이는 대로 풀들을 다 먹어치우기 때문에 뒤따르는 녀석들은 하는 수 없이 풀뿌리까지 뽑아 먹게 된다.

그래서 양 떼가 한번 지나간 길은 사막으로 초토화된다. 양 떼들이 리더 양을 따라 행진하면서 초토화시킨 사막 때문에 멀리서 보면 온 산에 줄무늬가 그어진 듯 보이는 것이다.

이 놀라운 설명을 들으면서 나는 평생 잊을 수 없는 크리스천 교사로서의 아이콘 하나를 가슴에 새기게 되었다. 리더 양! 그렇다. 크리스천 교사로서 나는 리더 양이다. 내 앞에는 목자장이신 예수님이 가신다. 그리고 내 뒤에는 영적 근시안 때문에 그 목자장을 잘 보지 못하는 그분의 양 떼가 따라오고 있다. 나는 둘 사이에 서 있다. 나는 따르는 자이며, 동시에 이끄는 자이다.

크리스천 교사들이 리더 양으로서 늘 묵상해야 할 매뉴얼이 있다. 요한복음 10장 1-16절이 바로 그 리더 양 매뉴얼이다.

"내가 진실로 진실로 너희에게 이르노니 문을 통하여 양의 우리에 들어가지 아니하고 다른 데로 넘어가는 자는 절도며 강도요 문으로 들어가는 이는 양의 목자라 문지기는 그를 위하여 문을 열고 양은 그의 음성을 듣나니 그가 자기 양의 이름을 각각 불러 인도하여 내느니라 자기 양을 다 내놓은 후에 앞서 가면 양들이 그의 음성을 아는 고로 따라오되 타인의 음성은 알지 못하는 고로 타인을 따르지 아니하고 도리어 도망하느니라 예수께서 이 비유로 그들에게 말씀하셨으나 그들은 그가 하신 말씀이 무엇인지 알지 못하니라 그러므로 예수께서 다시 이르시되 내가 진실로 진실로 너희에게 말하노니 나는 양의 문이라 나보다 먼저 온 자는 다 절도요 강도니 양들이 듣지 아니하였느니라 내가 문이니 누구든지 나로 말미암아 들어가면 구원을 받고 또는 들어가며 나오며 꼴을 얻으리라 도둑이 오는 것은 도둑질하고 죽이고 멸망시키려는 것뿐이요 내가 온 것은 양으로 생명을 얻게 하고 더 풍성히 얻게 하려는 것이라 나는 선한 목자라 선한 목자는 양들을 위하여 목숨을 버리거니와 삯꾼은 목자가 아니요 양도 제 양이 아니라 이리가 오는 것을 보면 양을 버리고 달아나나니 이리가 양을 물어 가고 또 헤치느니라 달아나는 것은 그가 삯꾼인 까닭에 양을 돌보지 아니함이나 나는 선한 목자라 나는 내 양을 알고 양도 나를 아는 것이 아버지께서 나를 아시고 내가 아버지를 아는 것 같으니 나는 양을 위하여 목숨을 버리노라 또 이 우리에 들지 아니한 다른 양들이 내게 있어 내가 인도하여야 할 터이니 그들도 내 음성을 듣고 한 무리가 되어 한 목자에게 있으리라"(요 10:1-16).

3D 입체 영화를 보려면 특수 안경이 필요하다. 이 리더 양 매뉴얼을 보는 데도 세 가지 차원의 렌즈가 필요하다.

첫째, 목자의 역할을 보는 일반적인 렌즈가 필요하다. 선한 목자이신 예수님이 가르쳐주신 참 목자의 모습을 정리해보자.

1. 양의 이름을 안다(3절).
2. 양의 앞에 서서 간다(4절).
3. 양을 보호한다(7절).
4. 양을 먹인다(9절).
5. 양을 위해 희생한다(11절).
6. 양을 사랑한다(12절).
7. 양을 안다(15절).
8. 잃은 양을 찾는다(16절).

둘째, 양으로서 목자이신 예수님이 나를 어떻게 인도하시는가를 보는 영적이고 간증적인 렌즈가 필요하다. 그 선한 목자가 나를 어떻게 인도하고 계신지 묵상해보자.

1. 목자이신 예수님은 그분의 양인 내 이름을 아신다.

"여호와께서 태에서부터 나를 부르셨고 내 어머니의 복중에서부터 내 이름을 기억하셨으며"(사 49:1).

"너는 두려워하지 말라 내가 너를 구속하였고 내가 너를 지명하여 불렀나니 너는 내 것이라"(사 43:1).

2. 목자이신 예수님은 그분의 양인 내 앞에 서서 가신다.

"내가 너보다 앞서 가서 험한 곳을 평탄하게 하며 놋문을 쳐서 부수며 쇠빗장을 꺾고"(사 45:2).

"보라 온 땅의 주의 언약궤가 너희 앞에서 요단을 건너가나니"(수 3:11).

"내 영혼을 소생시키시고 자기 이름을 위하여 의의 길로 인도하시는도다"(시 23:3).

3. 목자이신 예수님은 그분의 양인 나를 보호하신다.

"야곱아 너를 창조하신 여호와께서 지금 말씀하시느니라 이스라엘아 너를 지으신 이가 말씀하시느니라 너는 두려워하지 말라 내가 너를 구속하였고 내가 너를 지명하여 불렀나니 너는 내 것이라 네가 물 가운데로 지날 때에 내가 너와 함께 할 것이라 강을 건널 때에 물이 너를 침몰하지 못할 것이며 네가 불 가운데로 지날 때에 타지도 아니할 것이요 불꽃이 너를 사르지도 못하리니"(사 43:1-2).

"이스라엘을 지키시는 이는 졸지도 아니하시고 주무시지도 아니하시리로다 여호와는 너를 지키시는 이시라 여호와께서 네 오른쪽에서 네 그늘이 되시나니 낮의 해가 너를 상하게 하지 아니하며 밤의 달도 너를 해치지 아니하리로다 여호와께서 너를 지켜 모든 환난을 면하게 하시며 또 네 영혼을 지키시리로다 여호와께서 너의 출입을 지금부터 영원까지 지키시리로다"(시 121:4-8).

4. 목자이신 예수님은 그분의 양인 나를 먹이신다.

"여호와는 나의 목자시니 내게 부족함이 없으리로다"(시 23:1).

"그가 사모하는 영혼에게 만족을 주시며 주린 영혼에게 좋은 것으로 채워주심이로다"(시 107:9).

"나의 하나님이 그리스도 예수 안에서 영광 가운데 그 풍성한 대로 너희 모든 쓸 것을 채우시리라"(빌 4:19).

"그러므로 염려하여 이르기를 무엇을 먹을까 무엇을 마실까 무엇을 입을까 하지 말라 이는 다 이방인들이 구하는 것이라 너희 하늘 아버지께서 이 모든 것이 너희에게 있어야 할 줄을 아시느니라 그런즉 너희는 먼저 그의 나라와 그의 의를 구하라 그리하면 이 모든 것을 너희에게 더하시리라"(마 6:31-33).

5. 목자이신 예수님은 그분의 양인 나를 위해 자기 목숨을 버리셨다.

"내 계명은 곧 내가 너희를 사랑한 것 같이 너희도 서로 사랑하라 하는 이것이니라 사람이 친구를 위하여 자기 목숨을 버리면 이보다 더 큰 사랑이 없나니"(요 15:12-13).

"그가 우리를 위하여 목숨을 버리셨으니 우리가 이로써 사랑을 알고 우리도 형제들을 위하여 목숨을 버리는 것이 마땅하니라"(요일 3:16).

"인자가 온 것은 섬김을 받으려 함이 아니라 도리어 섬기려 하고 자기 목숨을 많은 사람의 대속물로 주려 함이니라"(막 10:45).

6. 목자이신 예수님은 그분의 양인 나를 사랑하신다.

"유월절 전에 예수께서 자기가 세상을 떠나 아버지께로 돌아가실 때가 이른 줄 아시고 세상에 있는 자기 사람들을 사랑하시되 끝까지 사랑하시니라"(요 13:1).

"누가 우리를 그리스도의 사랑에서 끊으리요 환난이나 곤고나 박해나 기근

이나 적신이나 위험이나 칼이랴 기록된 바 우리가 종일 주를 위하여 죽임을 당하게 되며 도살 당할 양 같이 여김을 받았나이다 함과 같으니라 그러나 이 모든 일에 우리를 사랑하시는 이로 말미암아 우리가 넉넉히 이기느니라"(롬 8:35-37).

7. 목자이신 예수님은 그분의 양인 나를 잘 아신다.

"오직 시온이 이르기를 여호와께서 나를 버리시며 주께서 나를 잊으셨다 하였거니와 여인이 어찌 그 젖 먹는 자식을 잊겠으며 자기 태에서 난 아들을 긍휼히 여기지 않겠느냐 그들은 혹시 잊을지라도 나는 너를 잊지 아니할 것이라"(사 49:14-15).

"아버지가 자식을 긍휼히 여김 같이 여호와께서는 자기를 경외하는 자를 긍휼히 여기시나니 이는 그가 우리의 체질을 아시며 우리가 단지 먼지뿐임을 기억하심이로다"(시 103:13-14).

"나는 선한 목자라 나는 내 양을 알고 양도 나를 아는 것이 아버지께서 나를 아시고 내가 아버지를 아는 것 같으니 나는 양을 위하여 목숨을 버리노라"(요 10:14-15).

8. 목자이신 예수님은 그분의 잃은 양인 나를 찾아 구원해주셨다.

"인자가 온 것은 잃어버린 자를 찾아 구원하려 함이니라"(눅 19:10).

"주 여호와께서 이같이 말씀하셨느니라 나 곧 내가 내 양을 찾고 찾되 목자가 양 가운데에 있는 날에 양이 흩어졌으면 그 떼를 찾는 것 같이 내가 내 양을 찾아서 흐리고 캄캄한 날에 그 흩어진 모든 곳에서 그것들을 건져낼지라"(겔 34:11-12).

"너희 중에 어떤 사람이 양 백 마리가 있는데 그 중의 하나를 잃으면 아흔아홉 마리를 들에 두고 그 잃은 것을 찾아내기까지 찾아다니지 아니하겠느냐"(눅 15:4).

셋째, 리더 양으로서 나를 따르는 양들을 어떻게 인도하는가를 보여주는 사역적인 렌즈가 필요하다. 내가 선한 목자에게 받은 대로 어떻게 내 양떼들에게 해야 할지를 정리해보자.

1. 리더 양으로서 나는 양들의 이름을 알아야 한다.

우선 그들의 이름을 외워야 한다. 이름을 외우는 가장 좋은 방법은 그 이름을 부르며 기도해주는 것이다. 언제 어느 상황이든 그들의 이름을 불러주어 그들의 가치를 인정하고 존중하는 마음을 보여주어야 한다. 그들에 대한 개인적이고 인격적인 지식을 열심히 구해야 한다. 언제라도 대중이 아닌 개인으로 그들을 대해주어야 한다.

2. 리더 양으로서 나는 양들 앞에 서서 가야 한다.

믿음은 가르쳐지는(taught) 것이 아니라 잡혀지는(caught) 것임을 잊지 말아야 한다. 하나님은 나를 믿음과 삶의 모델로 그들 앞에 세우셨음을 기억해야 한다. 가르칠 진리에 내 자신이 먼저 순종해야 하고, 나를 통과한 진리를 간증해주어야 한다. 나의 삶에 역사하시는 은혜를 나누어주어야 한다. 학생들 앞에서 위선을 버리고, 나의 연약함과 불완전함을 가리지 않고 인정하는 것도 양들 앞에 서서 가는 일이다.

3. 리더 양으로서 나는 양들을 보호해야 한다.

양 떼들은 숱한 유혹과 시험을 받는다. 그들을 무리로부터 떼어놓으려는 어떠한 공격으로부터도 지켜주어야 한다. 그들을 주님과의 관계에서 찢어내려는 어떠한 유혹으로부터도 지켜야 한다. 그들을 혼미하게 하는 세속적 가치관으로부터도 지켜야 한다. 내부적인 갈등과 충돌로부터, 그들을 후리는 이단이나 이단적 가르침으로부터도 지켜야 한다. 믿음의 성장을 저해하는 어떤 습관이나 태도로부터도 보호해주어야 한다.

4. 리더 양으로서 나는 양들을 먹여야 한다.

그들을 잘 먹이기 위해서는 자신의 영적 성장을 위해 끊임없이 투자해야 한다. Q. T. 등 개인적인 성경 연구를 생활화하는 것이 중요하다. 내가 먼저 성경을 사랑함으로써 그들도 성경을 사랑하게 만들어야 한다. 내 안에서 소화된 진리를 가르칠 수 있도록 티칭을 미리 준비하는 일에 정성을 다해야 한다. 진리를 학생들의 삶의 필요와 통합하여 가르쳐야 한다. 거듭나지 않은 학생들이 복음에 반응할 수 있도록 영적 조산(助産)의 준비를 하고, 그들의 영적인 입질에 깨어 있어야 한다.

5. 리더 양으로서 나는 양들을 위해 기꺼이 손해를 보아야 한다.

내 편의를 내려놓고 그들의 영적 복지를 챙겨주어야 한다. 그들에게 마음을 다해 사랑을 주어야 한다. 나의 시간으로 사랑을 주어야 한다. 물질로 사랑을 나누어야 한다. 에너지로 사랑을 주어야 한다. 그들을 인도할 때 따라오는 번거로움과 부담과 희생을 기꺼이 감수해야 한다.

6. 리더 양으로서 나는 양들을 사랑해야 한다.

그들을 내 마음에 넣는 것이 그들을 사랑하는 첫 과정이다. 매일 그들을 위해 기도하면 그렇게 된다. 엄마가 아기를 살피듯 세심한 눈으로 그들의 삶을 살펴야 한다. 때때로 찾아오는 그들의 아픔과 고통에 참여함으로써 그들에 대한 사랑을 보여주어야 한다. 전화나 편지, 직접 방문하는 섯 등 그들의 형편에 따라 적절하고 지혜로운 돌봄을 제공해야 한다. 이렇게 친밀한 사귐을 통해 평생의 멘토로 동행하는 즐거움을 누리라.

7. 리더 양으로서 나는 양들을 알아야 한다.

그들의 이름을 알아야 한다. 그들의 필요를 알아야 한다. 그들의 마음과 아픔을 알아야 한다. 그들의 형편 그리고 꿈과 소원을 알아야 한다.

8. 리더 양으로서 나는 잃은 양을 찾아야 한다.

단 한 영혼이라도 등한히 여기지 않아야 한다. 나와 코드가 맞지 않는 이들도 끌어안고 가야 리더 양이다. 나의 리더십을 거부하는 이들을 마음에서 포기하지 말아야 한다. 마음과 몸으로 뒤처지는 학생들을 챙기고, 실족한 사람, 주저앉은 사람을 찾아 데려와야 한다. 미래의 신자를 위해 복음의 농사짓는 일을 끝없이 감당해야 한다.

## 돌봄이 (Caregiver)

모델 교사로서 예수님의 역할은 우리를 돌보시는 것이었다. 예수님은 한 번도 신명기 강해나 선지서 특강을 하신 적이 없다. 그분의 관심사는 정보나 지식이 아닌 사람이기 때문이다. 크리스천 교사의 역할 또한 가르침보다는 돌보는 역할이 맞다.

앞에서 말했듯 예수님이 이 땅에 오시기 전 이미 학교 제도는 완전한 뿌리를 내린 교육 기관으로 자리를 잡고 있었다. 그런데도 예수님이 그 탁월한 시스템을 왕국의 일꾼을 세우는 티칭에 도입하지 않으신 이유가 무엇일까? 관심과 목적이 다르기 때문이다. 학교의 관심은 사람에게 지식을 심어주는 것이다. 예수님의 관심은 참된 진리로 사람을 세우는 것이다. 얼핏 보기에 별 차이가 없어 보인다.

그러나 이것은 아주 다른 개념이다. 목적과 방편이 정반대 방향으로 배열되어 있기 때문이다. 지식으로 사람을 가르치는 것과 사람에게 지식을 가르치는 것은 아주 다르다. 목적과 방편이 바뀔 때 교육은 매우 다른 양상으로 전개된다. 예수님의 티칭의 초점은 항상 지식이 아닌 사람에게 맞추어져 있었다. 그분은 제도가 아닌 관계에 기초해 사람을 가르치셨다. 정보 획득이 아닌 경험으로 배움의 통로를 삼으셨다. 사람은 지식이 아닌 사람에 의해 변화된다는 것을 보여주셨다.

교육교회를 개척하고 교회와 함께 자라오면서 나는 교사로서의 예수님에 대한 고정된 이미지가 깨지는 것을 경험하였다. 이전에 내가 생각한 교육가로서의 예수님은 정확한 지식을 창의적으로 가르침으로써 사람들의 생각을 찌르는 탁월한 커뮤니케이터였다. 나 또한 그렇게 되고 싶어 두 가지 장비를 갖추는 데 많은 시간과 에너지를 쏟았다. 그것은 첫째, 확실한 성경 지식과 둘째, 탁월한 커뮤니케이션 기술이었다. 그러고는 사람들의 반응을 관찰했다. 겉으로는 그런대로 괜찮아 보였다. 사람들이 나의 명쾌한 가르침을 즐거워했고 칭찬도 했다. 그러나 왠지 만족스럽지 않았다. 명쾌하게 성경을 가르치면 사람들의 삶이 뒤집히리라 예상했다. 그러나 나는 사람들의 머리는 바꾸었지만 그들의 마음과 삶은 바꾸지 못했다는 것을 뒤늦게 알았다. 무엇이 문제였을까? 나는 하나님의 말씀으로(도구) 하나님의 사람을(목적) 세우는 그리스도의 길을 따른 것이 아니라, 하나님의 사람들에게(도구) 하나님의 말씀을 가르치는(목적) 그리스인들의 길을 따른 것이다.

내가 목회를 통해 새로이 발견한 교사로서 예수님의 이미지는 탁월한 진리의 전달자가 아니라 사람을 사랑하고, 긍휼히 여기며, 참아주고, 자유케 하는 돌봄이(Caregiver)이시다.

왜 하늘의 교사께서는 지식이 아닌 사람에 초점을 맞춘 티칭을 하셨을까? 그것은 자신이 만드신 인간의 기본 구조와 필요를 아시기 때문이다. 인간의 마음은 지성과 감성과 의지로 구성된다. 그리스도라는 말은 기름부음 받은 사람이라는 뜻이다. 구약에서 기름부음을 받은 사람은 왕과 선지자와 제사장뿐이다. 예수님은 그리스도이시다. 인간의 지성적 필요를 채우기 위해 그분은 전지(全知)의 선지자이셔야 했고, 인간의 감성적 필요를 채우기 위해 사랑과 긍휼의 제사장이셔야 했으며, 인간의 의지를 통치하시기 위해 그분은 왕이셔야 했다. 교사로서 예수님은 때로는 선지자로, 때로는 제사장으로, 때로는 왕으로 그 백성을 인도하셨다. 이러한 그리스도의 세 직분이 우리를 통해서 나타나는 것이 크리스천 교사의 기능이다.

우리 안에 계신 하늘의 교사가 우리를 통해 그분의 직임을 시행하시도록 우리 자신을 드려야 한다. 그러면 실제 사역의 현장에서 이 원리를 어떻게 적용해야 할까? 다섯 개의 비유로 정리해보자.

첫째, 크리스천 교사는 마치 엄마와 같다.

이것은 엄마가 아기를 돌보듯 학생들을 보살피는(Cares) 교사의 기능이다. 이것은 우리 안에 계신 그리스도의 제사장적 기능을 수행하는 것이다.

바울은 크리스천 교사의 좋은 본보기다. 그는 선생으로서 자신의 학생들 앞에 서지 않았다. 그는 어린아이를 돌보는 엄마로서 그들을 안았다. 데살로니가에서 바울 일행은 세 안식일 동안 머물며 회당에서 복음을 전했다. 많은 사람이 예수님께 돌아오자 유대인들은 사람들을 부추겨 소동을 일으켰다. 바울 일행은 밤에 그곳을 떠나 베레아로 갔다. 그때 바울은 21일짜리 신생아를 떼어놓고 온 속이 까맣게 탄 엄마의 심정이었다. 그러나 얼마 후 디모데를 통해 데살로니가 성도들이 사랑과 믿음과 소망이 확실하게 세워진 신앙의 모델이 되었다는 소식을 듣고 바울은 큰 위안을 받는다. 그래서 그들을 격려하기 위해 쓴 편지가 데살로니가전서이다. 예전에 나는 이렇게 물었다. "도대체 어떻게 가르쳤길래 단 21일의 가르침으로 저런 성도들을 키워냈을까?" 그러나 그것은 잘못된 질문이다. 이렇게 물어야 한다. "도대체 어떤 사랑으로 돌보았기에 그들이 그렇게 잘 자랐을까?" 바울의 편지에 그 답이 있다.

> "우리는 그리스도의 사도로서 마땅히 권위를 주장할 수 있으나 도리어 너희 가운데서 유순한 자가 되어 유모가 자기 자녀를 기름과 같이 하였으니" (살전 2:7).

원리는 단순하다. 엄마가 자기 자녀를 기르는 원리다. 엄마의 기능을 잘 수행하려면 장비가 필요하다. 사람을 있는 그대로 받아주는 가슴, 단점보다는 장점과 가치를 인식하는 눈, 꼭 끌어안아줄 수 있는 팔, 진지한 격려와 칭찬으로 넘치는 입.

### 둘째, 크리스천 교사는 마치 농부와 같다.

이것은 농부가 식물을 자라게 하듯 영적 성장을 촉진하는(Activates) 교사의 기능이다. 이것은 우리 안에 계신 그리스도의 선지자적 기능을 수행하는 것이다.

농부의 기능을 잘 수행하기 위해서도 장비가 필요하다. 성경 지식과 성경적 사고로 잘 정돈된 머리, 영혼의 상태를 인식할 수 있는 눈, 영혼을 사랑하는 열정으로 뜨거운 가슴, 분명하면서도 설득력 있게 말씀을 전하는 입. 바울은 이렇게 말한다.

> "그런즉 아볼로는 무엇이며 바울은 무엇이냐 그들은 주께서 각각 주신 대로 너희로 하여금 믿게 한 사역자들이니라 나는 심었고 아볼로는 물을 주었으되 오직 하나님께서 자라나게 하셨나니 그런즉 심는 이나 물 주는 이는 아무 것도 아니로되 오직 자라게 하시는 이는 하나님뿐이니라"(고전 3:5-7).

### 셋째, 크리스천 교사는 마치 친구와 같다.

이것은 친구가 친구를 붙잡아주듯 관계를 통해 사람을 키우는(Relates) 교사의 기능이다. 이것은 우리 안에 계신 그리스도의 제사장적 기능을 수행하는 것이다.

천지를 지은 창조주이신 예수님도 우리를 친구로 상대해주신다. 바리새인들과 서기관들의 끝없는 비난과 질책 속에서도 자신을 세리와 죄인의 친구라 칭하셨다.

"사람이 친구를 위하여 자기 목숨을 버리면 이보다 더 큰 사랑이 없나니 너희는 내가 명하는 대로 행하면 곧 나의 친구라"(요 15:13-14).

"보라 먹기를 탐하고 포도주를 즐기는 사람이요 세리와 죄인의 친구로다"(눅 7:34).

바울이 바울 자신이 될 수 있었던 배경에는 친구로서의 교사 역할을 감당해준 작은 영웅이 있다. 바로 바나바이다. 다메섹 지역의 크리스천들을 색출하기 위해 나섰던 사울이 예수님을 만나 새 사람이 되었다. 그는 예루살렘으로 가 제자들과 사귀고 싶었지만, 누구도 그가 교제권 속으로 들어오는 것을 원하지 않았다. 기독교를 뿌리째 뽑기 위해 위장 전입하는 것으로 보았기 때문이다. 제자들이 하나같이 사울과의 만남을 두려워할 때, 그에게 처음으로 마음의 빗장을 열고 손을 잡아준 친구가 바나바였다. 후에 사울이 고향 다소에 머물러 있을 때, 그를 불러 안디옥 교회의 교사로 세워준 친구의 손도 역시 바나바의 손이었다.

친구의 기능을 잘 수행하기 위해서도 장비가 필요하다. 기대어 울게 해줄 어깨, 필요할 때 옆에 앉아줄 엉덩이, 잘 들어줄 귀.

**넷째, 크리스천 교사는 마치 코치와 같다.**
이것은 코치가 선수를 무장시키듯 학생들을 하나님의 백성으로 무장시키는(Equips) 교사의 기능이다. 이것은 우리 안에 계신 그리스도의 선지자적 기능을 수행하는 것이다. 선수는 어떤 코치를 만나느냐에 따라 그 진로가 달라진다. 박지성 뒤에 히딩크, 여호수아에게는 모세, 디모데에게 바울, 그리고 엘리사에게는 엘리야라는 코치가 있었다.

코치의 기능을 잘 수행하기 위해서도 장비들이 필요하다. 그 속에 잠재된 가능성을 보는 눈, 본을 찍는 발, 사랑으로 바른 말을 해줄 수 있는 용기 있는 입.

**다섯째, 크리스천 교사는 마치 아버지와 같다.**
이것은 아버지가 자녀를 훈계하고 이끌어주듯, 학생들을 감독하고 이끄는(Supervises) 교사의 기능이다. 이것은 우리 안에 계신 그리스도의 왕적 기능을 수행하는 것이다.
바울은 자신을 고린도 교회 성도들의 아버지로 자임하고 있다.

"내가 너희를 부끄럽게 하려고 이것을 쓰는 것이 아니라 오직 너희를 내 사랑하는 자녀 같이 권하려 하는 것이라 그리스도 안에서 일만 스승이 있으되 아버지는 많지 아니하니 그리스도 예수 안에서 내가 복음으로써 너희를 낳았음이라"(고전 4:14-15).

아버지의 기능을 잘 수행하기 위해서도 장비가 필요하다. 일이나 문제의 큰 그림과 핵심을 보는 눈, 상황에 따라 흔들리지 않는 다리, 필요한 실제적 도움을 제공하는 은밀한 팔, 잘못한 학생을 푸근하게 안아줄 용서의 가슴.
이 다섯 기능을 기억해보자. 엄마처럼 보살피고, 농부처럼 영적 성장을 촉진하며, 친구처럼 관계를 맺고, 코치처럼 무장시키며, 아버지처럼 감독하고 이끄는 일이 교사의 기능이다. 영어 단어로 다섯 가지 각 기능의 첫 글자를 따면 CARES가 된다. 크리스천 교사는 지식을 가르치는(teaches) 사람이 아니라 사랑으로 돌보는(cares) 사람이란 뜻이다.

나는 교사들에게 말한다. 크리스천 교사의 일은 가르치는 입술의 비즈니스가 아니라, 돌보는 손의 비즈니스라고. 크리스천 교사는 하나님이 쓰시는 돌보는 손이다. 그것을 그림으로 기억해두자.

### 요하난 벤 자카이(Yochanan ben Zakkai)

이 장을 마무리하면서 우리가 기억해야 할 위대한 교사 한 사람이 있다. 랍비 요하난 벤 자카이다.

A.D. 70년 이스라엘은 로마에 의해 성전이 불타고 예루살렘이 함락되는 민족 최대의 위기를 맞는다. 출입이 봉쇄된 예루살렘 성 안의 유대인들은 로마에게 항복을 하고 어떻게든 살아남아야 한다는 비둘기파와, 최후의 한 사람까지 죽음으로 맞서 싸워야 한다는 매파로 갈라져 갈등했다. 이때 유대인의 정신적 지주였던 랍비 요하난 벤 자카이는 이렇게 민족이 멸족되는 것은 하나님의 뜻이 아니라고 생각했다. 그래서 민족의 핏줄을 살려 영원히 이어지게 할 수 있는 방법을 생각하다 로마와 협상을 결심하게 된다.

그러나 당시 예루살렘을 장악한 매파의 감시 때문에 성을 빠져나갈 방법이 없었다. 그는 중병에 걸린 것처럼 꾸며 많은 문병객들이 와서 보게 했다. 시간이 조금 지나자 그가 곧 죽게 될 것이라는 소문을 흘렸다. 그리고 얼마 후 죽었다는 소식을 전했다. 제자들이 그를 담은 관을 메고 성문 밖에 매장하기 위한 허가를 받으려 할 때 성 문지기들이 칼로 관을 찔러 그 죽음을 확인하겠다고 했다. 시체를 눈으로 보는 것이 유대인들에게는 금기 사항이었기 때문이었다. 그것은 죽은 사람에 대한 모독 행위라고 제자들이 강하게 반발하자 그대로 성을 나가게 했다. 그 관을 멘 채 로마군 사령관을 만나려 하자 이번에는 로마 병사들이 관을 칼로 찔러 확인하겠다고 했다. 제자들은 로마의 황제가 죽었다면 그렇게 하겠느냐, 이분은 우리의 위대한 스승이시기에 절대 그럴 수 없다고 우겼다.

두 번이나 죽을 고비를 면한 벤 자카이는 드디어 관에서 나와 로마의 사령관 베스파시아누스(Vespasian)와 면담을 하게 되었다. 그는 사령관의 눈을 의미 있게 응시하며 말했다.

"나는 장군께 로마 황제에게 표하는 경의를 보냅니다."

베스파시아누스는 황제 폐하를 모독한다고 화를 냈다. 벤 자카이는 조금도 당황하지 않은 채 말을 이었다.

"아닙니다. 장군은 반드시 로마의 황제가 될 것입니다."

확신에 찬 랍비의 말에 장군은 얼른 화제를 돌렸다.

"그런 이야기는 그만둡시다. 찾아온 목적이나 말해보시오."

벤 자카이는 말했다. "이제 곧 예루살렘 성전은 파괴될 것입니다. 그리고 당신은 황제가 될 것입니다. 모든 것을 당신 처분대로 순종할 테니, 소원 하나만 들어주십시오. 욥바 근처 얌니아(야브네)에 랍비 열 명이 기거할 수 있는 방 한 칸만 남겨주십시오."

베스파시아누스는 대단치 않은 요구라고 생각하고 그 청을 수락했다. 이 일이 알려지자 예루살렘의 유대인들은 벤 자카이를 민족의 배신자로 규탄하였다. 다음 해 네로가 죽자 벤 자카이의 예언대로 베스파시아누스는 로마의 황제가 되었다. 그는 벤 자카이와의 약속을 지키기 위해 로마 군인들에게 얌니아의 작은 집에는 절대 손을 대지 말도록 특명을 내렸다.

벤 자카이는 동료 랍비 열 명과 함께 그 작은 집에 기거하며 20년 동안 유대인의 전통과 율법을 지키고 연구하여 그 지혜를 집대성해 탈무드를 완성하였다. 그의 생각은 하나였다. 시대는 흘러가고, 사람은 죽고 태어나며, 인류의 문명이나 물질세계도 언젠가 다 없어지겠지만 하나님의 말씀만은 영원히 남는다는 것이었다.

하나님의 영원한 말씀에 목숨을 건, 민족의 영원한 미래에 목숨을 건, 하나님의 말씀으로 민족을 세우려는 열정에 목숨을 건 한 랍비의 헌신을 생각해보라. 그 한 교사의 헌신 때문에 유대 민족은 2천 년 동안 세계 곳곳으로 흩어져 유랑하는 중에도 민족의 스토리를 유지하며 지금도 세계 역사를 이끌고 가는 민족으로 건재하게 된 것이다. 예루살렘을 초토화시킨 로마는 박물관 속으로 사라지고, 베스파시아누스의 권세도 안개처럼 사라졌지만 한 사람의 교사 벤 자카이의 영향은 지금도 살아 한 민족을 이끌고 있는 것이다.

우리는 하나님의 말씀으로 하나님의 사람을 세우는 하나님의 동역자로 부름받았다. 우리도 이 시대에 벤 자카이와 같은 교사가 되어야 한다.

# 4장 크리스천 티칭 - 내용

탈무드는 이 세상에 네 종류의 선생이 있다고 말한다.

나도 못 가르치고 남도 못 가르치는 사람.
나는 잘 가르치나 남은 못 가르치는 사람.
나는 못 가르치나 남은 잘 가르치는 사람.
나도 잘 가르치고 남도 잘 가르치는 사람.

당신은 어느 그룹에 속하는가? 어느 그룹에 속하고 싶은가? 그야 물론 자신도 잘 가르치고 남도 잘 가르치는 그룹이라고 대답할 것이다. 어떻게 해야 남을 세우면서 자신도 서고, 남을 변화시키면서 자신도 변화될 수 있을까?

나 자신과 다른 사람 모두가 자라는 양방향 축복을 위한 티칭은 세 과정을 통해 이루어진다. 그것은 바로 성경에 대한 확신, 진리의 체화, 진리의 전달이다.

## 성경에 대한 확신

1983년 9월 1일 새벽 3시 30분 우리나라 항공기 한 대가 뉴욕을 떠나 김포 공항을 향해 날고 있었다. 그런데 날벼락처럼 구 소련 전투기의 미사일 공격을 받고 사할린 상공에서 추락했다. 탑승객 269명 전원이 사망하는 가슴 아픈 사건이 일어난 것이다.

왜 그랬을까? 많은 말들이 있지만, 누구도 부인할 수 없는 사실 하나는 이 비행기가 정상 항로에서 천 킬로미터나 벗어나 소련 영공을 날고 있었다는 것이다. 원래 여객기는 자동 항법 장치에 입력된 항로대로 비행하게 되어 있다. 조종사가 운전하여 가는 것이 아니다. 자동 항법 장치는 대단히 정교해 입력된 항로에서 벗어나는 최대 오차 범위가 800미터밖에 되지 않는다고 한다. 그런데 어떻게 천 킬로미터나 벗어날 수 있었을까?

그것은 한 가지 변수를 생각하면 쉽게 이해가 된다. 역풍 때문이다. 예를 들어 뉴욕에서 인천 공항까지 오는 동안 비행기는 역풍 때문에 자동 항법 장치에 입력한 예정 항로로부터 98퍼센트까지 벗어날 수 있다고 한다. 그래서 소송사와 항법사는 수시로 불어대는 역풍으로 항로에서 벗어난 비행기를 제 방향으로 돌려놓기 위해 깨어 있어야 한다. 비행기든 사람이든 길을 잃으면 위험하다. 같은 맥락에서 우리가 살펴볼 믿음의 원리가 있다.

### 크리스천 교사의 전제된 믿음

1. 인간은 범죄함으로 길을 잃었다.

길을 잃었을 때의 느낌을 생각해보라. 길을 잃으면 불안하다. 혼란스러우며 두렵다. 또한 위험하다. 모든 상황에 대해 확신이 없어진다. 하나님을 등지고나서 걸어야 할 그 길을 잃어버린 인간의 마음이 바로 그런 느낌이다. 크리스천 티칭은 이런 절박한 인간의 필요에서 출발한다.

길을 잃는 순간 우리 마음에는 물음표가 소용돌이치게 된다. 이 길로 가면 맞을까? 어느 쪽이 북쪽일까? 잘못 들어선 것은 아닐까? 죄로 말미암아 길을 잃은 인간의 마음에는 한도 끝도 없는 질문이 쏟아진다. 이 세상은 어떻게 존재하게 되었을까? 내가 사는 이유는 무엇일까? 왜 세상에는 이토록 악한 일이 많은 것일까? 죽으면 어떻게 될까?

성경은 길을 잃은 인간의 모든 질문에 대한 유일하고 정확 무오한 하나님의 대답이다.

산더미 같은 책들이, 숱한 철학과 종교들이 그 질문에 대해 대답하려 하지만 그 중 어느 것도 정확하지도 절대적이지도 못하다. 오직 성경만이 그 답이 될 수 있다. 정관사 'the'는 유일한 것에만 붙는다. 성경은 성경 자신에 대해 이렇게 말한다.

"모든 성경은 하나님의 감동으로 된 것으로 교훈과 책망과 바르게 함과 의로 교육하기에 유익하니 이는 하나님의 사람으로 온전하게 하며 모든 선한 일을 행할 능력을 갖추게 하려 함이라"(딤후 3:16-17).

성경은 우리의 길을 보여주는 지도일 뿐만 아니라, 하나님이 의도하신 사람의 인격과 행위로 우리를 인도하기 위해 주어진 내비게이션과 같다. 내비게이션이 그렇듯 어떤 길이 하나님의 길인지를 제시한다(교훈으로). 길을 벗어났을 때 경고한다(책망으로). 바른 길로 돌아서도록 권고한다(바르게 함으로). 그리고 바른 길로 가고 있는지를 확인해준다(의로 교육함으로).

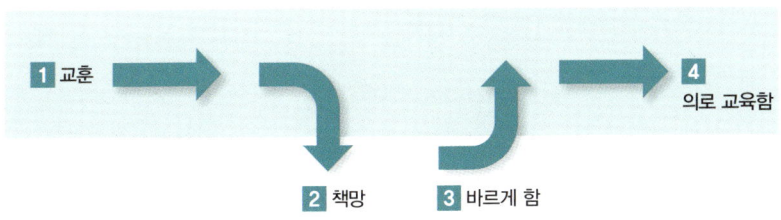

하나님의 말씀으로 하나님의 사람을 세우는 하나님의 동역자로서 말씀에 대해 확신을 갖는 것은 크리스천 교사의 가장 중요한 자산이다. 크리스천 티칭의 목적, 내용, 방법, 학생에 대한 이해, 교사의 소명, 성령의 역사 이 모든 것은 말씀을 통해 얻을 수 있기 때문이다.

2. 성경은 우리를 위한 책이지만, 우리에게 쓰인 책이 아니다.

고린도전·후서는 고린도 교인들에게, 로마서는 로마 교인들에게, 모세오경은 가나안 땅에 들어갈 이스라엘 2세대들에게 쓰인 책이다. 이처럼 성경은 우리에게 쓰인 책이 아니다. 그러나 성경은 우리를 위해 쓰인 책이다. 하나님은 성경을 통해 우리에게 그분의 뜻을 말씀하신다.

"무엇이든지 전에 기록된 바는 우리의 교훈을 위하여 기록된 것이니 우리로 하여금 인내로 또는 성경의 위로로 소망을 가지게 함이니라"(롬 15:4).

성경은 우리를 위한 책이지만 우리에게 쓰인 책이 아니기 때문에 성경을 통해 말씀하시는 하나님의 뜻을 깨닫도록 돕기 위해서는 크리스천 티칭이 반드시 필요하다. 또한 스스로 성경을 통해 하나님의 음성을 들을 수 있도록 성경을 관찰하는 법, 해석하는 법, 적용하는 법도 가르쳐주어야 한다.

3. 성령은 성경을 통해 우리에게 말씀하시는 하나님의 음성을 깨닫도록 도우신다.

우리 안에 계신 성령은 성경의 원저자이시다. 우리가 성경을 읽고 듣고 묵상할 때 성령은 그 말씀을 통한 하나님의 생각이 무엇인지 깨닫게 하신다. 언제나 원저자 직강으로 그것을 통해 말씀하시는 하나님의 음성을 들게 한다. 성령의 깨닫게 하심이 없이는 성경은 종교 경전에 불과하다. 성경은 말한다.

"보혜사 곧 아버지께서 내 이름으로 보내실 성령 그가 너희에게 모든 것을 가르치고 내가 너희에게 말한 모든 것을 생각나게 하리라"(요 14:26).

크리스천 교사는 자신 안에서 또한 학생들 안에서 일하시는 성령의 깨닫게 하시는 역사를 전제로 하나님의 말씀을 가르치는 사람이다.

4. 성경은 정보가 아닌 변화를 위한 것이다.
스페인에 그라나다라는 왕자가 있었다. 그는 젊은 날 역모를 꾀했다는 누명을 쓰고 종신형을 살게 되었다. 좁은 독방에서 그가 누릴 수 있는 자유는 성경을 읽는 것뿐이었다. 시간은 많고 할 일은 없던 왕자는 낮이고 밤이고 성경만 읽었다. 봄이 가고 또 다른 봄이 오기를 수십 차례, 그도 어느새 노인이 되었다. 성경을 읽는 그의 일상은 여전히 변함이 없었다.
감옥 바깥의 빛을 보지 못한 채 왕자는 결국 숨을 거두었다. 그의 침상이 놓인 한쪽 벽에는 그가 한평생 성경을 읽으며 깨달은 진리가 새겨져 있었다.

"성경의 한가운데에 있는 구절은 시편 118편 8절이니라. 성경에서 가장 긴 구절은 에스더 8장 9절이니라. 성경 전체에 6음절이 넘는 단어는 하나도 없느니라."

왕자는 성경을 낭비했다. 성경의 단어 수를 세느라 성경을 통해 말씀하시는 하나님의 말씀은 듣지도 못한 채 성경을 읽다 죽었다. 그러나 다 왕자만 그럴까? 얼마나 많은 크리스천들이 성경을 정보로 처리하고 말기 때문에 소중한 삶의 축복을 낭비하는지 모른다. 예수님은 그런 태도를 경고하셨다.

> "그러므로 누구든지 나의 이 말을 듣고 행하는 자는 그 집을 반석 위에 지은 지혜로운 사람 같으리니 비가 내리고 창수가 나고 바람이 불어 그 집에 부딪치되 무너지지 아니하나니 이는 주추를 반석 위에 놓은 까닭이요 나의 이 말을 듣고 행하지 아니하는 자는 그 집을 모래 위에 지은 어리석은 사람 같으리니 비가 내리고 창수가 나고 바람이 불어 그 집에 부딪치매 무너져 그 무너짐이 심하니라"(마 7:24-27).

D. L. 무디가 말했다. "성경은 정보(information)를 위한 책이 아니라 변화(transformation)를 위한 책이다." 크리스천 티칭도 마찬가지다. 정보 교환이 아닌 삶의 변화가 그 목적이다. 내가 성경을 머리로 가르치면 그들의 머리가 바뀐다. 내가 성경을 가슴으로 가르치면 그들의 가슴이 바뀐다. 내가 성경을 삶으로 가르치면 그들의 삶이 바뀐다. 내가 내 영혼으로 성경을 가르치면 그들의 영혼이 바뀐다. 크리스천 교사로서 당신은 어느 수준의 변화를 겨냥하고 있는가?

## 크리스천 티칭에서 성경의 중요성

### 1. 성경은 삶의 방향 전환 레버

크리스천 티칭은 지식이 아닌 삶을 다룬다. 진정한 크리스천 티칭은 생명의 책인 성경을 기초로 세워진다. 성경은 지식의 책이 아닌 생명의 책이다. 알면 유익하고, 몰라도 큰 손해 볼 것 없는 종교적 정보가 아니다. 삶과 죽음, 성공과 패망, 축복과 저주가 이 책에 달려 있다.

창세기 1장이 그 사실을 잘 보여준다. 창세기 1장은 혼돈스럽고 공허한 세상의 모습으로 시작된다. 혼돈이란 형태가 없다는 뜻이고, 공허란 내용이 없다는 뜻이다. 그러나 1장이 끝날 때 세상은 질서가 잡히고, 내용이 충만한 정반대의 모습으로 바뀐다. 처음에는 아무것도 아니던(nothing) 세상이 굉장한 세상(something)으로 바뀐다.

처음과 끝의 그 중간에 어떤 변수가 작용했을까? 바로 말씀이다. "여호와께서 이르시되." 왜 모세는 창세기 1장에서 이런 그림을 제시했을까? 이제 가나안 땅에 들어가는 2세대들이 배워야 할 가장 중요한 삶의 원리는 말씀을 붙드는 것이기 때문이었다. 이들은 명심해야 했다. 혼돈과 공허한 삶도 말씀만 있으면 질서가 있고 충만한 삶으로 바뀌지만, 아무리 질서 있고 충만한 삶도 말씀을 잃으면 혼돈과 공허로 전락한다는 것을. 이 원리는 성경 전체와 이스라엘 역사를 통해 증명된다.

성경을 보면 하나님 백성의 운명은 언제나 하나님의 말씀과 관련되어 있다. 그들이 말씀을 사랑하고 순종할 때 그들은 축복을 누린다. 반대로 말씀을 버리고 불순종할 때 그들은 축복을 박탈당한다. 잠언 29장 18절은 말한다.

"묵시가 없으면 백성이 방자히 행하거니와 율법을 지키는 자는 복이 있느니라."

이스라엘의 역사는 그들이 말씀에 대해 어떻게 반응하느냐에 따라 흥망

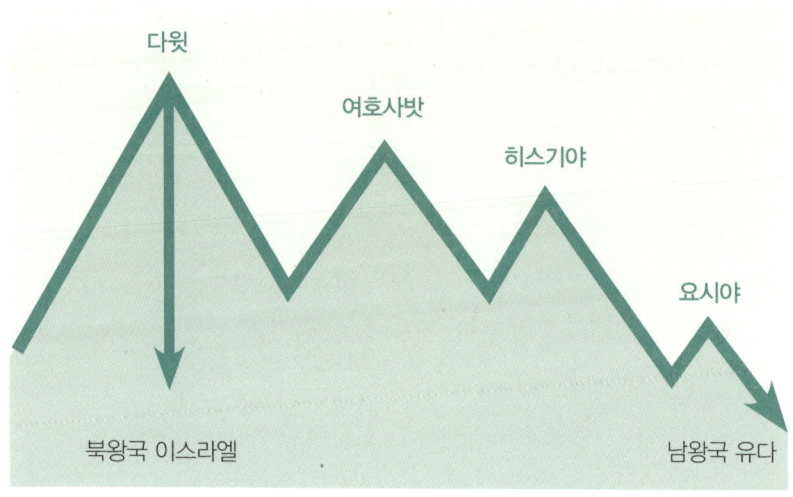

성쇠가 결정되는 것을 보여준다.

이스라엘의 이 운명 그래프가 그 사실을 잘 입증하고 있다. 꺾은선 그래프로 그린다면 이스라엘 역사는 네 개의 산봉우리로 이루어진 산등성이처럼 보인다. 봉우리는 상승기, 부흥기, 흥왕기를 나타낸다. 이때 그들은 위에 있고 아래에 있지 않았다. 머리가 되고 꼬리가 되지 않았다. 꾸어주되 꾸러 다니지 않았다. 봉우리의 높이와 반비례하는 골짜기는 하강기, 쇠퇴기, 멸망기를 나타낸다. 이때 이들은 아래에 있고 위에 있지 못했다. 꼬리가 될 뿐 머리가 되지 못했다. 꾸러 다니되 꾸어주지 못했다. 이스라엘에는 대표적인 네 번의 산봉우리 시대가 있었다. 첫째 다윗 왕 때, 둘째 여호사밧 왕 때, 셋째 히스기야 왕 때, 넷째 요시야 왕 때였다. 네 시대의 공통점이 보이는가? 그렇다. 말씀이다. 왕들이 말씀을 사랑하고 말씀 위에 나라를 세울 때 나라는 섰다. 그러나 왕들이 말씀을 버리고 밟을 때 나라는 주저앉았다.

크리스천 교사로서 우리는 종교적 정보를 가르쳐주기 위해 일하는 사람들이 아니다. 혼돈에서 질서로, 공허에서 충만으로 바꾸는 진리를 가지고 사람을 세우는 사람인 것이다. 우리는 한 개인, 한 가정, 한 교회, 한 민족, 한 시대의 가치와 운명을 다르게 만드는 두렵고 떨리는 일에 부름받았다.

2. 성경은 진리의 필터

성경은 우리의 믿음과 구원에 필요한 진리를 제공한다. 성경은 데이터(data)로서의 진리를 우리에게 가르쳐준다. 성경을 통해 우리는 하나님이 어떤 분이신지를 배운다. 성경을 통해 죄가 무엇이며 죄의 결과가 무엇인지도 배운다. 예수님이 누구시며 무슨 일을 하셨는지도 배운다. 우리가 어떻게 하나님의 백성이 되는지, 어떻게 하나님의 백성으로 살아야 하는지를 배운다. 우리가 죽은 다음에는 천국과 지옥 둘 중의 한 곳에서 영원을 보내야 한다는 것도 성경을 통해 배운다. 성경은 하나님에 대한 자서전이 아니다. 그러나 우리의 구원과 믿음에 꼭 필요한 진리를 모두 가르쳐준다. 이것이 성경의 데이터적 기능이다.

그러나 성경은 진리의 데이터뿐 아니라 필터(filter)로서도 기능한다. 하나님은 진실하시다. 그분에게서 진리가 나온다. 하나님은 자신이 어떤 분이신지를 그 지으신 자연 만물을 통해 인간에게 드러내셨다. 우리는 그것을 자연 계시, 혹은 일반 계시라고 부른다. 인간은 이성적인 존재로서 자연 계시를 통해 하나님의 존재와 성품과 계획을 이해할 수 있도록 창조되었다. 그러나 범죄함으로 말미암아 자연을 통해 하나님을 볼 수 있는 눈이 어두워지게 되었다.

그래서 하나님은 영적인 눈이 어두워진 인류에게 안경을 선물로 주셨다. 그 안경이 바로 성경이다. 성경이라는 렌즈를 끼고 볼 때 일반 계시 속

▪ 모든 유대인 가정의 문설주에는 빠짐없이 이 '메주자'란 물건이 붙어 있다. 메주자는 집안 화장실을 제외한 대문에서부터 방문에 이르기까지 들어가는 모든 문의 오른쪽 위에 붙인다. 그들은 문을 들어오고 나가면서 이 메주자를 만진다. 신명기 6장 4-9절을 기억하기 위한 일종의 리마인더인 셈이다.

에 녹아 있는 하나님의 진리들을 볼 수 있다. 그래서 성경을 특별 계시라고 부른다. 특별 계시인 성경은 일반 계시를 해석하고 설명한다는 점에서 일반 계시보다 우선적이다.

온 세상은 하나님이 만드셨다. 사람들이 인정하든 말든, 온 세상의 주인은 하나님이시다. 그러므로 모든 진리는 하나님의 진리다. 문제는 부패한 인간의 마음이 문제다. 자연, 사회, 세상, 학문, 문화, 예술… 자연 계시에 속한 모든 영역에는 하나님의 진리가 비진리와 섞여 있다. 우리는 참된 진리를 분별해야만 한다. 우리가 오염된 대기 속에서 숨을 쉬듯 죄로 오염된 인간들이 뿜어내는 숱한 오염된 사상과 문화 속에서 살고 있다. 어떻게 그 주장이, 어떻게 그 말과 그 가치와 그 원리가 하나님의 진리인지를 가려낼 수 있을까? 그것이 바로 성경의 기능이다. 성경이란 필터로 걸러보면 참 진리를 가려낼 수 있다.

## 진리의 체화(incarnation)

크리스천 티칭의 기초는 하나님의 말씀인 성경이라는 사실을 확신하는 일이 가장 우선되어야 한다. 이제는 그 진리가 머릿속 지식이 아닌 내 삶의 고백으로 체화되는 과정으로 넘어가야 한다.

### 내가 먼저 배워야 한다

"이스라엘아 들으라 우리 하나님 여호와는 오직 유일한 여호와이시니 너는 마음을 다하고 뜻을 다하고 힘을 다하여 네 하나님 여호와를 사랑하라 오늘 내가 네게 명하는 이 말씀을 너는 마음에 새기고 네 자녀에게 부지런히 가르치며 집에 앉았을 때에든지 길을 갈 때에든지 누워 있을 때에든지 일어날 때에든지 이 말씀을 강론할 것이며 너는 또 그것을 네 손목에 매어 기호를 삼으며 네 미간에 붙여 표로 삼고 또 네 집 문설주와 바깥 문에 기록할지니라"(신 6:4-9).

이 본문은 모세가 이스라엘 백성에게 남긴 유언장 같은 신명기의 핵심이다. 참되신 하나님밖에는 다른 신이 없음을 알고, 마음을 다하고 뜻을 다하고 힘을 다해 사랑하는 것을 가르침으로써 하나님의 백성의 스토리가 이어지도록 해야 한다는 것을 말하고 있다. 스토리가 이어지는 티칭을 하려면 그들은 자녀를 가르치기 이전에 먼저 자신을 가르쳐야 했다.

이 본문을 네 개의 동사가 떠받치고 있다.

- 배우라(Learn: "들으라").
- 살라(Live: "손목에 매어… 미간에 붙여… 집 문설주와 바깥 문에 기록할지니라").
- 사랑하라(Love: "마음을 다하고 뜻을 다하고 힘을 다하여 네 하나님 여호와를 사랑하라").
- 물려주라(Leave: "부지런히 가르치며… 강론할 것이며").

이 네 동사 가운데 앞의 세 개는 부모를 위한 것이고, 마지막 하나만이 자녀를 위한 것이다. 그것은 무슨 의미인가? 먼저 그 진리로 부모 자신을 가르쳐야 그 다음에 자녀와 학생을 가르칠 수 있다는 뜻이다. 히브리어로 '가르치다(lamad)'라는 단어는 '배우다'라는 단어와 같은 동사를 사용한다.

잘 가르치려면 잘 배워야 하고, 잘 배우면 잘 가르치게 된다. 브루스 윌킨슨은 이렇게 말한다.[15]

배움과 가르침이라는 두 개념은 어떻게 연결되는가? 그동안 생각해온 것처럼 이 두 개념은 서로 분리되어 있는가? 신명기 5장 1절에 쓰인 '배우다'라는 단어와 신명기 4장 1절에 쓰인 '가르치다'라는 단어에서 접두사와 접미사를 제거하면 히브리 원형 단어 라마드(lamad)가 남는다. 이 사실을 믿을 수 있는가? 그것은 똑같은 단어다. 같은 히브리어 단어가 '배우다'와 '가르치다'를 의미한다. 이것이 얼마나 중요한 의미인지 알겠는가? 배움에서 가르침을 분리시킬 수 없다. 그 둘은 결합되어 있고 한 몸인 것이다.

이 체화의 원리를 가장 확실하게 실천한 구약의 교사는 에스라이다.

"에스라가 여호와의 율법을 연구하여 준행하며 율례와 규례를 이스라엘에게 가르치기로 결심하였었더라"(스 7:10).

에스라는 세 가지 결심을 했다. 그는 그 진리를 배우기로 결심했다(Know the way). 그 진리대로 살기로 결심했다(Go the way). 그리고 그 진리를 가르치기로 결심했다(Show the way). 우리도 그래야 한다. 내가 먼저 배워야 가르칠 수 있다.

### 진리를 내 것으로 소화해야 한다

크리스천 교사로서 우리는 가르치는 내용에 대해 확실한 지식이 있어야 한다. 소화되지 않은 내용을 가르칠 때 자신에게 어떤 일이 벌어질까?

- 길게 느껴진다.
- 복잡하다.
- 어렵다.
- 지루하다.
- 와 닿지 않는다.
- 확신이 없다.

가르칠 내용을 소화시키는 요령이 있다. 하나는 졸이는 것이다. 가르칠 내용 전체를 한 문장으로 졸여보라. 졸여지지 않으면 아직 내용 전체가 파악되지 않은 것이다. 그 다음에는 140자로 졸여 트위터에 올려보라. 그 다음에는 3인 학습을 하는 것이다. 학생들에게 가르치기 전에 가까운 친구에게 전화로나 문자로 내가 배웠고, 또한 가르치려고 하는 내용을 전달해 보라.

또 하나는 묵상하는 것이다. 소가 하루 종일 먹은 음식을 되새김질하듯 말씀을 되새기는 것이다.

### 진리가 내 인격과 사상 속에 인격화되어야 한다

나를 통과하지 않은 진리는 누구의 마음도 통과할 수 없다. 진리를 경험한 사람의 불타는 확신만이 다른 사람의 마음을 녹인다. 한번은 목사 몇 명이 성경의 역본을 놓고 어느 것이 더 좋은지에 대해 논쟁을 벌이고 있었다. 끝까지 거기에 참여하지 않고 듣기만 하던 목사에게 화살이 향했다. "당신은 어떤 역본이 가장 영감 있고 은혜로운 것이라고 생각합니까?" 그가 대답했다. "저희 어머니의 역본이 가장 좋은 것입니다."

나의 일부가 된 진리, 내 인격의 무게가 실린 진리만큼 다른 사람에게 충격을 줄 수 있는 것은 없다.

## 진리의 전달

이제부터 이야기할 원리와 패턴은 크리스천 티칭뿐 아니라 다른 무엇을 가르치든 효과적이다. 이것은 설교나 성경 교수뿐 아니라 연극, 영화, 소설, 광고에까지 적용되는 커뮤니케이션 원리이기 때문이다. 당신이 크리스천 교사로서 어떤 진리를 가지고 사람을 가르치든 상관없다. 영어라는 진리로 사람을 가르치든, 수학이라는 진리로 사람을 가르치든 말이다. 다음과 같은 원리로 가르칠 때 사람은 변화된다. 그러나 여기서는 주일학교 교사와 부모를 위해 성경 교수를 중심으로 설명하기로 한다.

**첫째, 분명한 기준을 세우라.**
- 이것은 성경적(biblical)인가?
- 이것은 마음에 감동(inspirational)을 줄 만한가?
- 이것은 분명(clear)한가?
- 이것은 간결(simple)한가?
- 이것은 배우는 이들의 삶과 관련(relevant)되는가?
- 이것은 가르치기에도 배우기에도 재미(fun)있는가?
- 이것은 전달될 수(communicable) 있는가?

**둘째, 가르치는 일에 열정을 품으라.**
가르치는 일은 다리를 놓는 일이다. 학생들을 축복하기 위해 주어진 진

▪ 성경만이 크리스천 교사의 삶과 사역의 유일한 절대 기준이다.

리와 그것을 필요로 하는 학생들 사이를 이어주는 것이다. 좋은 중매쟁이처럼 우리는 서로를 필요로 하는 두 실체를 만나게 해주는 기쁨과 열정으로 가르쳐야 한다.

가르치는 일은 병을 고치는 일이다. 마치 한의사가 환자의 맥을 짚으면서 병을 진단하고 거기에 맞는 약재로 처방하듯, 우리는 우리가 가르치는 진리로 그들이 자유를 얻고 건강한 삶을 회복하도록 돕는 일을 하고 있다.

또한 가르치는 일은 예언하는 일이다. 선지자로서 하나님께 들은 말씀을 선포함으로 왕의 명령을 전달하는 하늘 왕의 전령의 영광과 긍지로 말씀을 가르쳐야 한다.

이 세 일의 공통점이 보이는가? 양쪽을 다 잘 알고, 양쪽을 다 사랑해야 하는 것이다. 양쪽 모두에 대한 열정으로 가슴이 뜨거울 때 우리의 가르침은 사람들의 마음을 움직이게 한다.

하나님의 말씀으로 하나님의 사람을 세우는 우리의 사명을 효과적으로 수행하기 위해서는 두 가지를 양손에 단단히 붙들어야 한다.

우선 진리를 붙들어야 한다. 뱀장어를 붙들듯 말이다. 뱀장어는 손으로 붙들기 어렵다. 미끈미끈한 점액을 분비하는 뱀장어는 아무리 꽉 쥐어도 손에서 빠져나간다. 나는 어렸을 때 뱀장어를 맨 손으로 붙잡는 방법을 배웠다. 오른손 손바닥을 아래로 향하게 한 뒤 장지를 들어올려 그 들어올린 장지와 아래쪽에 같은 높이로 펴 있는 검지와 약지 사이에 뱀장어를 끼우고 장지를 오무리면 뱀장어는 절대 빠져 나오지 못한다.

성경을 가르치다보면 숱한 상황들과 예상치 못한 반응들로 인해 그날 가르쳐야 할 중심 진리를 놓치게 된다. 뱀장어가 빠져 나오지 못하게 잡듯 중심 진리를 움켜쥔 손을 교수 시간 내내 펴지 말아야 한다.

다른 손으로는 학생들을 꽉 붙들어야 한다. 유능한 의사의 첫 번째 자질은 환자의 필요, 환자의 증상을 정확히 진단하는 능력이고, 그 다음은 그 병을 치료할 정확한 처방을 내리는 것이다. 약이 있다고 다 병을 고치는 것이 아니다. 그 약이 그 환자에게 맞게 선택되고 처방되어야 한다.

크리스천 교사는 의사처럼 학생들의 필요, 학생들의 아픔, 학생들의 갈등을 정확히 파악해야 한다. 그리고 그날의 진리가 그들의 필요를 채울 수 있도록 적용해주어야 한다. 학생들의 지적, 정서적, 영적 필요뿐 아니라 그들의 관심과 열정의 눈높이도 알아야 한다.

그래야 기차형으로 가르치지 않고 범선형으로 가르칠 수 있다. 기차는 정해진 길을 결코 벗어날 수 없다. 벗어나는 순간 모든 것이 혼란에 빠진다. 내가 준비한 강의안 그대로를 덤핑하는 것이 티칭이 아니다. 크리스천 티칭은 기차형이 아닌 범선형으로 수행되어야 한다. 범선도 분명한 목적지를 향해 간다. 그러나 바람의 세기에 따라 더 짧은 항해를 할 수도 있고, 돌고 돌아 천천히 다다를 수도 있다. 중심 진리만 붙들고 있다면 성령의 인도하심과 학생들의 반응과 상황에 따라 얼마든지 이런 유연한 항해를 할 수 있다. 정말로 유연한 항해를 하면서도 원하는 목적지에 도달할 수 있는 티칭이 되려면 티칭 내용을 담을 효과적인 틀을 가지고 있어야 한다.

**셋째, 효과적으로 전달할 틀을 가지라.**

크리스천 교사는 성경을 사람에게 가르치지 않고, 성경으로 사람을 가르치는 목적을 늘 염두에 두어야 한다. 그러려면 그 교수 원리에 맞는 나름의 틀을 가져야 한다. 어떤 대상에게 어떤 티칭을 하더라도 내가 가르칠 진리의 내용을 부을 거푸집이 필요하다.

어린 시절 우리 집에서 명절마다 만들었던 음식은 다식이었다. 어머니가 콩가루, 송홧가루, 쌀가루 등에 조청을 넣어 반죽해주시면, 그 다음 다식을 빚는 일은 내 책임이었다. 다행히 그 일은 쉽고 재미있었다. 왜냐하면 다식판 때문이다. 그 판의 아래쪽에는 다식에 새겨질 문양이 있는 동그란 돌기가 대여섯개 붙은 숫판이 있고, 위쪽에는 숫판의 동그란 돌기가 꼭 맞게 들어갈 구멍들이 뚫린 암판이 있다. 위의 판과 아래 판 사이를 돌기 높이만큼 깎은 나뭇조각으로 받쳐 놓으면 다식 반죽을 꼭꼭 눌러 채울 틀이 마련된다. 이 틀에 콩 반죽을 넣고 누르면 콩다식, 송화 반죽을 넣고 누르면 송화다식, 쌀 반죽을 넣고 누르면 쌀다식이 만들어지는 것이다.

40여 년 동안 다양한 연령과 영적 수준, 다양한 그룹과 장소에서 가르치면서 내가 개발한 티칭의 다식판이 있다. 나는 그것을 소리굽쇠 틀이라고 부른다. 소리굽쇠는 다양한 악기들의 다양한 소리를 조화로운 음악으로 바꿔 놓는, 작지만 큰 도구이다. 오케스트라 연주가 시작되기 전 지휘자는 소리굽쇠로 기준음을 들려준다. 그 음에 모든 악기가 조율되면 아름다운 음악이 연주될 수 있는 기본 준비가 끝나는 것이다. 성경의 진리는 지식을 위한 것이 아니라 삶을 위한 것이라고 여러 번 강조했다. 사람들의 삶을 변화시키려면 하나님의 말씀이 그들의 삶의 모든 영역에서 기준음이 되도록 가르쳐야 한다.

가르칠 내용을 구성하는 일은 일종의 안무와 같다. 학생들의 필요, 그들의 영적인 눈높이, 가르쳐져야 하는 진리, 티칭의 목표, 교사의 은사, 학생들의 숫자, 티칭 환경 등의 모든 요소를 하나로 통합하는 안무와 같다. 소리굽쇠 틀은 미국 미주리 주 켄자스시티에 있는 성 바울 신학교의 설교학 교수 유진 로우리(Eugene L. Lowry)의 '이야기식 설교 구성'을 토대로 개발하게 된 티칭의 효과적인 틀이다.[16] 이 틀을 어떻게 사용하는지에 대해 좀 더 자세히 살펴보기로 하자.

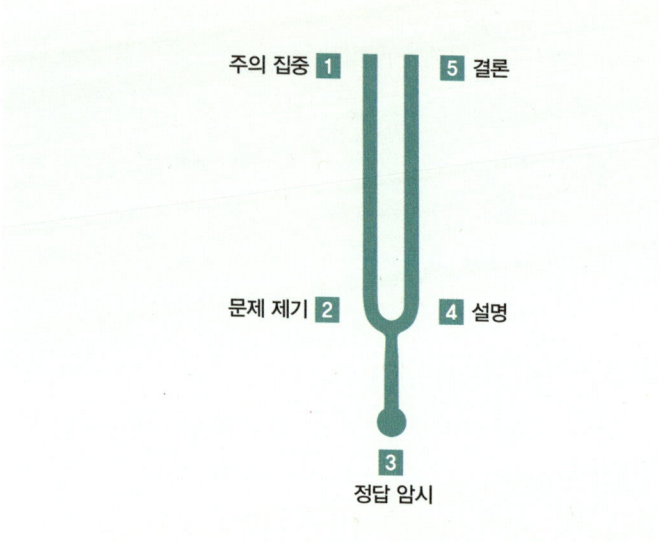

1. 주의 집중

'주의 집중'은 학생들의 흥미와 관심을 사로잡아 그들 마음속에 있는 질문과 연결할 미끼를 던지는 단계이다. 낚시에서 가장 중요한 것은 미끼를 선정하는 일이다. 물고기의 습성을 잘 알아야 그 고기의 흥미와 관심을 자극할 미끼를 선택할 수 있다. 학생들을 티칭으로 깊이 끌어들이려면 그들의 관심과 흥미를 끌어당길 방법으로 티칭을 시작해야 한다. 여기에서 실패하면 비행기는 뜨지도 못한 채 활주로를 헤매다 끝나고 만다. 항상 창의적으로 접근하려 노력하고, 예측하기 어려운 방식으로 시작해야 한다. "오늘은 어떻게 시작하실까?" 학생들이 항상 그것이 궁금해서 시간에 늦지 않고 빠지지 못하는 '신비한' 시작을 준비해야 한다. 그러나 관심을 집중시키겠다고 해서 꽹과리를 두드리는 것은 아무 의미가 없다. 반드시 '주의 집중'은 그 자체에 머무는 것이 아닌, 뒤에 이어지는 '문제 제기', '정답 암시',

'설명'으로 뛰어들게 만들 도약판이 되는 것이라야 한다.

### 2. 문제 제기

자신에게 병이 있다는 사실을 알기까지 우리는 약을 먹거나 의사를 찾지 않는다. 그러나 자신이 병에 걸린 것을 아는 순간 우리는 그것에 대해 무언가를 해야 한다는 급한 마음이 생긴다. 이것이 바로 필요의 원리다. 사람들의 모든 행동과 삶 뒤에는 필요를 인식하고 그 필요를 채우고 싶어 하는 욕구가 깔려 있다. '문제 제기' 부분에서 해야 할 일이 바로 학생들이 이 티칭에 귀를 기울여야만 하고, 이 티칭을 통해 정답을 들어야만 한다는 욕구가 일어나도록 그들이 미처 인식하지 못했던 깊은 실존적 문제를 끄집어 올리는 것이다.

어린이든 어른이든, 흑인이든 백인이든 모든 사람이 그 마음속에 품고 있는 실존적 질문은 똑같다. 두려움을 어떻게 극복할 수 있는가? 어떻게 참된 만족을 얻을 수 있는가? 죽으면 어떻게 되는가? 누가 나를 지켜주는가? 미래에 대한 불안은 어떻게 해결해야 하는가? 연약함은 어떻게 극복해야 하는가? 다른 사람들이 나를 미워할 때 나는 어떻게 반응해야 하는가? 남녀노소를 막론하고 모든 인간은 동일한 문제로 갈등하며 고민하고 있다. 학생들의 마음에 "그것이 바로 제 문제예요. 그것이 제가 대답을 알고 싶은 질문이고요. 어서 말씀해주세요. 저는 그 문제에 대한 답을 알고 싶어요" 하는 욕구를 끄집어 올리는 것이 문제 제기다.

### 3. 정답 암시

'정답 암시'란 그 중요한 질문에 대한 답이 바로 성경에 있다는 사실을 말해주고, 성경 본문이 주는 답을 미리 말해주는 것이다. 왜 그렇게 해야

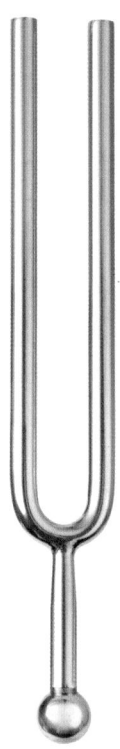

▪ 하나님의 말씀은 삶의 변화를 위한 인생의 기준음이다.

하는가? 앞서 말했듯 인간이 범죄하지 않았다면 성경도 필요 없다. 하나님을 등지고 자기 마음대로 살기로 결정한 순간부터 인간은 지식적인 질문이 아닌, 매일 어떻게 살아야 하는지에 대한 두렵고, 불안하며, 불확실한 수많은 삶의 질문들을 품은 채 살아가고 있다. 그에 대한 해답이 바로 성경이다. 정답을 요약하자면 한마디로 무엇이라고 말하는지 그 중심 사상을 언급해주어야 한다. 또한 그 과정에서 이제부터 그들을 데리고 해답을 찾아 어떻게 비행할 것인지를 밝혀주어야 한다. 비행기가 이륙하면 기장은 안내 방송을 통해 비행의 목적지와 소요 시간, 기상 상태를 말해준다. 티칭에서 이 '정답 암시' 부분은 기장의 안내 방송과 같다. 앞으로 어떤 일이 벌어질지 기대하게 함으로써 학생들이 끝까지 티칭에 참여하게 하는 것이다.

4. 설명

'주의 집중'에서 활주로를 달리기 시작하여 '문제 제기'와 '정답 암시'에서 이륙한 비행기는 이제 궤도에 진입하여 본격적인 비행을 하게 된다. '설명' 부분은 티칭의 내용을 학생들 마음속에 깊이 심기 위한 작업이다. 이때 세 가지 요소가 본질적으로 들어가야 한다. 첫째, 설명하는 것이다. 당신이 제시하는 진리가 당신 개인적인 성향이나 생각이 아닌, 성경에 근거한 하나님의 말씀에서 나온 것임을 성경 본문을 기초로 설명해주는 것이다. 이때에도 본문의 중심 사상을 설명하는 데 집중해야지 본문의 모든 세부 사항을 다 설명하려 해서는 안 된다. 둘째, 예를 들어주는 것이다. 학생들이 삶 속에서 쉽게 경험하는 예를 들어주거나, 자연이나 사건 등 그들이 공감할 수 있고 이해할 수 있는 자료들을 가지고 진리를 예증하거나 예시해줌으로써 학생들이 개념적인 진리를 그림으로 바꿀 수 있도록 돕는 것이다. 셋째, 적용이다. 학생들이 오늘 들은 포인트를 마치 내장된 나침반처럼 가슴에 박아, 매일의 구체적인 삶에서 어떻게 그 말씀에 순종하고 반응해야 할지를 예로 보여주는 것이다. 학생들이 공감하는 보편적인 삶의 경험과 진리를 연결해주는 것이 중요하다.

### 5. 결론

비행에 있어서 가장 어려운 부분은 이륙과 착륙이라고 한다. 이륙에 해당하는 '주의 집중' 부분을 잘 감당했다면 티칭이라는 비행기는 뜨게 되어 있다. 그러나 '문제 제기', '정답 암시', '설명'까지 잘 진행되었다 해도 착륙에 해당되는 '결론'에 실패한다면 우리의 티칭은 순식간에 헛수고가 된다. 이 결론 부분은 지금까지 늘어놓은 모든 부품을 하나로 조립하는 최종 과정이기 때문이다. 결론은 짧아야 하지만 그 농도는 매우 짙어야 한다. 결론을 이루는 요소는 세 가지다. 첫째, 정리다. 정리란 문제 제기에서 제기한 문제와 그에 대한 정답을 연결해 하나의 분명한 그림으로 완성되도록 모아주는 것이다. "우리는 이런 문제를 가지고 있다. 오늘 이 문제에 대해 하나님은 이렇게 하라고 말씀하신다"가 그 형식이다. 둘째, 적용을 위한 예화를 들어주어야 한다. 여기서 들려줄 예화는 '설명' 부분을 위한 예화와는 다르다. 결론 부분에서 사용할 예화는 그들이 들은 하나님의 말씀에 대해 구체적으로 적용하고 순종하는 결단을 돕기 위한 것이다. 셋째, 기도하는 것이다. 짧지만 분명하게 가르쳐진 진리로 그들의 생각과 삶을 변화시켜달라고 기도해야 한다.

## 로제타 스톤(Rosetta Stone)

한 인간으로서 내가 세계와 역사에 끼칠 최고의 축복과 기여가 있다면 하나님의 말씀으로 하나님의 사람을 세우는 것이다. 하나님의 말씀만이 그 일을 이루어낼 수 있다.

이 장을 마치며 로제타 스톤 이야기를 하고 싶다. 20여 년 전 나는 대영 박물관을 둘러본 적이 있다. 길고 긴 인류의 역사가 숨 쉬는 듯한 세계 최고의 박물관에서 나를 가장 압도한 소장품은 바로 로제타 스톤이었다. 나는 한참을 경이감에 사로잡혀 그 돌 앞에 서 있었다. 시간이 멈춰 서는 것 같은 신비한 영감이 마음속을 가득 채웠다. 지금도 로제타 스톤은 내 마음에 영감을 준다.

1799년 8월 나폴레옹의 이집트 원정군 장교 피에르 부샤르(Pierre-Francois Bouchard)는 알렉산드리아 북동쪽 약 56킬로미터 지점의 로제타 지역을 진군하고 있었다. 밭의 가장자리에 흙막이로 놓여 있던 심상치 않은 돌비석 하나가 그의 눈에 들어왔다. 길이 114센티미터, 폭 72센티미터인 이 돌은 검은 현무암 위에 상단은 이집트 상형 문자, 중간은 이집트 필기체, 하단은 고대 그리스어로 글이 새겨져 있었다.

그후 오랜 세월 학자들은 그 비문을 해독하기 위해 노력했다. 영국의 토마스 영(Thomas Young)과 프랑스의 장 프랑소와 샹폴리옹(Jean Francois Champollion)은 비석에 새겨진 세 부분의 내용이 동일하다는 사실을 발견하고, 이를 통해 이집트 상형 문자를 판독할 알파벳을 찾아내는 데 성공한다. 4천 년 동안이나 신비에 싸여 있던 이집트의 문화를 풀어낼 마스터키가 마련된 것이다.

그런데 왜 로제타 스톤이 크리스천 티칭에 영감을 주는지 궁금한가? 성

▪ 성경, 이 세상에 충만한 하나님의 진리를 판독하는 로제타 스톤.

경이 바로 그런 책이기 때문이다. 성경은 우리가 고민하고 갈등하는 우리 삶의 실존적인 모든 문제를 풀어주는 마스터키이기 때문이다. 성경은 하나님이 지으신 세상에 충만한, 자연 계시 속에 충만한 하나님의 진리를 판독하는 로제타 스톤이다. 우리의 삶을 축복의 삶으로 열어주는 마스터키인 것이다. 우리는 크리스천 교사로서 토마스 영과 장 프랑소와 샹폴리옹이 했던 것처럼 성경을 사용하여 삶을 세우는 법을 가르쳐주어야 한다.

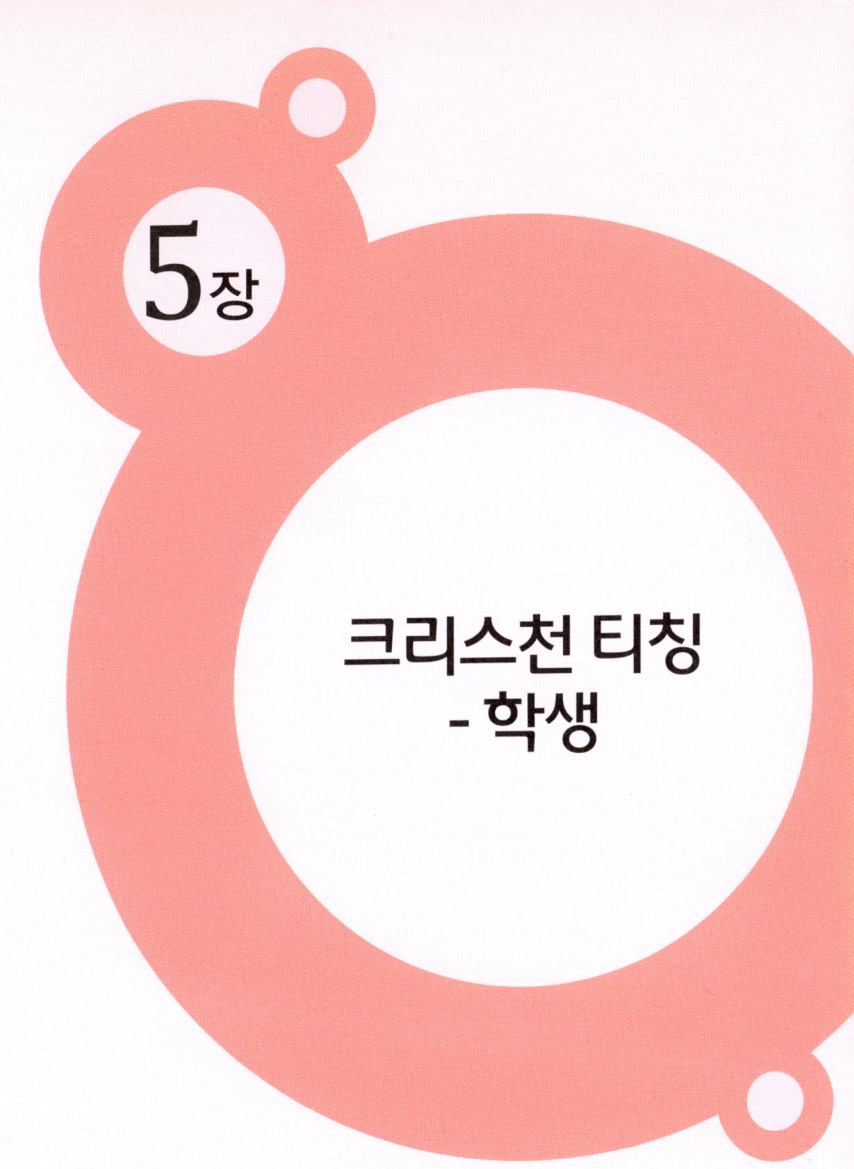

# 5장

## 크리스천 티칭
## - 학생

## 시각차

어떤 안경을 쓰고 보느냐에 따라 세상은 다르게 보인다. 사람을 가르치는 사람에게 사람을 어떤 시각으로 보느냐는 매우 중요한 문제다. 그 시각은 엄청나게 다른 교육의 차이를 만들기 때문이다.

예를 들어보자. 우연히 인터넷에서 북한 교과서를 볼 기회가 있었다. 북한의 소학교(우리의 초등학교) 1학년 국어 교과서에서 쌍기역(ㄲ)과 쌍디귿(ㄸ)을 가르치는 페이지에 이런 지문이 나온다. "꼬마 땅크 나간다. 우리 땅크 나간다. 미국 놈 쳐부수며 꼬마 땅크 나간다." 소학교 1학년 도화공작(미술) 교과서에는 수수깡 공작이 실려 있다. 제목은 무기이고, 수수깡을 잘라 대포와 박격포를 만드는 그림을 보여준다.

소학교 저학년용으로 보이는 수학 교과서에는 이런 문제가 실려 있다. "미제 승냥이 놈들이 짓밟고 있는 남조선의 한 마을에 큰 물이 나서 살림집이 78채 떠내려가고 마사진 집은 이보다 15채 더 많습니다. 마사진 집은 몇 채입니까? 떠내려간 집과 마사진 집은 모두 몇 채입니까?"

중학교 저학년 영어 교과서 지문도 흥미롭다. "The Respected Leader Generalissimo Kim Il Sung Will Be With Us."

그렇다면 우리 남한은 어떤가? 20년 전 누군가 학교 교육을 개탄하며 국민 교육 헌장을 패러디한 글을 썼다. 문제는 그것이 20년 전 것인지 어제 것인지 시간차를 느낄 수 없다는 것이다.

고교 교육 헌장[17]

우리는 명문대 입학의 역사적 사명을 띠고 이 땅에 태어났다. 선배의 빛난 입시 성적을 오늘에 되살려 안으로는 이기주의의 자세를 확립하고 밖으로는 친구 타도에 이바지할 때다. 이에 우리의 나아갈 바를 밝혀 입시의 지표로 삼는다.

영악한 마음과 빈약한 몸으로 입시의 기술을 배우고 익히며, 타고난 저마다의 소질을 무시하고 우리의 성적만을 행복의 기준으로 삼아 찍기의 힘과 눈치의 정신을 기른다. 시기심과 배타성을 앞세우며 능률적 찍기 기술을 숭상하고, 경애와 신의에 뿌리박은 상부상조의 전통을 완전히 타파하여 메마르고 살벌한 경쟁 정신을 북돋운다.

나의 눈치와 이기주의를 바탕으로 성적이 향상하며 남의 성공이 나의 파멸의 근본임을 깨달아 견제와 시샘에 따르는 책임과 의무를 다하며 스스로 남의 실패를 도와주고 봉사하는 척하는 학생 정신을 드높인다.

이기적 정신에 투철한 입시 전략이 우리의 삶의 길이며 명문대 입학의 이상을 실현하는 기반이다. 길이 후배에게 물려줄 영광된 명문대 입학의 앞날을 내다보며 신념과 긍지를 지닌 눈치 빠른 학생으로서 남의 실패를 모아 줄기찬 배타주의로 명문대에 입학하자.

똑같이 '교육'이란 이름으로 이루어지는 일에 왜 이런 차이가 발생할까? 시각의 차이 때문이다. 북한의 교육가들은 학생을 미 제국주의의 압제에서 조국을 해방시킬 전사로 보기 때문에 그렇게 가르친다. 남한의 교육가들은 학생을 좁은 땅 한정된 기회 속에서 살아남아야 할 생존 경쟁의 전사로 보기 때문에 그렇게 가르친다. 어떤 시각으로 학생을 보느냐에 따라 티칭의 각도와 방향이 달라진다.

## 하나님의 눈

크리스천 티칭을 위해 우리가 당연히 해야 할 질문은 그러면 우리는 어떤 시각으로 학생들을 보아야 하는가이다. 교사로서 하나님과 예수님이 어떤 시각으로 학생들을 보셨는지 먼저 살펴보기로 하자.

"모세가 하나님 앞에 올라가니 여호와께서 산에서 그를 불러 말씀하시되 너는 이같이 야곱의 집에 말하고 이스라엘 자손들에게 말하라 내가 애굽 사람에게 어떻게 행하였음과 내가 어떻게 독수리 날개로 너희를 업어 내게로 인도하였음을 너희가 보았느니라 세계가 다 내게 속하였나니 너희가 내 말을 잘 듣고 내 언약을 지키면 너희는 모든 민족 중에서 내 소유가 되겠고 너희가 내게 대하여 제사장 나라가 되며 거룩한 백성이 되리라 너는 이 말을 이스라엘 자손에게 전할지니라"(출 19:3-6).

"사람들이 예수께서 만져 주심을 바라고 어린 아이들을 데리고 오매 제자들이 꾸짖거늘 예수께서 보시고 노하시어 이르시되 어린 아이들이 내게 오는 것을 용납하고 금하지 말라 하나님의 나라가 이런 자의 것이니라 내가 진실로 너희에게 이르노니 누구든지 하나님의 나라를 어린 아이와 같이 받들지 않는 자는 결단코 그 곳에 들어가지 못하리라 하시고 그 어린 아이들을 안고 그들 위에 안수하시고 축복하시니라"(막 10:13-16).

우리의 모델 교사이신 하나님과 예수님이 그 학생들을 바라보셨던 공통된 눈길이 이 두 본문에 나타난다.

첫째, 그들의 겉모습이 아닌 잠재력을 보셨다.
둘째, 그들이 할 수 없는 것이 아닌 될 수 있는 것을 보셨다.
셋째, 그들의 현재가 아닌 미래를 보셨다.

하나님의 학생 이스라엘은 가진 것도, 이룬 것도 없는 일종의 난민이었다. 경험과 기술이라고는 진흙을 이겨 벽돌을 만드는 노동이나 농사일, 허드렛일이 전부였다. 그저 푸짐한 고기를 부추와 파와 함께 배불리 먹는 것이 행복이고, 힘들지 않고 안락한 삶을 살다 죽는 것이 최대의 소망인 그런 사람들이었다. 역사를 바꾸고 세상을 축복하는 일들을 수행할 수 있을 거라고 기대하는 것이 무리인 그런 집단이었다.

그러나 교사로서 하나님이 보시는 것은 연약하고 무능한 현재의 모습이 아니었다. 하나님이 그들에게서 보신 것은 하나님의 소유된 민족이요, 온 세상과 그분 사이를 이어줄 제사장 나라이며, 그분의 거룩하심을 드러낼 거룩한 백성이었다.

사람들이 예수님께 그들의 아이들을 데려왔다. 예수님이 손을 얹어 축복해주시길 바라는 마음에서였다. 그때 예수님과 아이들 사이를 가로막은 사람들이 있었다. 제자들이었다. 그런 제자들을 향해 예수님은 대단히 분노하셨다. 그리고 손을 내밀어 아이들을 받아들이셨다. "어린 아이들이 내게 오는 것을 용납하고 금하지 말라!"

제자들은 왜 "애들은 저리 가라"고 소리 질렀을까? 예수님은 왜 양팔을 벌리시며 "애들은 내게 오라"고 부르셨을까? 제자들은 작고 연약하고 떠들며, 강의 분위기를 흩트리고 헌금도 못 내고 봉사도 못하는, 도무지 도움이 안 되는 아이들의 현재 겉모습만 보았기 때문이다. 그러나 예수님은 그 아이들 속에 하나님의 나라가 들어 있는 것을 보셨다. 그들이 하나님 나라의 미래임을 보셨다.

피그말리온 효과(pygmalion effect)라는 말이 있다. 그것은 교육심리학에서 나온 심리적 현상의 하나로 교사의 기대에 따라 학습자의 성적이 향상되는 것을 말한다.

이것은 다음과 같은 그리스 신화에 나오는 이야기에서 유래되었다. 피그말리온은 키프로스 섬에 사는 뛰어난 조각가였다. 어느 날 그는 상아로 여자의 입상을 조각했다. 어찌나 아름답고 정교했는지 그 입상은 마치 살아 있는 여자처럼 보였다. 피그말리온은 자신의 이 완벽한 작품을 날마다 흡족한 눈으로 감상하다 그만 그녀와 사랑에 빠지고 말았다. 자기 손으로 만든 조각임에도 그 사실을 잊은 채 살아 있는 여인에게 하듯 사랑을 했다. 꽃도 갖다주고 목걸이도 걸어주었다. 집에 들어오고 나갈 때마다 그녀에게 입 맞추고 손을 어루만져주었다. 그러자 그 사랑에 감복한 사랑의 여신 아프로디테가 그 조각상에 생명을 불어넣어 사람이 되게 했다. 이처럼 피그말리온 효과는 사람에 대한 믿음과 기대가 실제로 이루어지는 경향을 말하는 것이다.

어린 시절 내가 살던 동네에는 화전민으로 살다 흘러들어온 가족이 있었다. 거기에는 나와 동갑내기가 딱 한 명 있었는데 불행하게도 그 아이는 소아마비를 앓아 다리를 몹시 절었다. 학교를 다니지도, 친구들과 어울려 뛰놀지도 못했다. 더 불행한 것은 그 아이에게 간질이 있었다는 것이다. 그 아이의 유일한 친구였던 나는 자주 냇가로 산기슭으로 그 아이와 어울려 다녔다. 아무도 없는 개울가에서, 혹은 논두렁에서 그 아이가 쓰러져 거품을 토하며 발작하는 모습을 볼 때마다 내 어린 가슴이 새까맣게 타버리는 듯했다.

결국 그 아이는 청소년기를 견디지 못하고 농약으로 스스로 목숨을 끊었다. 그러나 가장 불행했던 것은 그 아이가 평생 받고 살았던 부모의 저주였다. 그 표현이 너무 원색적인데 여기에 인용하는 것을 용서하길 바란다. 그들은 아이를 나무랄 때마다 이렇게 말했다. "병신 지랄하고 자빠졌네." 나는 나에 대해 그런 참혹한 말을 들어본 적도, 남에게 해본 적도 없었다. 그 아이는 과연 그 부모의 악한 기대감대로 장애를 입었고, 간질에 걸렸으며, 결국 논두렁에 사체로 자빠지는 인생을 살다 갔다. 이 나이가 되어서도 나는 그 아이를 생각하면 눈물이 난다.

그와 반대의 경우는 나다. 자녀를 9남매나 두셨음에도 불구하고 아버지는 한 자녀 한 자녀에 대한 선한 기대감을 가지고 키우셨다. 아버지는 한 번도 우리에게 욕을 하신 적이 없다. 내가 한글을 깨우치기도 전에 아버지는 어린 나를 위해서도 '월촌(月村)'이란 아호를 지어주셨다. 보름달 가득한 고요한 마을처럼 살라는 뜻인지, 보름달처럼 세상을 비추라는 뜻인지 잘은 모르겠지만 아버지는 내게 그런 삶을 기대하셨다. 시골 사람인 내게 과분했던 그 기대는 지금도 나를 그런 삶으로 세워가는 마음의 힘으로 작동하고 있다. 내 아버지는 피그말리온 효과라는 용어를 모르셨지만, 내 삶에 피그말리온이 되어주셨다.

사람에 대한 믿음과 기대는 그 사람 속에 잠들어 있는 잠재력을 흔들어 깨우고, 마침내 꽃피게 한다. 상아 조각을 사람으로 바꾸어놓는 사랑의 기적을 일으킨다. 친구나 부모, 선생님, 때로 부부도 서로에게 피그말리온이 될 수 있다. 최악의 순간에도 자신을 사랑하고 믿어주는 피그말리온이 있기에 오늘도 세상에는 수많은 기적이 일어난다. 타락과 범죄의 수렁에서 헤어나 새 사람이 되고, 좌절을 이기고 승리하며, 온갖 시련을 이겨내는 인간 승리를 이루게 된다.

크리스천 티칭을 위해 부름받은 우리도 사랑의 기적을 일으키는 이 시대의 피그말리온이 되어야 한다. 하나님이 우리를 보시듯, 예수님이 우리를 보시듯 학생들을 볼 수 있어야 한다.

## 성경의 눈

사람의 본성을 어떻게 보느냐에 따라 전혀 다른 티칭이 이루어진다.

어떤 사람들은 사람이 악하다고 본다. 타락 인간관(墮落人間觀)이다. 인간은 본래 악하고, 그 안에 어떤 가능성도 없다고 믿는다. 그런 교육가는 사람 속에 하나님이 저장해놓으신 내부적 잠재력은 인정하지 않는다. 그들이 의지하는 유일한 힘은 사람에게 미치는 외부적 영향력뿐이다. 그래서 이런 교육가들은 공장형 교육을 최선의 교육이라고 생각한다. 사람은 그 안에 어떤 가능성도 없기 때문에 교육이라는 잘 계획된 틀에 넣어 찍어내면 된다고 믿는다. 스파르타 교육이 그렇고, 독재자들의 교육과 공산주의 교육이 그렇다.

그들은 인간이 하나님의 형상으로 만들어진 소중한 존재라는 사실을 간과하는 오류를 범한다. 손상되었지만 여전히 인간 속에 존재하는 내부적 잠재력을 인정하지 않는 잘못을 범한다. 이런 교육 아래에서 인간은 목적이 아닌 도구로 세워지게 된다.

어떤 사람들은 사람을 선하다고 본다. 창조 인간관(創造人間觀)이다. 인간은 본래 선하며, 그 안에 모든 가능성이 충만하다고 믿는다. 그들이 개발해내려 하는 유일한 힘은 사람 속에 있는 잠재력뿐이다. 그래서 이런 교육가는 수풀형 교육을 최선의 교육이라고 생각한다. 숲은 인간이 돌보지 않아도 잘 자란다. 오히려 인간이 손대지 않으면 자연스럽게 우거지고 조성된다. 이와 같이 사람도 간섭하지 않고 자기 모습대로 자라도록 방해하

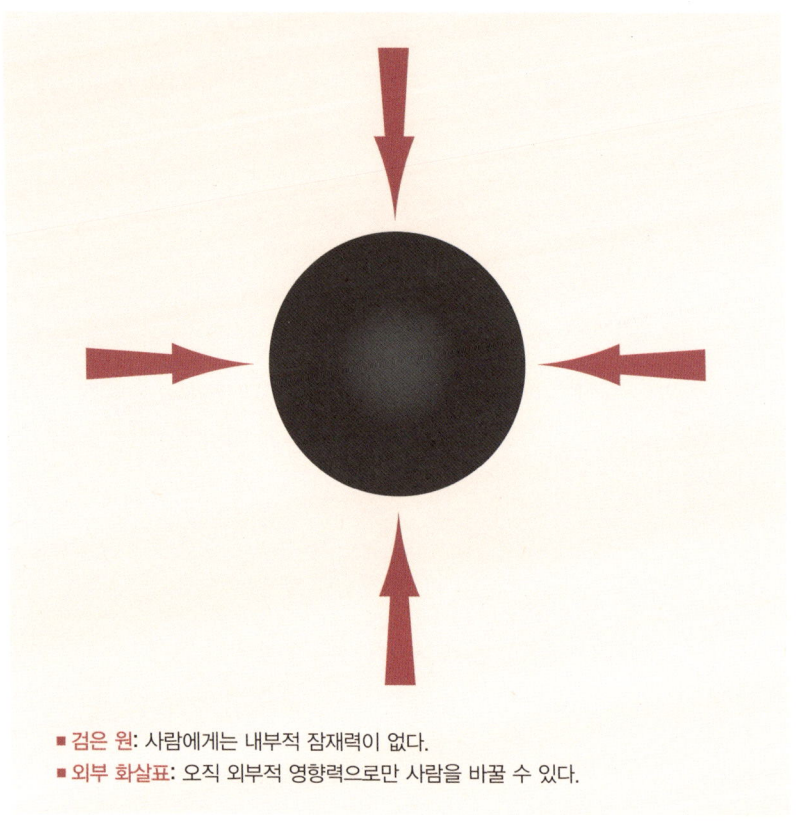

- **검은 원**: 사람에게는 내부적 잠재력이 없다.
- **외부 화살표**: 오직 외부적 영향력으로만 사람을 바꿀 수 있다.

지만 않으면 스스로의 동기와 노력에 의해 얼마든지 잘 자랄 수 있다는 것이다. 루소와 페스탈로치, 몬테소리가 그렇게 믿었다.

하나님이 사람 안에 주신 잠재력을 높게 여기는 것은 좋은 일이지만, 그들은 인간의 전적인 부패를 간과하는 오류를 범했다. 사람은 손상된 채 태어난다. 가르쳐주지 않아도 죄를 짓는 죄의 DNA를 갖고 태어난다. 적절한 통제와 감독 없이 사람이 잘 자랄 수 있다고 믿는 것은 합리적이지도 현실적이지도 않다.

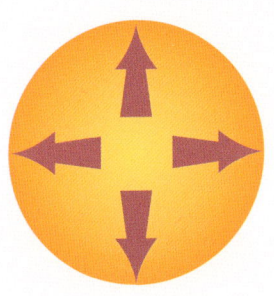

- 노란 원: 사람에게는 내부적 잠재력이 충만하다.
- 내부 화살표: 사람은 스스로를 바꿀 수 있다.

그러면 성경은 인간을 어떻게 보는가? 인간은 하나님의 창조 사역의 절정에 해당된다. 인간은 모든 피조물 가운데 하나님의 형상으로 지어진 독특한 지위를 갖는다. 우리도 사람을 가장 소중하게 여겨야 한다. 그러나 인간이 범죄함으로 말미암아 그 형상이 손상되었다. 인간은 죄에 감염되어 부패하게 되었다. 그런 인간을 위해 예수님이 구속하심으로 인간은 회복된다. 구속 인간관(救贖人間觀)이다. 구속 인간관을 가진 우리는 정원형 교육을 최선의 교육이라고 믿는다. 부패한 사람은 그리스도의 구속으로 변화될 수 있다. 크리스천 티칭은 바로 그리스도의 구속에 동참하는 회복의 사역이다.

## 크리스천 교사의 눈

### 예수 본(the pattern)

하나님의 말씀으로 하나님의 사람을 세우는 하나님의 동역자로서 우리

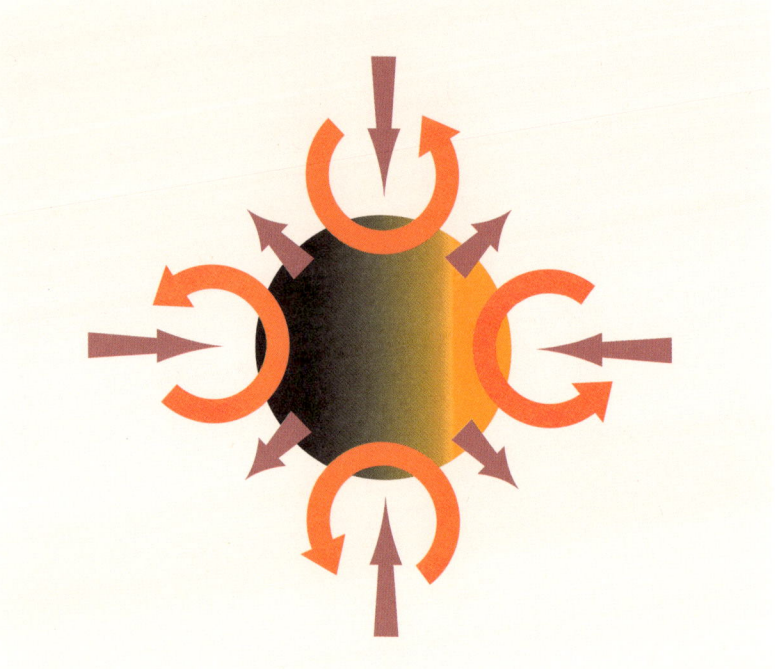

- **원의 어두운 쪽**: 사람의 내부적 영향력은 죄로 말미암아 손상되었다.
- **내부 화살표, 외부 화살표**: 내부적 잠재력이나 외부적 영향력만으로 사람을 바꿀 수 없다.
- **빨간 화살표와 원의 밝은 쪽**: 하나님의 은혜의 힘이 이 두 개의 힘과 연결될 때만 사람을 바꿀 수 있다.

가 유지해야 할 눈은 바른 '본'에서 시선을 떼지 않는 눈이다.

앞에서도 말했지만 본이란 옷이나 버선 등을 만들 때 천을 마름질하기 위해 각 부위를 종이에 그려 잘라 놓은 것이다. 우리가 하나님의 사람을 세운다고 할 때 그 '하나님의 사람'의 본은 무엇인가? 그 본은 예수님이시다. 작은 예수는 큰 예수의 본으로 만들어지고, 작은 메시아는 큰 메시아를 본으로 만들어진다. 크리스천 교사가 만들어야 하고 만들고 싶은 사람은 바로 예수님을 닮은 사람이어야 한다. 예수님이 어떻게 성장하셨는지 의사인 누가는 이렇게 묘사하고 있다.

"아기가 자라며 강하여지고 지혜가 충만하며 하나님의 은혜가 그의 위에 있더라 그의 부모가 해마다 유월절이 되면 예루살렘으로 가더니 예수께서 열두 살 되었을 때에 그들이 이 절기의 관례를 따라 올라갔다가 그 날들을 마치고 돌아갈 때에 아이 예수는 예루살렘에 머무셨더라 그 부모는 이를 알지 못하고 동행 중에 있는 줄로 생각하고 하룻길을 간 후 친족과 아는 자 중에서 찾되 만나지 못하매 찾으면서 예루살렘에 돌아갔더니 사흘 후에 성전에서 만난즉 그가 선생들 중에 앉으사 그들에게 듣기도 하시며 묻기도 하시니 듣는 자가 다 그 지혜와 대답을 놀랍게 여기더라 그의 부모가 보고 놀라며 그의 어머니는 이르되 아이야 어찌하여 우리에게 이렇게 하였느냐 보라 네 아버지와 내가 근심하여 너를 찾았노라 예수께서 이르시되 어찌하여 나를 찾으셨나이까 내가 내 아버지 집에 있어야 될 줄을 알지 못하셨나이까 하시니 그 부모가 그가 하신 말씀을 깨닫지 못하더라 예수께서 함께 내려가사 나사렛에 이르러 순종하여 받드시더라 그 어머니는 이 모든 말을 마음에 두니라 예수는 지혜와 키가 자라가며 하나님과 사람에게 더욱 사랑스러워 가시더라"(눅 2:40-52).

첫째, 예수님은 우리 학생들의 구조적인 성장에서 대고 그려야 할 바로 그 본이시다.[18] 하나님은 인간을 자신의 형상대로 만드셨다. 하나님의 형상대로 만들어진 인간은 다음 그림과 같은 특별한 구조를 갖는다. 기억을 돕기 위해 손을 사용하였다.

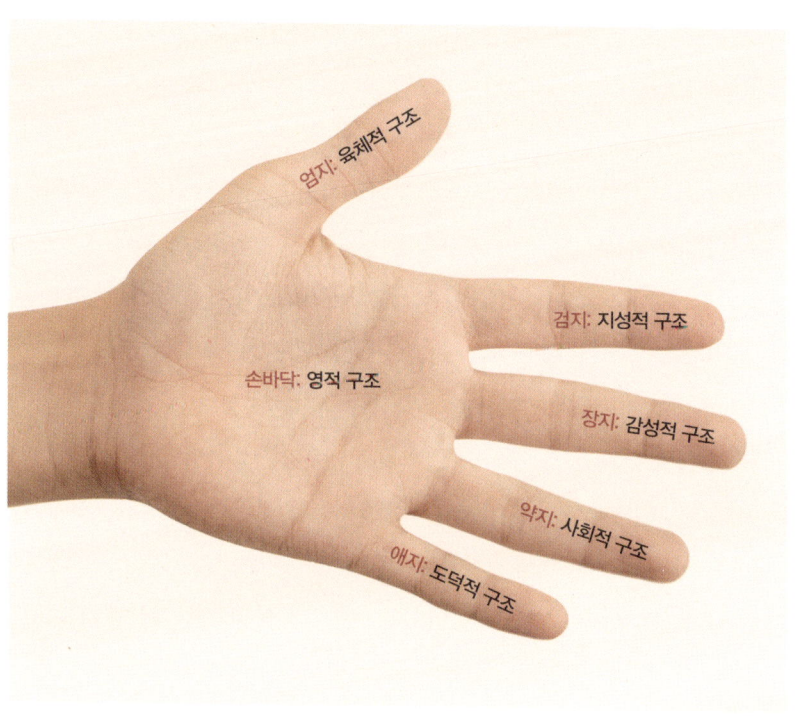

**육체적 구조**: 예수님은 육체적으로 강건하셨다. 누가는 말한다. "아기가 자라며 강하여지고", "예수는… 키가 자라가며."
갈릴리 나사렛에서 예루살렘에 이르는 길은 걸어서 3일 길이었다. 열두 살 때 예수님은 그 3일 길을 걸어오셨고, 명절 후 다시 그 3일 길을 걸어 집으로 갈 만큼 건강하셨다.

**지성적 구조**: 예수님은 지식과 지혜가 충만하셨다. 누가는 말한다. "지혜가 충만하며", "예수는 지혜… 가 자라가며." 열두 살짜리 소년 예수는 성전에서 율법학자들 사이에 앉아 듣기도 하고, 묻기도 하셨다. 그 이야기를 듣는 모든 사람이 예수님의 슬기와 대답에 놀라워했다. 예수

님은 이미 율법에 상당한 지식을 가지고 계셨다. 그리고 그 율법의 지식을 하나님과 다른 사람을 위해 바로 사용할 줄 아는 지혜가 충만하셨다.

**감성적 구조**: 예수님은 감성적으로 안정된 소위 EQ가 높은 아이로 자라고 계셨다. 열두 살짜리 소년이었을 때 예수님은 부모가 집으로 돌아가다 다시 찾으러 돌아와 만날 때까지 3일 동안 예루살렘에 혼자 계실 수 있을 만큼 독립적이고 안정된 정서적 강건함을 가지고 계셨다.

**사회적 구조**: 예수님은 원만하고 적극적인 인간관계 능력을 가지고 계셨다. 누가는 말한다. "사람에게 더욱 사랑스러워 가시더라." 열두 살 된 자녀가 하루 동안 보이지 않아도 그 부모는 조금도 불안해하지 않았다. 친척이나 아는 사람들 사이에 끼어서 잘 따라오겠거니 믿었기 때문이다.

**도덕적 구조**: 열두 살 된 예수님은 도덕적으로 확립되어가고 계셨다. 누가는 말한다. "그 부모가 그가 하신 말씀을 깨닫지 못하더라 예수께서 함께 내려가사 나사렛에 이르러 순종하여 받드시더라." 비록 예수님을 올바로 인식하는 눈이 둔한 부모였을지라도 예수님은 그 부모님을 순종하여 받드셨다.

**영적 구조**: 예수님은 영적으로도 건강하고 충만하셨다. 누가는 말한다. "예수께서 이르시되 어찌하여 나를 찾으셨나이까 내가 내 아버지 집에 있어야 될 줄을 알지 못하셨나이까." 예수님은 이미 자신과 하나님과의 관계에 대해, 자신의 영적 정체성에 대해, 아버지 하나님과 갖는 영적

교제와 동행에 대해, 자신이 하나님을 위해 무슨 일을 하셔야 할지 알고 계셨다.

우리는 이러한 예수님의 구조적 성장을 본으로 삼아 우리 아이들을 세워가야 한다.

둘째, 예수님은 우리 학생들의 기능적인 성장에서 대고 그려야 할 본이시다. 하나님의 형상대로 만들어진 인간은 다음의 그림과 같은 특별한 기

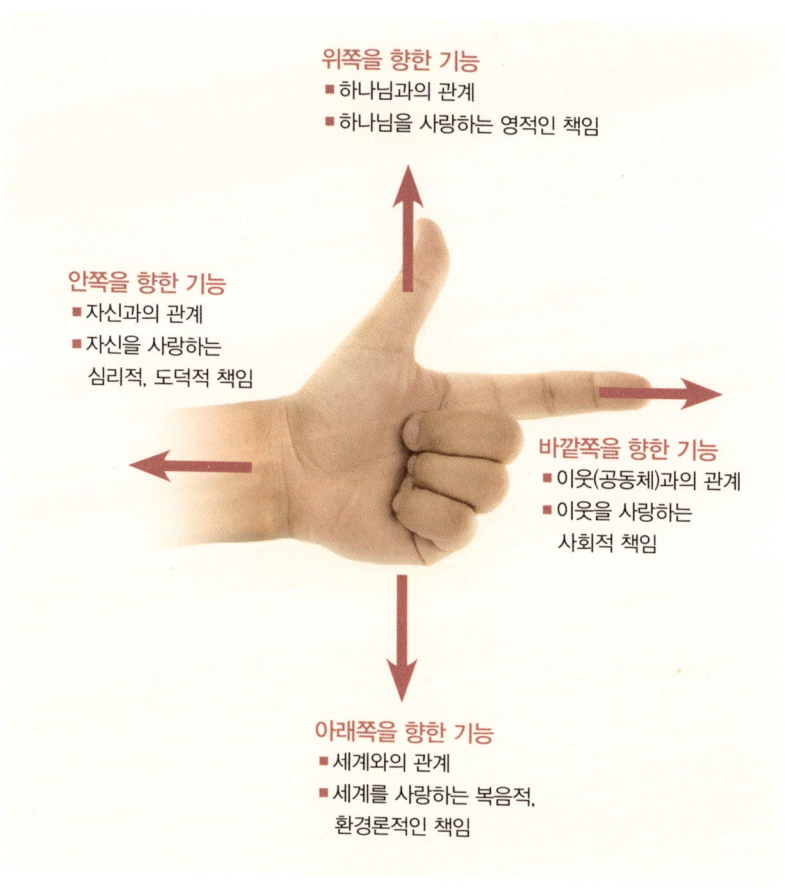

능을 갖는다. 기억을 돕기 위해 이번에는 다른 모습의 손 그림을 사용한다.

하나님이 사람에게 앞에서 살펴본 그런 구조를 주신 이유는 그 구조로 수행해야 할 기능이 있기 때문이다. 그 기능은 네 개의 관계 속에서 수행된다. 그 기능들에 대해서는 이미 크리스천 티칭의 목표에서 이야기한 바 있다. 중요한 것은 예수님이 이 네 개의 관계 속에서 건강하고 균형 있는 인간으로 기능하고 계셨다는 점이다.

## 작은 메시아

다음의 퀴즈를 풀어보라. 이 사람들은 누구일까? 그들은 하나씩 하나씩 우리 세상에 침투해 들어온다. 세상이 신경 쓰지 않는 사이 우리 속에 스며들어온 그들은 확고하게 우리 사회에 뿌리를 내린다. 그리고 그들은 우리의 자리를 하나씩 차지해나간다. 정치, 경제, 문화, 언론 모두가 언젠가 그들 손에 넘어갈 것이다. 몇 십 년 후에는 그들에게 우리의 세상을 다 내주어야만 할 것이다. 당신과 내 자리마저도 그들의 차지가 될 것이다. 결국 그들의 세상이 오고야 말 것이다. 그들은 누구일까? 이단? 모슬렘? 간첩? 아니다. 바로 어린이들이다.

아이들에게 우리의 내일이 있다. 세상의 미래가 달려 있다. 크리스천 교사가 한 아이 속에 있는 미래를 보는 눈이 없을 때 그것은 재앙이다.

나는 하나님의 은혜로 일주일간 평양을 방문한 적이 있다. 하루 일정이 끝나면 호텔에 머물러 있어야만 했다. 지루하기도 하고 북한 사회에 대해 궁금하기도 해서 로비로 내려갔다. 거기에 놓여 있는 몇 권의 책을 살펴보다 김일성 자서전을 발견하게 되었다. 예상대로 내용은 끝까지 읽을 만큼의 영양가는 없었다. 그때 불현듯 이런 생각이 떠올랐다. "가만있어보자. 그가 기독교 가정에서 자랐다면 그가 어린 시절에 경험한 교회 생활에 관한 기록이 어딘가에 있을 텐데." 페이지를 뒤지다 어렵사리 기록을 찾았다. 단 세 문장. 정확하게 옮길 수는 없지만 대충 이런 내용이었다.

"나는 어렸을 때 어머니와 함께 일요일마다 교회에 갔다. 목사의 설교는 길고 지루했다. 어머니는 예배 시간 내내 졸다 오셨다."

그는 말년에 어머니를 기념하여 어머니와 함께 다녔던 칠골교회를 건축하였다. 그 교회에 가서 예배드리며 나는 생각이 복잡했다. 만일 어린 김일성이 주일학교에 왔을 때 그 주일학교 목사님이, 아니면 부장 집사님이, 아니면 주일학교 교사에게 김일성이라는 어린이 속에 세상의 역사를 축복할 잠재력이 있음을 보는 눈이 있었다면 역사는 얼마나 달라졌을까.

유대인들은 아들이 태어나면 품에 안고 혹시 이 아이가 메시아가 아닐까라는 생각을 한다고 한다. 나는 그 '혹시'라는 자리에 '작은'이라는 말을 쓰기 좋아한다. 우리는 단지 한 학생을 키우는 것이 아니다. 우리는 큰 M자 메시아를 그 삶에 모시고 그분의 뜻을 이 땅에 이룰 작은 m자 메시아를 키우는 것이다. 우리는 우리의 아이들을 볼 때 하나님을 사랑으로 예배하고, 자신을 사랑으로 계발하며, 공동체를 사랑으로 섬기고, 세상을 사랑으로 축복할 작은 메시아로 보아야 한다.

크리스천 교사의 눈은 한 아이의 위에 놓일 예수의 본을 보아야 한다. 한 아이 속에 있는 작은 m자 메시아를 보아야 한다. 한 아이 안에서 온 세상이 받을 축복을 보아야 한다.

### 세대로 이어가야 할 미션(Transgenerational Mission)

예수님의 본대로 자라 작은 m자 메시아로 살아가는 크리스천을 세울 때

반드시 빼놓지 말아야 할 그림은 온 세계를 축복하는 그의 가능성이다. 이것을 보는 눈이 크리스천 교사의 비전이다. 100세에 얻은 어린 아들이 온 세상에 하나님의 복을 관개(灌漑)하는 축복의 통로가 되는 것을 보았던 아브라함의 눈이 우리에게도 필요하다.

예수님의 비전을 보자. 높은 교육을 받지 못했던 시골 어부, 사람들이 경멸하는 세리, 별 볼 일 없던 그 작은 사람들이 세상에 하나님의 축복을 전하는 통로가 되는 것을 내다보시는 예수님의 눈이 우리에게 필요하다.

예수님이 우리게 주신 마지막 명령을 다시 한 번 음미해보자.

"예수께서 나아와 말씀하여 이르시되 하늘과 땅의 모든 권세를 내게 주셨으니 그러므로 너희는 가서 모든 민족을 제자로 삼아 아버지와 아들과 성령의 이름으로 세례를 베풀고 내가 너희에게 분부한 모든 것을 가르쳐 지키게 하라 볼지어다 내가 세상 끝날까지 너희와 항상 함께 있으리라 하시니라"(마 28:18-20).

많은 경우 이 본문은 수평적으로 지역을 넘어가는 복음의 확장(Transregional mission 혹은 Crosscultural mission)으로만 이해되어왔다. 그래서 이 본문은 주로 세계 선교의 주춧돌로 사용되어왔다.

나는 30년 전 세계 선교를 위해 헌신한 적이 있다. 복음으로 뜨거워진 가슴을 안고 선교사 훈련을 받았다. 그 훈련을 받을 때만 해도 내게 이 본문의 가장 중요한 동사는 "가라"였다. 그러나 태국 북쪽의 한 시골 마을, 전기도 없는 그 작은 마을에 가서 여러 날 동안 그들을 섬기면서 나는 하나님이 나를 선교사로 부르지 않으셨음을 확인하게 되었다. 그리고 즉시 나는 내 은사대로 기독교 교육에 헌신하였다.

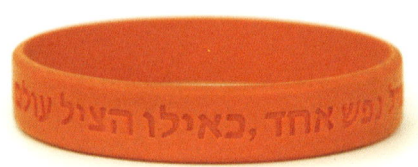
▪ "한 영혼을 구하는 것은 온 세상을 구하는 것이다!"

기독교 교육가로서 지금 내게 가장 중요한 동사는 "제자를 삼으라"이다. 이 한 개의 동사는 나의 선교적 소명과 나의 교육가적 소명을 하나로 묶는 신비한 힘을 가지고 있다. 온 세상을 축복하는 지상 최대의 과제는 작은 메시아를 세움으로써 가장 확실하고 효과적으로 이루어진다. 그래서 나는 "제자를 삼으라"는 동사를 지상 최대의 지혜라고 여긴다. 요즘 10/40 윈도우 선교에 대한 강조만큼 4/14 윈도우 선교가 강조되는 것도 그러한 이유 때문이라고 생각한다.[19]

나는 한동안 팔찌 하나를 차고 다녔다. 그것은 값싼 고무 팔찌였지만 선교와 교육에 대한 나의 헌신을 하나로 묶는 지혜의 리마인더였다. 그 팔찌에 이런 말이 새겨져 있기 때문이다.

### "כל המציל נפש אחד. כאילו הציל עולם מלא"

우리말로 읽으면 "콜 하마질 네페시 엑하드, 키 일루 히찔 올람 말레"다. 이 말을 내가 처음 들은 것은 〈쉰들러 리스트(Schindler's list)〉라는 영화의 마지막 장면에서이다. 쉰들러의 주변에 그의 헌신으로 죽음을 면한 유대인들이 둘러서 있다. 그리고 한 랍비가 그의 손에 반지 하나를 쥐어준다. 그들의 금니를 모아 녹여 만든 것이다. 그리고 반지 안쪽에 새겨 넣은 글에 대해 설명한다. "한 영혼을 구하는 것은 온 세상을 구하는 것이다."

이 말은 창세기 4장 8절에 대한 탈무드의 주석이다. 인류의 첫 아들 가인이 아벨을 죽였을 때 가인은 아벨 한 사람을 죽인 것이 아니라 아벨 속에 있는 세상을 다 죽인 것이다. 그 말을 뒤집으면 "한 영혼을 구하는 것은 온 세상을 구하는 것이다"라고 할 수 있는 것이다.

히스기야 왕을 생각할 때마다 나는 큰 아쉬움을 느낀다. 히스기야에게 한 영혼 속에 잠재된 내일의 역사를 보는 눈이 있었다면 유다의 역사는 얼마나 달라졌을까. 그 이야기는 다음과 같다.

선한 왕 히스기야가 중병에 걸려 죽게 되었다. 하나님은 이사야 선지자를 보내 그가 죽고 다시 살지 못할 것이니 삶을 정리하라고 통보까지 하셨다. 히스기야는 왕궁 벽을 향해 돌아 앉아 통곡하며 가슴을 찢는 기도를 주앞에 드렸다. 하나님은 그 애통한 기도를 들으시고 마음을 바꾸셔서 그에게 15년의 생명을 연장해주셨다. 히스기야가 병들어 죽어가다 다시 소생했다는 소식을 들은 바벨론 왕은 축하 사신을 보냈다. 물론 속셈은 따로 있었겠지만 말이다. 바벨론 황제의 사신을 맞은 히스기야는 흥분했다. 지금까지 앗시리아로 인해 얼마나 마음고생이 많았는데 신흥 제국의 황제가 사절단을 보내 친선 관계를 맺자고 하니…. 히스기야는 자신이 얼마나 큰 힘을 가졌는지, 유다가 바벨론의 우방으로서 합당한 힘을 가지고 있는지 과시하고 싶은 생각이 들었다. 그래서 바벨론 왕의 사신들에게 모든 곡간, 모든 보물 창고, 모든 무기고를 다 열어 보여주었다. 모두가 만족한 시간이었다. 적어도 사신들이 돌아가고 선지자 이사야가 찾아온 그 시점까지는. 이사야는 히스기야에게 물었다. 그들은 누구이며 왜 왔는지. 그들에게 무엇을 보여주었는지. 히스기야는 아마 흥분이 가라앉지 않은 상태로 자초지종을 설명했을 것이다. 그러자 이사야는 청천벽력 같은 하나님의 심판을 예언했다. 왕궁의 모든 것과 히스기야의 선왕들이 그때까지 이룬 모든 것이 바벨론으로 옮겨지고 그에게는 하나도 남지 않을 거라는 말씀이었다. 더욱 기막힌 것은 히스기야의 후손들이 사로잡혀 바벨론 왕궁의 내시가 되리라는 것이었다. 얼마나 두렵고 안타까운 책망의 말씀인가! 그때 히스기야에 대한 존경심을 모두 떨어뜨리는 말이 나온다.

"예언자께서 전하여 준 주님의 말씀은 지당한 말씀입니다." 히스기야는 자기가 살아 있는 동안만이라도 평화와 안정이 계속된다면, 그것만으로도 다행이라고 생각하였다(왕하 20:19, 새번역).

자신의 삶이 연장된 15년 동안만 평안하고 고통이 없으면 상관할 바 아니라고? 그 다음 세대야 포로로 끌려가든, 나라가 없어지든 나만 평안하면 괜찮다고? 얼마나 이기적이고 근시안적인 발상인가! 다음 세대에 대한 책임 의식도, 비전도 없었던 히스기야의 제품이 바로 유다의 가장 악한 왕 므낫세와 그의 아들 아몬이다. 그리고 나라는 그 예언대로 끝나버리고 말았다.

우리는 결코 히스기야처럼 하면 안 된다. 히스기야는 자녀들과 후손들을 위해 다시 왕궁 벽을 향하여 앉아 창자를 끊는 통곡과 회개로 하나님의 자비와 긍휼을 구해야 했다. 이것이 크리스천 교사로서 우리가 오늘 해야 할 일이다. 창자가 끊어지는 열망과 절박함으로 내 자녀와 손주와 내 눈에 보이지 않는 후손들이 믿음의 스토리를 이어가도록 오늘 그렇게 절박하게 일해야 한다.

## 콥틱 기독교

이 장을 마치면서 콥틱 기독교인들을 소개하고 싶다. 그들의 수직적 선교에 대한 안목과 열정이 그립고 부러워서다.

이집트에는 두 개의 합법적 종교가 존재한다. 하나는 모슬렘이고 다른 하나는 기독교이다. 국민들이 가지고 다니는 신분증에는 각자의 종교가 명시된다. 놀라운 사실은 이 90퍼센트에 달하는 모슬렘의 땅에 10퍼센트의

■ 믿음의 대물림, 우리는 어떻게 준비해야 하는가

기독교가 건재하고 있다는 것이다. 마가가 이집트에 복음을 전했다고 해서 우리는 이집트 기독교 공동체를 콥틱 기독교라고 부른다.

역사적으로 콥틱 기독교는 클레멘트, 오리겐 등 기독교의 위대한 지도자들을 배출했다. 콥틱 교회는 칼케돈 공의회(451년)에서 단성론(單性論), 즉 예수 그리스도의 신성만을 중시하는 신학 노선을 택하면서 독자적인 교리를 이어왔다. 이 때문에 동방 교회와 서방 교회 어디에도 속하지 못하는 설움을 삼키며 살아야 했다. 더구나 지난 1,400년 동안 모슬렘으로부터 무서운 핍박과 학대를 받았다. 그럼에도 이집트에는 아직도 천 만이나 되는 크리스천들이 예수님의 이름을 부르며 살고 있다. 그들의 스토리는 확실하게 이어져 내려오고 있다.

어떻게 이런 일이 가능했을까? 그것은 교회 건물 때문도, 성직자들 때문도 아니다. 나는 그들에게 있는 두 가지 상징에 집중한다.

첫째 상징은 그들의 모어(母語)로 번역된 콥틱 성경이다. 주후 270년부터 그들은 자신들의 말로 번역된 성경을 그들의 삶의 원리로 붙들고 살았다.

둘째 상징은 그들의 오른쪽 손목 안쪽에 새겨진 십자가 문신이다. 이것은 믿음의 대물림에 대한 이집트 크리스천들의 열정을 보여준다. 콥틱교인 가정에 아기가 태어나면 세 가지 의례를 치른다고 한다. 첫째는 유아 세례, 둘째는 콥틱 식 이름(이집트 사람들은 이름만 듣고도 그가 모슬렘인지 크리스천인지를 구별한다), 셋째는 콥틱 문신이다. 부모들은 태어난 자식의 오른쪽 손목 안쪽에 십자가 문신을 새겨 넣는다. 산양 젖에 담구어 놓았던 바늘로 여리고 어린 피부를 찔러 피를 내 십자가 문신을 새겨 넣는다는 것이다.

그들이 우리를 부끄럽게 한다. 그들은 핍박과 고난, 가난과 멸시, 그들이 살아온 고단했던 믿음의 여정을 부끄러워하지도, 슬퍼하지도 않는다. 오히려 자녀들이 그 믿음에서 떠날까봐 평생 지워지지 않을 증표를 마음과 몸에 새겨 넣는다. 이렇게 콥틱 기독교는 영적 불모지에서도 건재하며 그 생명력 있는 스토리를 이어가고 있다.

# 6장 크리스천 티칭 - 방법

## 그릇 이야기

시대를 따라 옷의 유행이 바뀌듯 그릇도 그렇다. 어린 시절 어머니와 누이는 진흙으로 빚어 구운 새까만 오지 물동이로 물을 길어오셨다. 아버지의 국그릇과 밥그릇은 모두 무겁고 두툼한 사기였다. 명절이 되기 전 여자 어른들은 하루 날을 잡아 놋그릇을 꺼내어 닦으셨다. 놋그릇은 품격이 있지만 관리가 까다로워 특별한 경우에만 사용되었다. 그러다 며칠 후면 동네방네 소리를 지르며 그릇 장사가 나타났다. "놋그릇 바꿔요!" 어머니들은 속이 시원하다는 듯 놋그릇을 내다주고 가볍고 관리하기 쉬운 알루미늄, 소위 양은그릇으로 바꾸었다. 그러나 양은그릇의 약점은 음식이 빨리 식는 것과 쉽게 찌그러지는 것이었다. 늘 그것이 아쉬웠다. 그러면 얼마 지나지 않아 또 그릇 장사가 동네방네 외치고 다녔다. "양은그릇 바꿔요!" 아낙들은 양은그릇을 내다주고 돈을 더 얹어 보온성도 좋고, 떨어뜨려도 깨지거나 찌그러지지 않는 스테인리스 그릇으로 부엌 선반을 채웠다. 그러나 스테인리스 그릇은 다 좋은데 품격이 떨어지는 것이 아쉬웠다. 스테인리스 그릇의 장점을 가진 품격 있는 그릇에 대한 필요는 본차이나로 해결이 되었다. 고령토에 뼛가루를 섞어 만든 본차이나는 가벼우면서도 품격 있고, 떨어뜨려도 잘 깨지지 않기 때문이다.

그릇은 필요에 따라, 담는 내용물에 따라, 상황에 따라, 시대에 따라 바뀐다는 이야기를 하고 싶어서 여기까지 온 것이다.

하나님의 말씀을 가르치는 방법은 그릇과 같다. 하나님의 진리라는 내용물의 성격에 따라, 가르침을 받는 사람들의 상황에 따라, 과학과 문명의 발달에 따라, 가르치는 사람의 기호와 성격에 따라 티칭 방법도 달라진다. 그릇이 변하듯 방법은 바뀐다.

## 삶을 변화시키는 크리스천 티칭의 원리

그렇다고 크리스천 티칭의 방법에 원리가 없는 것은 아니다. 삶을 변화시키는 티칭의 가장 큰 원리는 이것이다. "정확한 진리를 적절한 그릇에 담으라."

나는 느헤미야서를 공부하다 크리스천 티칭의 이 큰 원리를 발견하게 되었다. 느헤미야 8장 1-9절을 보자.

"이스라엘 자손이 자기들의 성읍에 거주하였더니 일곱째 달에 이르러 모든 백성이 일제히 수문 앞 광장에 모여 학사 에스라에게 여호와께서 이스라엘에게 명령하신 모세의 율법책을 가져오기를 청하매 일곱째 달 초하루에 제사장 에스라가 율법책을 가지고 회중 앞 곧 남자나 여자나 알아들을 만한 모든 사람 앞에 이르러 수문 앞 광장에서 새벽부터 정오까지 남자나 여자나 알아들을 만한 모든 사람 앞에서 읽으매 뭇 백성이 그 율법책에 귀를 기울였는데 그 때에 학사 에스라가 특별히 지은 나무 강단에 서고 그의 곁 오른쪽에 선 자는 맛디댜와 스마와 아나야와 우리야와 힐기야와 마아세야요 그의 왼쪽에 선 자는 브다야와 미사엘과 말기야와 하숨과 하스밧다나와 스가랴와 므술람이라 에스라가 모든 백성 위에 서서 그들 목전에 책을 펴니 책을 펼 때에 모든 백성이 일어서니라 에스라가 위대하신 하나님 여호와를 송축하매 모든 백성이 손을 들고 아멘 아멘 하고 응답하고 몸을 굽혀 얼굴을 땅에 대고 여호와께 경배하니라 예수아와 바니와 세레뱌와 야민과 악굽과 사브대와 호디야와 마아세야와 그리다와 아사랴와 요사밧과 하난과 블라야와 레위 사람들은 백성이 제자리에 서 있는 동안 그들에게 율법을 깨닫게 하였는데 하나님의 율법책을 낭독하고 그 뜻을 해석하여 백성에게 그

낭독하는 것을 다 깨닫게 하니 백성이 율법의 말씀을 듣고 다 우는지라."

제3차 귀환민들을 이끌고 온 느헤미야는 온갖 어려움 속에서도 52일 만에 믿음으로 성벽을 완성하였다. 느헤미야는 성벽의 완성으로 백성들의 육체적인 안전을 확보한 것만으로는 만족할 수 없었다. 그들의 삶을 지키는 진정한 울타리가 되시는 하나님의 말씀이 무너진 채 방치되고 있었기 때문이다.

그래서 그는 학사 에스라를 초청하여 수문 앞 광장에서 거대한 집회를 열게 된다. 에스라는 특별히 지은 나무 강단에 섰다. 그리고 알아들을 만한 모든 사람 앞에 서서 새벽부터 정오까지 하나님의 말씀을 읽어주었다. 모든 백성이 그 말씀에 귀를 기울였다. 일단 말씀의 내용은 정확하게 전달이 되었다.

문제는 그것이 무슨 의미인지 백성들이 이해할 수 없었다는 데 있었다. 레위인들이 백성들 중간 중간에 서서 히브리어를 그 당시 통용되던 아람어로 통역해주고 그 뜻을 설명해주었다. 그러자 백성들은 그들이 들은 말씀의 내용을 깨달을 수 있었다.

정확한 말씀이 적절한 해석과 설명이라는 그릇에 담기자 백성들의 마음에 부흥이 일어났다. "백성이 율법의 말씀을 듣고 다 우는지라." 나는 이 사건을 묵상하면서 내 티칭 사역의 전환점을 가져온 또 하나의 원리를 배웠다.

하나님의 말씀이 정확하고 적실(適實)하게 가르쳐질 때 사람들의 마음에 부흥이 일어난다는 것이다.

# 하나님의 티칭 방법

### 하나님의 교수법 실제

하나님도 방법에 관심이 있으실까? 예수님도 교수 방법에 신경을 쓰셨을까? 당연히 그렇다. 이제 하나님이 쓰셨던 대표적인 열두 가지 티칭 방법에 대해 살펴보자.

1. 드라마

하나님은 창조의 드라마, 구원의 드라마, 역사의 드라마를 기획, 감독, 연출하신 모든 드라마의 원조이시다. 그분은 백성을 가르치는 교수 방법으로 드라마를 사용하셨다.

웬만한 경고에는 눈 하나 깜짝하지 않던 강퍅한 유다 백성들이 겁을 먹기 시작했다. 눈앞에 펼쳐지는 드라마 때문이었다. 드라마의 주인공은 에스겔. 드라마는 1년이 훌쩍 넘어간 시점에도 끝날 줄을 몰랐다. 그는 온 몸이 줄로 꽁꽁 묶인 채 지난 40일 동안은 오른쪽을 향해 눕더니, 이제 390일 동안은 왼쪽을 향해 꼼짝도 하지 않은 채 누워 있다. 배경에는 한눈에 보아도 예루살렘인 것을 알 수 있는 예루살렘의 주요 랜드마크가 그려져 있다. 그러나 기분 나쁜 것은 적군이 예루살렘 성을 완전히 포위하고 이제 막 성벽을 헐 준비를 하고 있는 모습을 느끼게 만드는 소도구들이다. 흙으로 된 경사 언덕, 성벽에 걸쳐 놓은 사다리, 성벽을 파괴시키는 공성퇴…. 주인공이 누워 있는 자리와 포위된 예루살렘 모형 사이에는 쇠로 된 벽이 버티고 서 있다. 무대 배경만 보아도 숨을 쉴 수 없는 불안감과 위기감이 느껴진다. 그리고 그 자리에서 주인공의 실제 연기가 시작된다. 끼니 때가 되면 그는 조악한 곡식을 조금씩 담아 떡을 만들어 똥 불에 구워 먹었다.

물도 죽지 않을 만큼 때를 정해 마셨다. 그리고 관객들 앞에서 예루살렘을 향하여 소리쳤다. 대사는 짧고 단순했다. "회개하라. 그리하지 아니하면 쫓겨나리라." 피골이 상접한 채 비참한 생명을 이어가며 외치는 선지자의 드라마틱한 가르침을 통해 백성들은 분명하고도 두려운 심판의 메시지를 듣게 되었다.

누가 이 드라마를 기획하고 연출하고 감독하였는가? 하나님이시다. 하나님은 드라마의 힘을 잘 아는 분이시다. 하나님이 드라마를 통해 가르치셨다면 우리도 그래야 한다.

2. 시청각

하나님은 우리의 눈과 귀를 만드신 창조주이시다. 하나님은 우리가 눈과 귀를 통해 하나님의 진리를 보고 듣기 원하신다. 모든 창조 세계는 하나님의 권능과 자비를 인간에게 가르쳐주는 거룩한 교과서이다. 실제로 하나님은 그분의 백성을 가르치실 때 수도 없이 많은 시청각적 가르침을 베푸셨다.

대표적인 시청각 교육은 제사 제도이다. 상상해보라. 죄를 지은 나는 그 죄를 용서받기 위해 하나님께 나온다. 나는 제물과 함께 흰옷을 입은 제사장 앞에 떨리는 마음으로 서 있다. 제사장의 무뚝뚝한 표정에서 사안이 심상치 않음을 느낀다. 그가 투박한 손을 내 머리 위에 얹을 때 심장이 멎는 듯하다. 제사장은 다른 손을 흠 없는 수송아지의 머리에 얹는다. 그러고는 하나님께 나의 죄를 대신해 죽음을 당하는 저 짐승의 피를 보시고 용서해달라고 기도한다. 영문도 모르는 송아지는 두 눈만 껌뻑거린다. 드디어 제사장은 쇠망치로 송아지의 머리를 후려친다. 송아지는 급소를 맞고 비명을 지르며 쓰러진다. 숨이 끊어지기까지 네 다리를 격렬하게 떨며 허연 눈을 뒤집는다. 그 고통을 나는 다 지켜보고 있다. 그리고 목을 따 피를 받는다. 피비린내가 진동한다. 잠시 후에 배가 갈라지고, 아직도 뜨끈뜨끈한 내장에서 기름들이 뜯겨 번제단 위에서 태워진다. 그리고 나머지는 진영 밖 정결한 곳에서 불살라진다. 그렇게 오늘 아침 자신과 함께 걸어온 그 아까운 송아지는 그렇게 한 줌의 재로 없어지고 만다.

긴 설명이 필요 없다. 그 제사의 시청각적 효과는 말보다 많은 것을 우리에게 가르친다. 죄가 얼마나 무서운 것인지. 하나님이 얼마나 죄를 미워하시는지. 그러면서도 하나님은 얼마나 자비하신지. 나 대신 짐승을 죽여서라도 얼마나 나를 용서하고 싶어하시는지. 대신해 죽은 송아지에게 내가 얼마나 큰 빚을 지고 있는지…. 이스라엘 백성은 제사를 드릴 때마다 죄는 멀어지고 하나님과는 가까워지는 놀라운 변화를 경험하게 되는 것이다.

### 3. 토론 혹은 질의응답

하나님은 토론의 명장이시다. 하나님의 뜻을 이해하지 못한 채 의심하고 대꾸하고 반역하는 백성들과 끊임없이 토론의 장을 여신다.

조카 롯이 사는 소돔 성이 하나님의 심판을 받게 되었을 때, 아브라함은 하나님과 마주 앉아 포기하지 않는 토론을 벌인다.

> "아브라함이 가까이 나아가 이르되 주께서 의인을 악인과 함께 멸하려 하시나이까 그 성 중에 의인 오십 명이 있을지라도 주께서 그 곳을 멸하시고 그 오십 의인을 위하여 용서하지 아니하시리이까 주께서 이같이 하사 의인을 악인과 함께 죽이심은 부당하오며 의인과 악인을 같이 하심도 부당하니이다 세상을 심판하시는 이가 정의를 행하실 것이 아니니이까 여호와께서 이르시되 내가 만일 소돔 성읍 가운데에서 의인 오십 명을 찾으면 그들을

위하여 온 지역을 용서하리라"(창 18:23-26).

의인 50명으로 시작된 아브라함과 하나님의 토론은 10명으로 줄어들 때까지 계속되었다. 아브라함이 이 토론을 통해 배웠을 평생의 레슨이 어떤 것이었을지 생각하기란 어렵지 않다.

### 4. 스토리텔링

신·구약을 통해 하나님이 가장 많이 쓰신 티칭 방법 가운데 하나는 스토리텔링이다. 특히 예수님의 비유들이 대표적이다. 예수님은 그 어려운 하늘의 진리를 이 땅의 이야기 속에 담아 사람들을 가르치셨다. 남녀노소, 지식의 유무와 관계없이 모든 사람은 이야기를 통해 하나님의 진리를 배울 수 있었다. 스토리텔링은 개념을 그림으로 바꾸는 변환 기술이다. 개념은 이해되지만, 그림은 새겨진다.

크리스천 교사로서 예수님을 빼놓고 내가 가장 닮고 싶은 스토리텔러는 나단 선지자다. 그는 스토리텔링의 능력을 믿었고 활용했다. 그의 스토리텔링을 통해 한 사람이 빛을 얻었고, 한 나라가 빛을 얻었으며, 역사가 빛을 얻었다. 나 자신조차도 그 스토리텔링의 덕을 보았다.

내가 만약 다윗의 왕관에 눈에 띄지 않는 극소형 몰래 카메라를 달아 놓았다면 그 상황은 다음과 같이 녹화되었을 것 같다:

모든 사건이 그렇게 덮어지는 듯싶었다. 가장 신경 쓰이던 문제의 남자, 밧세바의 남편이 제거되었으니 그 여자와의 부적절한 관계는 그렇게 묻힐 것이었다. 다윗의 명예와 인격과 정치적 생명에 오점이 될 이 사건은 그렇게 깨끗하게 무마되는 듯싶었다.

그러나 정작 다윗의 마음은 납덩이 같은 죄책감과 불안감의 무게로 견딜 수 없었다. 김치 항아리를 짓눌러 놓은 큼직한 돌처럼, 목에 걸린 생선 가시처럼 그 사건이 양심에 걸려 다윗은 끊임없이 괴로웠다. 가뭄 끝에 논바닥이 갈라지듯 그 충만했던 심령이 말라붙는 고통은 점점 더해만 갔다.

그럴수록 다윗은 사람들 눈에 아무 일 없는 듯 보이기 위해 하루에도 몇 번씩 거울을 들여다보며 자신의 표정을 고쳤다. 그날 아침도 몇 번이나 거울을 보며 자신을 설득했다. "난 아무 짓도 안 한 거야." 그날도 다윗은 태연한 듯 표정을 관리하며 약간 과장된 평안으로 나랏일들을 치리하고 있었다.

그때 비서실장이 문을 두드렸다. "나단 선지자님이 오셨습니다." 이름만 들어도 힘을 얻고 의지가 되었던 그 이름이 그날은 그렇게 부담스런 이름으로 들릴 수가 없었다. 정말이지 피하고 싶은 사람이 찾아온 것이다. 그러나 그를 돌려보내면 오히려 아랫사람들이 이상하게 생각할 것 같았다.

다윗은 신경을 곤두세운 채 나단 선지자와 나란히 앉았다. 다윗은 나단의 입에서 말이 떨어질 때마다 긴장하는 표정이 역력했다. 자신이 꾸민 일은 누구도 모른다. 단 한 분, 저 위에서 내려다보시는 하나님 외에는. 나단이 하나님과 통하는 선지자이므로 자신이 한 일을 하나님이 그에게 귀띔해 주셨을 가능성을 배제할 수 없다는 것이 마음에 걸렸다.

의례적인 안부가 오고가고 다윗은 마음에도 없는 표면적인 이야기로 대화를 주도했다. 속이 바싹바싹 타 들어가는 것을 느끼며 다윗이 물었다. "선지자님이 이렇게 왕림하심은 어쩐 일이십니까?" 선지자 나단의 대답을 직접 읽어보라.

"한 성읍에 두 사람이 있는데 한 사람은 부하고 한 사람은 가난하니 그 부한 사람은 양과 소가 심히 많으나 가난한 사람은 아무것도 없고 자기가 사서 기르는 작은 암양 새끼 한 마리뿐이라 그 암양 새끼는 그와 그의 자식과 함께 자라며 그가 먹는 것을 먹으며 그의 잔으로 마시며 그의 품에 누우므로 그에게는 딸처럼 되었거늘 어떤 행인이 그 부자에게 오매 부자가 자기에게 온 행인을 위하여 자기의 양과 소를 아껴 잡지 아니하고 가난한 사람의 양 새끼를 빼앗아다가 자기에게 온 사람을 위하여 잡았나이다"(삼하 12:1-4).

다윗은 나단의 귀에 들릴 만큼 큰 한숨 소리를 냈다. 다윗이 다스리는 나라에 그런 악한 일이 일어난 것을 수치스럽게 여기는 것으로 느껴질 수도 있었다. 그러나 그것은 백성의 죄를 탄식하는 지도자로서의 한숨이 아닌 죄인이 내쉬는 안도의 한숨이었다. 나단이 자신의 사건을 모르는 것이 확실했다. 다윗은 약간의 허세를 얹은 위엄으로 소리쳤다.
"여호와의 살아 계심을 두고 맹세하노니 이 일을 행한 그 사람은 마땅히 죽을 자라"(삼하 12:5). 그러나 통치자의 넓은 아량을 연기하는 것도 잊지 않았다. "그가 불쌍히 여기지 아니하고 이런 일을 행하였으니 그 양 새끼를 네 배나 갚아 주어야 하리라"(삼하 12:6).
그 말이 떨어지자마자 나단은 이렇게 말하며 다윗의 심장을 찔렀다. "당신이 그 사람이라!" 나단의 스토리텔링을 통해 다윗은 자신의 모습을 보았고, 자신의 죄를 인정하고 고백하게 되었다. 하나님도 즉시 그를 용서하셨다.

"다윗이 나단에게 이르되 내가 여호와께 죄를 범하였노라 하매 나단이 다윗에게 말하되 여호와께서도 당신의 죄를 사하셨나니 당신이 죽지 아니하려니와"(삼하 12:13).

나단의 스토리텔링은 다윗을 살려냈다. 그리고 그 부적절한 관계로부터 나온 솔로몬으로 왕권은 이어졌다. 그리고 다윗과 솔로몬, 그 파이프를 통해 예수님이 오셨다. 그 예수님을 믿고 나는 하나님의 자녀가 되었다. 스토리텔링의 위력이 보이는가?

5. 미술

모든 미술의 원조는 하나님이시다. 그분이 모든 미술의 원자재인 빛을 만드셨기 때문이다. 하나님은 자주 그림을 통해 백성들을 가르치셨다.

하나님이 그리신 큰 그림 한 폭을 감상해보자. 아브라함이 집안의 일꾼 318명을 모아 호전적인 4개국 연합군을 무찌르고 조카 롯을 구하여 돌아온 날 밤이었다. 그날은 아브라함의 생애에 잊을 수 없는 밤이었다. 잠은커녕 온 몸을 오그라들게 만드는 두려움이 그의 마음을 조였다. "내가 왜 그런 무모한 짓을 했을까? 날이 밝으면 이제 난 끝이다. 내 발자국만 자세히 살펴도 내 정체와 위치가 다 드러날 텐데. 괜히 믿음 좋은 척하고 객기를 부렸나? 차라리 소돔 왕이 제안할 때 그 전리품을 다 받아둘 걸. 죽을죄를 지었다고 빌며 목숨 값으로 그거라도 흥정의 테이블 위에 놓을 수 있었을 텐데…. 차라리 지금이라도 몸종 엘리에셀을 깨워 유산을 물려주고 삶을 정리해야 하나?"

아브라함에게 패한 4개국 연합군의 성난 발자국 소리가 저 멀리서 들리는 듯한 그날 밤, 아브라함은 도저히 잠을 이룰 수가 없었다. 그때 하나님이 아브라함에게 말씀하셨다.

"아브람아 두려워하지 말라 나는 네 방패요 너의 지극히 큰 상급이니라"(창 15:1).

그때 아브라함은 속에 품었던 섭섭한 마음을 토하듯 쏟아냈다.

"주 여호와여 무엇을 내게 주시려 하나이까 나는 자식이 없사오니 나의 상속자는 이 다메섹 사람 엘리에셀이니이다"(창 15:2).

그러자 하나님은 아브라함을 이끌고 밖으로 나가셔서 그의 평생을 다해 하나님의 약속을 기다릴 수 있는 충분한 힘이 될 한 폭의 그림을 보여주셨다. 그림은 단순했다. 까만색 하늘 캔버스에 촘촘히 빛나는 밝은 별들. 그 그림으로 하나님은 아브라함에게 놀라운 진리를 가르쳐주셨다.

"네 자손이 이와 같으리라"(창 15:5).

## 6. 음악

하나님은 모든 음악가의 원조이시다. 하나님은 소리를 만드셨다. 새소리, 물소리, 짐승이 우는 소리… 모든 소리가 그분으로 말미암는다. 음악은 하나님의 아름다움과 질서와 조화를 보여주는 또 하나의 교과서다. 하나님의 백성은 찬송을 통해 하나님을 높일 뿐 아니라 찬송을 통해 하나님의 선하심과 위대하심을 가르쳐왔다. 구약의 시편이 바로 음악을 사용한 티칭 방법이다. 예수님이 이 땅에 오셨을 때 예수님의 사명을 가르쳐준 천사의 교수 방법은 음악이었다. 성경은 말한다.

"홀연히 수많은 천군이 그 천사들과 함께 하나님을 찬송하여 이르되 지극히 높은 곳에서는 하나님께 영광이요 땅에서는 하나님이 기뻐하신 사람들 중에 평화로다 하니라"(눅 2:13-14).

찬양은 진리를 기억하고 내면화하고 개인화하는 탁월한 교수 방법이다.

### 7. 공작

하나님도 공작을 사용하셔서 백성들을 가르치셨을까? 그렇다. 하나님이 돌을 깎으시고 그 위에 글을 새기셨다. 십계명 돌판은 하나님이 만드신 공작품이다. 성막은 어떤가? 출애굽기 25장에서 28장까지는 성막과 제사장의 복장 등을 만드는 것에 대한 하나님의 섬세한 설명이 나오고, 출애굽기 35장에서 마지막 장까지는 그 성막을 공작한 일에 대한 기록이다. 그 재료와 색깔과 크기와 모양을 다 하나님이 디자인하셨다. 그 세부 사항이 무엇을 의미하는지 다 이해할 수는 없다. 그러나 이 모든 것에 하나님의 백성들로 하여금 하나님의 말씀을 느끼고 생각하고 기억하고 전달하게 하시려는 의도가 있었음에는 틀림없다.

### 8. 대화

하나님은 말씀하는 하나님이시다. 성경 전체가 그분이 하신 말씀이다. 오늘도 하나님은 성령님을 통해 성경을 가지고 그분의 백성들에게 말씀하신다. 또한 하나님은 듣는 하나님이시다. 하나님은 끊임없이 그분의 백성과 대화하시며 그들을 인도하신다. 복음서에서 가장 두드러진 표현은 "예수께서 이르시되"이다. 하나님의 가장 보편적인 교수 방법은 대화법이다. 대화는 가장 인격적이고, 개인적이며, 마음을 여는 가장 힘이 강한 교수 방법이다.

### 9. 강의

크리스천 티칭에서 강의는 아주 탁월한 하나님의 도구가 된다. 예수님은 많은 무리를 앞에 두시고 강의로 가르치셨다. 바울은 유대인의 회당에 들어가 유대인들과 그리고 유대교로 개종한 이방인들에게 강의를 통해 예수 그리스도가 구약이 예언한 메시아이심을 입증하였다. 그것이 바울의 주된 전도 방식 가운데 하나였다.

사람들은 강의를 듣는 것은 싫어하면서도 강의를 하는 것은 대단히 좋아한다. 사실 강의는 가장 보편적인 티칭 방법이지만, 교사의 역량과 기술에 따라 가장 세련되고 효과적일 수도, 또 가장 어려운 티칭 방법이 될 수도 있다. 교사가 주도하기 때문에 학생은 수동적이기 쉬운 약점이 있고, 교사의 일방적인 전달로 학생이 흥미와 동기를 잃어버리기 쉬운 약점도 있다.

강의가 최고의 유일한 티칭 방법이라고 생각하는 것이 미신인 것처럼, 강의가 지겹고 비인격적인 티칭 방법이라고 생각하는 것도 미신이다. 어떤 주제에 대한 큰 그림을 잡는 데는 강의보다 더 좋은 방법이 없다. 짧은 시간에 적은 노력으로 많은 정보를 정확하게 전달하는 데에는 강의를 따를 만한 것이 없다. 예수님도 자주 많은 무리 앞에서 강의하셨다. 바울도 가는 곳마다 유대인의 회당에서 강의를 통해 예수 그리스도의 복음을 널리 전했다.

### 10. 현장 학습

예수님과 현장 학습? 왠지 어울리지 않는 것 같은가? 그렇지 않다. 예수님이 3년 동안 가르침을 베푸신 주된 장소는 강의실이 아니었다. 물론 회당과 성전에서도 가르치셨지만, 큰 틀에서 보면 예수님이 제자들과 함께 갈릴리와 예루살렘을 오가며 마주치는 가르침의 순간(Teachable moments)에 사용하신 티칭 방법은 주어진 삶의 현장에서 이루어지는 현장 견학 수업(trip lessons)이었다. 중국 속담에 이런 말이 있다. "백 권의 책을 읽는 것보다 한 번의 여행을 하는 것이 낫다." 여행과 같은 현장 학습을 통해 우리는 삶에 실제적으로 적용되는 많은 지혜를 배우게 된다.

## 11. 시뮬레이션

비행기 조종이나 사람의 생명을 다루는 의사의 수술과 같이 실습을 통해 배우기에는 너무 위험하고 중요한 훈련은 그 상황과 흡사한 모형을 통해 훈련한다. 비행 훈련의 상당 부분은 시뮬레이터라는 모형 비행 장치를 통해 이루어진다. 의사도 사람에게 시술하기 전에는 인형에서 동물로, 동물에서 시신으로 옮겨가며 실제 상황에 대비한 훈련을 한다.

하나님이 시뮬레이션을 사용하신 대표적 예가 유월절과 장막절이다. 다시 재현되지 않을 과거의 역사를 현재의 모형을 통해 경험함으로 하나님의 은혜와 능력을 배우는 것이다. 유대인들은 유월절마다 쓴 나물을 먹고, 누룩 없는 빵을 씹되, 옷을 입고 띠를 띠고 선 채 급히 먹으면서 이집트의 고된 노예 생활에서 자신들을 탈출시키신 하나님의 스토리를 자자손손 전달할 수 있었다. 장막절에는 골목이나 옥상에 얼기설기 나뭇가지로 거처를 만들고 그 안에서 불편하게 지내면서 그들이 어떻게 40년 광야 생활을 했는지, 하나님의 보호하심이 어떤 것이었는지, 하나님의 공급이 무엇이었는지, 백성들의 불신과 불순종이 얼마나 무서운 결과를 가져왔는지 자자손손 나누며 상기하는 교육의 기회로 삼았다.

신약에서 가장 특별한 시뮬레이션은 성만찬이다. 사도 바울은 성만찬의 교육적 의미를 이렇게 설명한다.

"내가 너희에게 전한 것은 주께 받은 것이니 곧 주 예수께서 잡히시던 밤에 떡을 가지사 축사하시고 떼어 이르시되 이것은 너희를 위하는 내 몸이니 이것을 행하여 나를 기념하라 하시고 식후에 또한 그와 같이 잔을 가지시고 이르시되 이 잔은 내 피로 세운 새 언약이니 이것을 행하여 마실 때마다 나를 기념하라 하셨으니 너희가 이 떡을 먹으며 이 잔을 마실 때마다 주의 죽으심을 그가 오실 때까지 전하는 것이니라"(고전 11:23-26).

## 12. 실물 교육

예수님은 이 세상 만물을 교육 도구로 사용하시며 실물을 통해 그분의 진리를 가르치셨다. 양, 동전, 등불, 소금, 포도나무, 어린아이, 백합화, 새, 무화과나무, 가죽 부대, 포도주….

실물 교육은 내가 가장 즐겨 쓰는 교육 방법이기도 하다. 나는 믿는다. 이 세상에 있는 모든 것은 예수님을 증거할 교구가 될 수 있고, 교구가 되기 위해 존재한다고. 억지스러운가? 골로새서 1장이 이렇게 말씀한다.

"만물이 그에게서 창조되되 하늘과 땅에서 보이는 것들과 보이지 않는 것들과 혹은 왕권들이나 주권들이나 통치자들이나 권세들이나 만물이 다 그로 말미암고 그를 위하여 창조되었고 또한 그가 만물보다 먼저 계시고 만물이 그 안에 함께 섰느니라"(골 1:16-17).

그러나 내가 성경 전체에서 배운 가장 위대한 실물 교육은 바로 예수님

자신이시다. 인류로 하여금 잃어버린 하나님을 만나게 하시려고, 하나님을 알게 하시려고 그분은 직접 사람의 몸을 입고 이 땅에 오셨다.

**하나님의 교수법 원리**

성경에 등장하는 교육 방법론만이 성경적이라고 믿을 필요는 없다. 성경에 예가 없다고 해서 그 방법론을 인간적 혹은 세상적인 것이라고 제쳐놓아서는 안 된다. 그런 생각은 성경적이라기보다는 성경책적이다. 성경적인 교육 방법론은 그것이 성경에 명시되었느냐로 결정되기보다는 하나님이, 혹은 예수님이 가르침을 통해 보여주셨던 원리와 서로 일치되는지에 따라 결정되어야 한다.

그러면 성경적 티칭 방법을 규정할 하나님의 교수법 원리의 특성을 살펴보자. 브루스 윌킨슨은 그것을 다음 일곱 가지로 열거하였다.[20]

1. 하나님의 가르침은 기억되게 한다.
2. 하나님의 가르침은 예측이 불가능하다.
3. 하나님의 가르침은 시각적이다.
4. 하나님의 가르침은 독특하다.
5. 하나님의 가르침은 다감각적이다.
6. 하나님의 가르침은 사로잡는다.
7. 하나님의 가르침은 성육신적이다.

한 가지씩 자세히 살펴보기로 하자.

첫째, 하나님의 가르침은 기억되게 한다.

하늘의 무지개를 보라. 그것을 보면 다시는 물로 세상을 심판하지 않으시겠다는 하나님의 약속을 누구라도 배울 수 있고 기억할 수 있지 않은가?

이스라엘의 모든 절기와 제사 제도는 하나님의 능력과 성품을 기억하게 하기 위한 교육적 목적으로 제정되었다. 시편의 찬양도 이스라엘 사람들로 하여금 노래를 통해 하나님의 존재와 은혜를 기억하게 하기 위해 만들어졌다. 잠언의 모든 구절은 한번 들으면 머리에서 빠져나가지 않을 정도로 기억하기 쉽고 실제적으로 활용할 수 있는 지혜의 기록이다. 선지자들의 예언도 하나님의 뜻을 기억하고, 그 기준에 맞는 삶을 살게 하기 위함이었다. 예수님의 가르침은 복음서의 저자들뿐 아니라 오늘날 그것을 배운 우리에게도 너무나 생생하고 분명하게 기억된다.

사도행전 10장에서는 베드로의 마음속 편견을 깨기 위한 하나님의 특별 수업이 이루어진다. 초대 교회 지도자로서 그가 가진 민족적 편견은 복음의 세계화를 가로막는 큰 장애로 작용할 수 있었다. 베드로가 하루는 욥바 시몬의 집에 머물 때였다. 식사 준비를 기다리는 동안 베드로가 기도하기 위해 옥상에 올라갔을 때 하나님이 그에게 환상을 보여주셨다. 하늘이 열리더니 거대한 보자기 같은 것이 네 귀에 매여 땅에 내려왔다. 베드로가 들여다보니 그 안에는 유대인들이 부정하게 여기는 짐승들로 가득했다. 그때 한 소리가 들렸다. "베드로야 일어나 잡아 먹어라." 베드로는 대답했다. "주여 그럴 수 없나이다 속되고 깨끗하지 아니한 것을 내가 결코 먹지 아니하였나이다." 그러자 소리가 들렸다. "하나님께서 깨끗하게 하신 것을 네가 속되다 하지 말라." 이런 일이 세 번 있은 후 보자기가 다시 하늘로 올라갔다. 베드로가 이 꿈의 내용이 무엇인지 의아해할 때 로마 사람 고넬료가 보낸 사람들이 문을 두드렸다. 베드로가 다음 날 고넬료의 집에 가서 복음을 전할 때 오순절 예루살렘에 임하신 성령이 그 이방인들에게 임하는 것을 보고서야 그 환상의 의미를 알게 되었다. 베드로는 잊을 수 없는 가르침을 받았다. 이방인도 예수 그리스도만 믿으면 하나님의 백성이 된다는 사실을.

또한 로마의 핍박이 절정에 이르렀을 때 하나님이 요한에게 주신 계시를 보자. 일곱 인, 일곱 나팔, 일곱 대접 등 많은 상징들은 하나님의 심판의 계획을 기억하며 고난을 견디어낼 목적으로 동원되었다. 하나님은 무엇인가를 가르치시면, 반드시 기억할 수 있게 가르치신다.

**둘째, 하나님의 가르침은 예측이 불가능하다.**

언제 어떤 주제를 다루시던 간에 하나님의 가르침은 뻔했던 적이 없다. 그 다음이 어떻게 전개될지 예상할 수 없어 늘 긴장하게 되고, 늘 신선한 기대감으로 기다리게 된다.

앞에는 바다, 옆에는 광야, 뒤에는 애굽 군대의 추격 등 독 안에 든 쥐와 같이 피할 길 없어 두려워하는 이스라엘을 위해 하나님은 홍해 바다를 가르셨다. 먹을 것을 걱정하는 백성들에게 매일 아침 하늘에서 만나를 내려주셨다. 고기 타령하며 불평하는 백성들에게 메추라기로 단백질을 보충하게 해주셨다. 40년간 옷과 신발이 해지지 않게 하셨다. 반역하는 고라 땅을 지면을 갈라 삼켜버리게 하셨다. 평소에는 폭이 30미터지만 비가 오면 물이 불어나 1.6킬로미터의 넓은 폭으로 뻑뻑하게 흐르는 요단강을 갈라 건너게 하셨고, 침묵의 행진을 통해 여리고 성이 무너지게 하셨으며, 태양을 제자리에 머물게 하사 전쟁을 이기게 하셨다. 이런 이야기는 너무 많아 다 옮길 수 없다. 하나님의 가르침은 모두 예측 불가능했으니까.

발람 선지자를 꾸짖었던 나귀의 이야기를 보자. 모압 왕 발락은 이스라엘 때문에 머리가 아팠다. 칼과 활로 싸울 대상이라면 어떻게 해보겠는데,

그들과 함께하시는 하나님 때문에 어떤 전술도 통하지 않을 것을 알았기 때문이다. 그래서 이 백성을 저주하도록 선지자 하나를 매수하게 되는데 그가 발람이었다. 발람은 하나님이 기뻐하지 않으시는 것을 뻔히 알면서도, 이 일로 인해 받게 될 '수임료'에 눈이 멀어 모압의 고관들과 함께 하나님의 백성을 저주하기 위한 길을 나선다. 성경은 그 다음 이야기를 이렇게 기록한다.

"그가 감으로 말미암아 하나님이 진노하시므로 여호와의 사자가 그를 막으려고 길에 서니라 발람은 자기 나귀를 탔고 그의 두 종은 그와 함께 있더니 나귀가 여호와의 사자가 칼을 빼어 손에 들고 길에 선 것을 보고 길에서 벗어나 밭으로 들어간지라 발람이 나귀를 길로 돌이키려고 채찍질하니 여호와의 사자는 포도원 사이 좁은 길에 섰고 좌우에는 담이 있더라 나귀가 여호와의 사자를 보고 몸을 담에 대고 발람의 발을 그 담에 짓누르매 발람이 다시 채찍질하니 여호와의 사자가 더 나아가서 좌우로 피할 데 없는 좁은 곳에 선지라 나귀가 여호와의 사자를 보고 발람 밑에 엎드리니 발람이 노하여 자기 지팡이로 나귀를 때리는지라 여호와께서 나귀 입을 여시니 발람에게 이르되 내가 당신에게 무엇을 하였기에 나를 이같이 세 번을 때리느냐 발람이 나귀에게 말하되 네가 나를 거역하기 때문이니 내 손에 칼이 있었더면 곧 너를 죽였으리라 나귀가 발람에게 이르되 나는 당신이 오늘까지 당신의 일생 동안 탄 나귀가 아니냐 내가 언제 당신에게 이같이 하는 버릇이 있었더냐 그가 말하되 없었느니라"(민 22:22-30).

나귀만도 못한 영성을 가진 선지자를 교훈하고 책망하기 위해서 하나님은 나귀로 하여금 말하게 하셨다.

**셋째, 하나님의 가르침은 시각적이다.**

하나님은 천지 만물을 통해 자신에 관한 진리를 보여주신다. 하나님은 백성들이 그 눈으로 하나님의 능력과 자비를 보도록 많은 기적을 보여주셨다. 예수님은 하나님을 보여주시기 위해 사람의 몸을 입으셨다. 예수님의 많은 비유는 개념을 그림으로 바꿔주시는 시각화 언어이다.

아람 왕은 도단 성의 엘리사 때문에 약이 올라 죽을 지경이었다. 이스라엘을 침공하기 위한 어떤 비밀 전투 계획도 그가 다 간파하고 왕에게 통보해주기 때문에 이스라엘을 공격할 수 없었기 때문이다. 그래서 그는 엘리사를 잡기 위해 대군을 동원해 도단성을 물샐틈없이 에워쌌다. 그것을 보고 서 있던 두 사람, 엘리사와 그의 종이 있었다. 같은 그림을 보며 하나님의 사람은 빙그레 미소 짓고, 그의 종은 사색이 되었다. 종이 말한다. "주인님, 큰일 났습니다. 이 일을 어떻게 하면 좋습니까?" 엘리사는 태평하게 말한다. "두려워 마라. 우리 편이 저쪽보다 많다." 그리고 이렇게 기도했다. "여호와여, 이 시종의 눈을 열어 보게 해주십시오." 여호와가 시종의 눈을 열어주셨을 때 그가 본 것은 무엇이었는가? 온 산에 불말과 불병거가 가득 차 엘리사를 에워싸고 있는 것이 아닌가? 하나님은 우리를 격려하고 가르치시기 위해 무엇인가를 보여주시는 하나님이시다.

**넷째, 하나님의 가르침은 독특하다.**

그렇게 많은 산이 있지만 어느 산도 똑같은 산은 없다. 그렇게 많은 물고기가 있지만 모든 물고기는 제각기 독특한 모양과 색깔을 가지고 있다. 그렇게 많은 꽃이 있지만 한 송이도 다른 것과 같지 않다. 그렇게 많은 눈송이가 쏟아져도 하나라도 같은 모양이 없다. 60억의 인구가 이 땅에 살고 있지만 같은 사람은 한 명도 없다. 하나님의 창조의 지혜와 능력의 증거다. 이러한 독특성은 하나님의 창조 세계뿐 아니라 하나님의 가르침에서도 드러난다. 하나님의 티칭 방식은 특별하고 창조적이다. 하나님은 홍해를 갈라 이스라엘을 건너게 하셨다. 잠잠한 믿음과 순종의 행진을 통해 여리고 성이 무너지는 것을 경험하게 하셨다. 해를 머물게 하심으로 이스라엘을 승리하게 하셨다. 그분의 가르침은 늘 독특하고 새로웠다. 그분은 같은 그릇에 진리를 담지 않으셨다. 가르치실 진리의 성격에 따라, 학생 된 그 백성의 수준과 상황에 따라 두 번 다시 반복되지 않는 독특하고 창조적인 그릇에 담으셨다.

**다섯째, 하나님의 가르침은 다감각적이다.**
하나님은 인간의 오감을 지으신 창조주이시다. 그분은 오감이 활용됨으로써 가장 정확하게 이해하고, 기억하며, 순종할 수 있도록 가르치셨다.
유월절을 생각해보자. 손으로 흠 없는 어린 양을 붙잡아 품에 안는다. 그리고 그 양을 내 손으로 죽인다(촉각). 어린 양이 붉은 피를 흘리며 죽는 모습을 미안한 마음으로 바라본다(시각). 양이 우는 소리, 죽어가는 소리를 듣는다(청각). 피비린내와 역겨운 짐승의 노린내를 맡는다(후각). 입으로 쓴 나물을 먹으며 누룩을 넣지 않은 맛없는 빵을 먹는다(미각). 그들은 이처럼 오감을 통해 하나님의 대속적 구원의 교훈을 실감하며 배웠다.
성만찬도 마찬가지다. 손으로 떡을 떼고 포도주잔을 받는다(촉각). 붉은색 포도주를 보며 예수님의 피를 상상하고, 떡 조각을 보며 예수님의 살을 상상한다(시각). 그 떡이 찢어지고, 그 잔에 포도주가 부어지는 소리를 듣는다(청각). 마치 예수님의 몸이 찢어지고, 그 피가 쏟아지는 소리를 듣는 듯하다. 그것을 입으로 가져오는 순간 냄새를 맡게 된다(후각). 그리고 그 떡과 잔을 먹고 마심으로(미각) 그 죽음이 바로 나를 위한 것임을 행위로 고백한다. 이 거룩한 의식을 반복함으로 더욱 확고한 믿음 가운데 서게 된다. 놀라운 교육 방법이다.

**여섯째, 하나님의 가르침은 사람들의 생각과 마음을 사로잡는다.**
하나님이 가르치실 때면 사람들은 다른 생각을 하거나, 졸거나, 그 자리를 떠날 수 없었다. 그분의 가르침이 사람들의 생각과 마음을 사로잡으셨기 때문이다. 예수님이 광야에서 가르치셨을 때 먹을 것도 없는 그곳에서 사람들은 3일이나 그분의 가르침에 푹 빠져 있었다.

"그 무렵에 또 큰 무리가 있어 먹을 것이 없는지라 예수께서 제자들을 불러 이르시되 내가 무리를 불쌍히 여기노라 그들이 나와 함께 있은 지 이미 사흘이 지났으나 먹을 것이 없도다"(막 8:1-2).

보리떡 다섯 개와 물고기 두 마리로 5천 명을 먹이실 때, 그 5천 명은 여자와 아이들을 뺀 남자의 숫자였다(마 14:21). 그 말은 거기에는 여자들뿐 아니라 보리떡과 물고기를 예수님께 드린 소년 같은 아이들도 많이 있었음을 암시한다. 예수님은 사람들을 가르치실 때 유치부 교실이나 별도의 탁아 시설을 개설하지 않으셨다. 그러나 어떤 기록에도 예수님의 가르침이 아이들 때문에 방해를 받았다거나, 화를 내셨다거나, 모임이 힘들었다는 기록이 없다. 그것은 예수님의 가르침은 아이들까지도 사로잡으셨다는 말이 된다.
사람을 사로잡으시는 그 가르침의 좋은 예가 다니엘서 5장에 나온다. 벨사살과 그의 왕국 바벨론이 최후를 맞는 밤에 대한 이야기가 거기에 기록되어 있다. 벨사살은 사실 정치적, 군사적으로 위기에 있었다. 페르시아의 연합군이 성을 에워싸고 있었던 것이다. 그러나 벨사살은 자신이 얼마나 위대한 지도자이며, 바벨론 성이 얼마나 안전한지를 과시하고 싶었다.

성벽 위의 경비병들을 다 철수시킨 그는 귀족 천 명을 왕궁으로 초대해 큰 잔치를 열었다. 술기운이 지나쳤는지 그는 객기를 부렸다. 세상에서 가장 위대한 신이라고 알고 있는 여호와의 성전에서 하나님을 섬길 때 쓰던 그릇을 가져오라고 했다. 자신을 비롯하여 귀족들과 왕후들과 후궁들이 다 그 그릇으로 술을 마시게 해 여호와를 능가하는 자신의 위대함과 능력을 과시하고 싶어서였다. 거기에다 그들은 금, 은, 구리, 쇠, 나무, 돌로 만든 신들을 찬양했다. 죽으려면 무슨 짓을 못하겠는가? 이 정신없는 왕과 고관들을 가르치시려고 하나님이 주신 특별한 레슨을 읽어보자.

> "그 때에 사람의 손가락들이 나타나서 왕궁 촛대 맞은편 석회벽에 글자를 쓰는데 왕이 그 글자 쓰는 손가락을 본지라 이에 왕의 즐기던 얼굴 빛이 변하고 그 생각이 번민하여 넓적다리 마디가 녹는 듯하고 그의 무릎이 서로 부딪친지라"(단 5:5-6).

그러나 때는 너무 늦었다. 그러는 사이 페르시아 군대는 바벨론 성을 가로질러 흐르던 유프라테스 강물 줄기를 다른 곳으로 돌리고 큰 저항 없이, 별 어려움 없이 바벨론 성을 함락시켰다. 그날 밤은 여호와 하나님만이 살아계신 하나님이심을 배운 시간이었다. 또한 그날 밤은 벨사살의 마지막 밤이자, 바벨론의 마지막 밤이 되었다. 하나님의 가르침은 사람들의 관심과 생각을 사로잡는다.

일곱째, 하나님의 가르침은 성육신적이다.

■ 성육신적 실물 교육, 성육신적 가르침은 모든 교수 방법 가운데 가장 탁월한 방법이다.

하나님은 하늘에서 온라인으로 우리를 가르치지 않으셨다. 그분은 오프라인으로 우리 가운데 오셔서 우리와 같이 되시고, 인간의 말로 우리를 가르치셨다. 요한은 말한다.

"말씀이 육신이 되어 우리 가운데 거하시매 우리가 그의 영광을 보니 아버지의 독생자의 영광이요 은혜와 진리가 충만하더라"(요 1:14).

"빌립이 이르되 주여 아버지를 우리에게 보여 주옵소서 그리하면 족하겠나이다 예수께서 이르시되 빌립아 내가 이렇게 오래 너희와 함께 있으되 네가 나를 알지 못하느냐 나를 본 자는 아버지를 보았거늘 어찌하여 아버지를 보이라 하느냐"(요 14:8-9).

성육신이야말로 가장 탁월한 교수법이었다. 내가 이 사실을 깨달은 것은 교육학 박사 학위의 모든 과정을 거의 마쳤을 즈음이었다. 나는 그것을 강의실의 교수님이나 도서관의 전문 서적이 아닌 거위로부터 배웠다. 논문도 통과되고 이제 귀국 준비만 남은 나는 여유로운 마음으로 아내와 함께 산책에 나섰다.

캠퍼스 주위에는 캐내디언 기스(Canadian geese), 우리말로 캐나다 기러기라고도 불리는 들거위 한 무리가 서식하고 있었다. 일단 짝을 지으면 절대 바꾸지 않는 들거위의 특성 때문에 그들은 집단을 이루어 살아간다.

그날도 한 무리의 거위 떼가 큰 대형을 이루어 융단 폭격 하듯 입으로는 풀을 뜯고 뒤로는 비료를 뿌리며 행진하고 있었다. 그 뒤를 따라 걷던 내 눈에 무언가 특이한 움직임이 감지되었다. 중병아리 정도 되는 거위 한 마리가 걸을 때마다 거의 넘어지다시피 심하게 절뚝이는 것이었다. 그리고 그 거위 뒤로 풀을 헤치며 따라가는 무언가가 있었다. 뱀이 거위를 물고 늘어지는 것이라 직감한 나는 돌을 하나 집어든 채 뱀을 잡으러 쫓아갔다. 그러나 가까이 가보니 그것은 뱀이 아닌 낚시꾼이 끊어버린 낚싯줄이었다. 낚싯바늘이 거위의 무릎에 박혀 관절이 썩어가고 있었기에 체중을 받쳐주지 못하고 있던 것이었다.

나는 그 거위를 보고 너무나 불쌍한 마음과 그리고 낚시를 즐긴 한 인간으로서 죄책감이 들었다. 그래서 그 거위를 잡아 낚싯바늘을 빼주려고 그들 속으로 들어갔다. 그러나 그 거위와 함께 있던 거위들은 내 뜻을 알지도 못하고 사정없이 나를 물어뜯었다. 거위들이 그 힘센 부리로 나를 퍽퍽 찍을 때마다 내 팔과 다리에는 피멍이 들었다. 나는 소리쳤다. "살려주려는 거야! 바늘을 빼주려는 거야!" 나는 하마터면 요한복음 10장 10절을 외울 뻔했다. "도둑이 오는 것은 도둑질하고 죽이고 멸망시키려는 것뿐이요 내가 온 것은 양으로 생명을 얻게 하고 더 풍성히 얻게 하려는 것이라." 그러나 소용없었다. 내 생각과 의도를 전할 방법이 없었다. 내 의지를 꺾지 못한 거위들은 일제히 하늘로 솟아올랐다. 그 중에 한 마리, 그 거위만은 썩은 다리에 낚싯줄을 매단 채 다리를 접지 못하고 날아올랐다.

가쁜 숨을 몰아쉬며 불쌍한 거위들을 쳐다보다 나는 말도 안 되는 기도를 드렸다. 거위가 되게 해달라고. 그날 이후 난 나의 간절한 기도가 응답되지 않을 때마다 감사하는 버릇이 생겼다. 그날 그 잔디밭에서 나는 왜 창조주 하나님이 사람의 몸을 입고 이 땅에 오셔야만 했는지를 진정으로 배우게 되었다. 우리를 죄의 낚싯바늘에서 해방시켜주시려고, 사람의 언어로 하늘의 의도와 계획을 가르쳐주시려고 하나님은 그 '말도 안 되는 사건'을 감행하셨던 것이다.

이 레슨은 내 사역과 삶에 교육학 박사 과정에서는 얻을 수 없는 엄청난 축복을 안겨주었다. 성육신적 실물 교육, 성육신적 가르침이야말로 모든 교수 방법 가운데 최절정이라는 사실을 배운 것이다.

## 딱 맞는 그릇 찾기

달라스 신학교의 하워드 헨드릭스 교수는 종종 이런 말을 했다. 성경으로 하나님의 백성을 지겹게 만드는 것은 범죄 행위라고. 우리가 성경을 지겹게 느끼도록 지겹게 가르치면 성경은 지겨운 책으로 전락한다. 누구라도 지겨운 책에는 마음과 생각을 닫는다. 그렇게 누군가가 하나님이 성경을 통해 말씀하시는 의로운 삶을 포기하게 된다면 그것은 바로 우리가 짓는 죄가 된다는 이야기다. 그렇다고 성경 공부 시간을 부담 없이 웃고 즐기는 엔터테인먼트로 변질시키는 것은 더 큰 문제이다. 영양가 있는 건더기는 다 빼버리고 멀건 국물만 먹이는 것은 더 큰 범죄 행위다.

티칭은 예술이다. 가르치는 이의 인격과 사상과 경험과 가치와 시각과 취향이 모두 녹아들어 이루어지는 그 그릇에 하나님의 진리를 담기 때문이다.

온 세상 만물이 예술가의 예술 행위의 재료가 되듯, 온 세상 모든 만물은 주의 진리를 가르치는 교재가 된다. 그것은 골로새서 1장 16-17절에 말씀하신 대로 만물이 그에 의해 창조되었고, 그를 위해 창조되었으며, 그의 손 안에서 유지되고 있기 때문이다.

문제는 적절한 방법을 선택하는 법을 잘 모른다는 데 있다. 많은 크리스천 교사들은 창의적으로 자연 만물을 도구화하는 일에 익숙하지 못하다. 예술 같은 티칭을 위해 티칭 방법을 선택하는 요령을 배워보자.

**첫째, 내용을 생각하라.**

가르칠 내용이 무엇인지를 정확히 파악하고 있어야 한다. 그릇을 연구하기 전에 음식을 연구해야 한다. 내용을 하나의 키워드로 요약해보라. 내용을 한 문장으로 요약해보라. 내용을 140자 트윗으로 요약해보는 것도 좋다. 그러면 그 내용에 꼭 어울리는 그릇들이 떠오르게 된다. 무엇보다 먼저 그릇이 내용에 어울리는지를 확인해야 한다. 어떤 그릇이 마음에 든다고 거기에 맞추어 음식을 만들지 않듯이, 그릇에 맞게 내용을 변질시키지 말아야 한다.

**둘째, 학생들의 필요를 생각하라.**

최상의 티칭 방법은 학생들의 필요를 정확하게 맥을 잡고 있을 때 떠오르게 된다. 내가 사용할 방법은 마치 낚시꾼의 미끼처럼 학생들의 체감적 필요(felt need)를 낚을 수 있을 만큼 매력이 있어야 한다. 그래야 그들이 관심을 보이고 마음을 열게 된다.

또한 낚싯바늘처럼 학생들의 실제적인 필요(real need)를 끌어낼 수 있어야 한다. 그들의 필요뿐 아니라 눈높이에도 맞아야 한다. 유아부 아이들에게 토론이 맞지 않듯이, 장년들에게 색칠 공부도 맞지 않는다.

**셋째, 자신의 티칭 목표를 생각하라.**

목표란 내가 가르칠 진리를 학생들의 필요와 어떻게 만나게 해야 하는지로 결정된다. 그래서 학습 목표는 "이러이러한 진리를 배움으로써 학생들은 이러이러하게 된다"라는 형식을 취하게 되는 것이다.

뜻이 있는 곳에는 반드시 길이 있다. 예를 들어 감자를 먹는 방법에는 여러 가지가 있다. 구워 먹고, 쪄 먹고, 튀겨 먹고, 국 끓여 먹고, 부쳐 먹고… 감자가 없어서 문제지 감자를 요리하는 방법은 너무도 많다. 그러면 그 감자로 무슨 요리를 할까는 어떻게 결정되는가? 감자가 그것을 먹을 가족의 필요와 부합될 때 결정된다.

**넷째, 교사 자신을 생각하라.**

가르치는 방법은 교사의 도구일 뿐이다. 그러므로 티칭 방법은 교사 자신이 가장 잘 할 수 있는 것이어야 한다. 교사의 개성, 은사, 특기에 맞는 것으로 선택해야 한다.

사울은 골리앗과 맞서 싸우러 가는 다윗에게 자신의 갑옷을 입혀주었다. 그러나 다윗은 사울이 아니다. 다윗의 키와 사울의 키가, 다윗의 몸집이 사울의 몸집과, 다윗의 전투 스타일이 사울의 스타일과 달랐다. 만약 다윗이 사울의 갑옷을 입고 나갔다면 어떻게 되었을까? 생각할 필요도 없다. 사울의 갑옷이 아닌 내 물맷돌을 챙겨 나가야 한다. 다른 사람이 되지 말고 나 자신이 되어야 한다.

**다섯째, 환경을 생각하라.**

티칭 방법이 나의 티칭 환경에 적합한지를 고려해야 한다. 어떤 필요를 가진 사람들이 모였는지, 얼마나 많은 사람들이 모였는지, 어떤 연령대의 사람들이 모였는지 인적 환경을 생각해야 한다. 또한 얼마나 큰 공간인지, 테이블은 있는지 없는지, 둥근 대형인지 교실 대형인지, 프로젝터가 있는지 없는지, 야외인지 실내인지, 야외라면 전기가 공급되는지 안 되는지 공간 환경도 고려해야 한다. 또한 내게 주어진 티칭 시간은 얼마나 되는지, 앞뒤 순서에 이 방법이 어떤 영향을 받거나 끼칠지 시간 환경도 깊이 고려해야 한다.

여섯째, 성령님의 인도를 따르라.

크리스천 티칭의 보이지 않는 주역은 성령님이시다. 따라서 티칭 방법을 택할 때도 성령님의 지혜와 권능을 의지해야 한다. 가장 좋은 방법을 보여주시도록 성령님께 간구해야 한다. 그 방법을 성령님이 능력의 도구로 사용하시기를 기도해야 한다.

## 삶을 변화시키는 티칭의 10가지 원리

**수업 전에**

제1원리는 엄마의 원리(loving care)다. 수업이 시작되기 전 학생들을 향한 사랑의 가슴은 교사가 첫 번째로 점검해야 할 사항이다. 진정으로 사람을 변화시키는 가르침은 교사의 가슴에서 시작된다.

제2원리는 엿의 원리(main idea)다. 내용을 정확하고 핵심적으로 좁혀놓는 준비다. 쌀엿이 되었든 호박엿이 되었든 모든 엿은 엿 재료의 엑기스를 좁혀놓은 것이다. 그날의 교수 내용을 강의안을 보지 않고도 핵심을 말할 수 있을 만큼 본질이 충분히 좁혀지지 않았다면, 아직 그것을 가르칠 때가 아니다. 내가 해야 할 말이 나에게도 정리되지 않았는데, 어떻게 남에게 정리된 말로 들려지기를 바랄 수 있겠는가?

**수업을 시작할 때**

제3원리는 마술사의 원리(unexpectedness)다. 마술사는 항상 기대감을 갖게 만든다. 마술사는 뻔한 이야기로 시작하지 않는다. 마술사는 항상 예측 불가능하게 시작한다. 사람들의 호기심을 사로잡는 마술사처럼 시작해야 한다.

제4원리는 낚시의 원리(attraction)다. 그러나 마술사처럼 눈속임으로 끝나서는 안 된다. 학생들의 마음과 필요를 깊이 연구해 목숨을 걸고서라도 물어야 할 미끼를 준비해야 한다. 우리는 죽이기 위해서가 아니라 살리기 위해서 낚시질을 하는 사람이다. 우리는 학생들이 무슨 문제로 가슴앓이를 하는지, 무엇을 궁금해하는지 그들의 영적 필요를 정확히 짚어내야 한다. 학생들과 끊임없이 접촉하고, 대화하고, 묻고, 관찰하고, 그들을 위해 기도할 때 그것이 무엇인지 분별하게 된다.

## 수업 중에

제5원리는 술래잡기의 원리(participation)다. 모든 가르침이 그러하듯 크리스천 티칭에서도 참여도가 높을수록 배움의 성취도도 높아진다. 혼자 술래잡기하는 것을 상상해보라. 학생들이 참여하지 않는다면 내가 준비한 내용을 다 쏟아 부었다 해도, 그것은 덤핑이지 티칭이 아니다. 티칭을 디자인할 때부터 학생들이 참여하도록 설계하고, 유도하고, 준비하고, 그렇게 실행해야 한다.

제6원리는 물음표의 원리(stimulation)다. 물음표는 수직으로 180도 돌리면 갈고리가 된다. 학생들의 지성과 마음이 자극되지 않으면 흥미와 관심은 금세 시들고 만다. 수업이 시작될 때 높았던 관심의 수위는 수업이 끝날 때면 보통 가라앉게 마련이다. 마치 현수교의 긴 다리를 중간 중간에 줄로 올려주듯 그들이 가라앉지 못하도록 자극할 갈고리로서의 활동을 치밀하게 준비해야 한다.

제7원리는 연날리기의 원리(flexibility)다. 나는 연날리기를 좋아한다. 연날리기와 가르침이 흡사한 점이 많기 때문이다. 실감개를 쥔 나는 가르치는 사람이다. 연은 학생들이다. 그리고 줄은 나의 교수 과정이다. 이것만 있으면 연이 나는가? 아니다. 가장 중요한 변수는 바람이다. 바람이 없으면 아무리 애를 써도 연은 바닥에서 질질 끌려다닐 뿐 뜨지 않는다. 바람 위에 연을 얹은 뒤 바람이 세면 실을 늘이고, 바람이 약하면 실을 감아주어야 한다. 실을 감으면 연은 높이 올라가고, 실을 풀어주면 연은 멀리 나아간다. 이렇게 실을 감고 풀어주는 과정으로 연을 하늘 높이까지 올린 뒤 같은 방식으로 연을 떨어뜨리지 않은 채 실감개까지 끌어오는 것이 기술이다. 중요한 것은 바람이다. 바람은 성령의 역사다. 성령이 학생들 속에서 가르치고 계심을 인정하면서, 그 성령의 바람에 내 가르침을 연동시킬 때 영양가 있고 의미 있는 가르침이 이루어진다.

### 수업 마무리에

제8원리는 작살의 원리(adhesion)다. 수업이 끝나는 시점에 가르친 진리가 빠져나가지 않도록 예방을 해야 한다. 그것이 작살의 원리다. 작살은 식사 때 쓰는 포크와 달리 끝에 화살처럼 갈고리가 붙어 있다. 왜 작살 끝은 그렇게 생겼을까? 일단 물고기의 살을 파고 들어간 다음 빠져나오지 않게 하기 위해서다. 우리의 티칭도 그래야 한다. 수업 시간 이후 다 빠져나가고 증발해버리고 잊힐 거라면 우리는 아무 의미도 없는 일을 위해 헛고생을 하고 있는 것이다. 목수가 못을 박은 뒤 꼭 다시 한 번 망치질을 하듯 중심 진리가 그들 속에 박히도록 계속 반복해주어야 한다. 말로 반복하고, 예화로 반복하고, 기도로 반복하고, 슬로건으로 반복해야 한다.

제9원리는 연고의 원리(application)다. 상처가 나면 바르는 연고, 그 바른다는 말이 적용(apply)한다는 말과 같은 것이다. 학생들의 필요를 정확히 파악하고, 그 필요에 맞는 말씀을 정확히 처방한다고 해서 그들의 삶이 달라지지 않는다. 그 약을 발라야 한다. 피부과 의사가 약을 바르는 방법을 시범으로 가르쳐주듯 이 진리를 어떻게 적용할 수 있는지 보여주어야 한다. 한 가지 시범의 용례를 들어주라. 주로 그 진리를 적용한 교사 자신의 간증이 좋다. 이 진리를 삶 속에서 어떻게 실천할지 구체적이고 실제적인 적용 과제를 내줄 필요가 있다.

## 수업 후에

제10원리는 멘토의 원리(accountability)다. 수업이 끝났다고 해서 우리의 티칭 사역이 끝나는 것이 아니다. 수업 후에 더 많은 가르침이 발생되게 해야 한다. 엄마로서, 농부로서, 친구로서, 코치로서, 아버지로서 교사의 기능은 수업 시간 밖에서 대부분 일어난다. 이것이 그들을 향해 부어주는 교사의 사랑이다. 엄마, 농부, 친구, 코치, 아버지의 공통점은 무엇인가? 사랑과 책임이다. 이 두 단어를 엮으면 영어 단어로 'accountability'가 된다. 이것은 의무와 책임으로 엮인 'responsibility'와는 아주 다른 개념이다. 어떤 엄마도 시어머니에게 월급을 받기 위해 자녀에게 젖을 먹이지 않는다. 어떤 농부도 아내에게 혼날까봐 밭을 매지 않는다. 어떤 친구도 그렇게 하지 않으면 법적으로 책임이 있기 때문에 데이트하지 않는다. 어떤 코치도 사랑이 없이는 선수들을 세우지 못한다. 어떤 아버지도 법으로 정한 규정 때문에 자녀를 목마 태우지 않는다. 사랑 때문에 그 모든 짐을 즐거움으로 지는 것이 바로 '멘토의 원리(accountability)'이다. 멘토는 누군가를 세우기 위해 이러한 사랑의 책임을 즐거이 감당하는 사람이다.

## 가장 좋은 티칭 방법

언제, 어디서, 누구에게, 무슨 주제를 가르치든 최상의 티칭 방법은 본을 보이는 것이다. 우리 속담에 '개구리 올챙이 적 생각 못한다'는 말이 있다. 모든 어른이 기억해야 할 말이다. 어른들은 언제나 아이들을 볼 때 심각한 우려를 한다. 어른들이 입버릇처럼 하는 말이 있다. 언제나 어른들은 그렇게 말해왔다. "요즘 애들 버릇없다."

4,700년 전 기록된 한 앗시리아의 토판(土版)에는 이런 글이 적혀 있다고 한다. "아이들이 더 이상 부모에게 순종하지 않는다."

B.C. 425년에 소크라테스도 이렇게 말했다고 한다. "오늘날 우리 아이들은 사치를 좋아한다. 그들은 버릇없고, 권위를 업신여기며, 나이 든 사람을 존경하지 않는다. 오늘날 아이들은 폭군들이다. 부모를 거스르고, 음식을 게걸스럽게 먹으며, 그들을 가르치는 선생들을 괴롭힌다."

그렇게 된 것은 누구 탓일까? 그들은 어디에서 그것을 배웠을까?

1948년 9월 20일 건국을 기념한 최초의 사면 이래 61년간 우리나라에는 98번에 걸쳐 사면이 있었다. 이렇게 사면이 잦은 것을 보면 우리나라는 용서와 사랑이 넘치는 나라 같다. 김영삼 대통령 임기 중 1,000만, 김대중 대통령 임기 중 1,000만, 노무현 대통령 임기 중 437만, 이명박 대통령 임기 중 470만이나 특별 사면을 받았다. 이 숫자를 다 합치면 지난 24년간 사면 받은 우리나라의 전과자 수는 3천만 명이나 된다.

"참되거라 바르거라"고 아무리 가르친들 무슨 설득력이 있을까? 잊지 말라. 나는 카피되고 있다! 그것은 더 이상 선택 사항이 아니다. 남은 선택은 오직 하나, 어떤 종류를 카피할 것인가이다.

복사기의 원리를 잊지 말자. 복사기는 어떤 원본을 놓든지 같은 그림을 복사한다. 복사한 문서에 오류가 발견되었을 때 우리는 모든 복사를 끝낸 후 한 장 한 장 수정액으로 고치지 않는다. 그것은 비효율적이다. 원본을 고쳐야 한다. 바른 모델링보다 좋은 티칭 방법은 없다. 바울은 말한다.

"내가 그리스도를 본받는 자가 된 것 같이 너희는 나를 본받는 자가 되라" (고전 11:1).

백범 김구 선생이 좌우명으로 삼았던 글귀가 있다. 서산 대사가 지었다고도 하고, 순조 때 시인 임연(臨淵) 이양연(李亮淵)이 지었다고도 한다. 이 시는 우리 크리스천 교사들의 시도 되어야 한다.

踏雪野中去(답설야중거) 그대 눈 덮인 들판을 걸어갈 때
不須胡亂行(불수호란행) 부디 그 걸음 어지럽게 하지 마시게
今日我行跡(금일아행적) 오늘 남긴 그대 발자국
燧作後人程(수작후인정) 뒤따르는 사람의 길이 된다네

발걸음을 조심해야 한다. 좋든 싫든 우리는 발자국을 남기지 않고 걸을 수 없기 때문이다. 우리가 찍어놓은 발자국 때문에 우리가 어디로 가든 누군가가 그 뒤를 따라올 것이다.

## 칼 장수 사부

티칭 방법을 마무리 지으면서 내 사부 한 사람을 소개하고 싶다. 그의

오늘 내가 찍은 발자국이 뒤에 오는 사람에게는 길이 된다.

가르침이 대단히 인상적이어서 나는 자주 그의 이야기를 하고, 늘 그와 같이 하고 싶어한다.

나는 이 사부를 텍사스 주 특산물 박람회(Texas State Fair)에서 만났다. 그 만남이 처음이자 끝이었다. 나는 그의 이름도, 주소도 모른다. 오래된 일이어서 그의 얼굴 모습도 희미하다. 그러나 나는 그에게서 티칭의 핵심을 배웠다.

그는 구척장신의 텁수룩한 수염을 가진 텍사스 칼 장수였다. 그의 부스에 사람들이 모여들었고, 나도 그들 가운데 끼어 있었다. 별로 큰 기대감은 없었지만, 뭔가 흥미로운 일이 벌어질 것을 기대하는 사람들의 분위기에 이끌려 그의 공연을 기다렸다.

드디어 사나이는 자기가 만든 칼 한 자루를 번쩍 들어 보였다. 그 눈빛에는 자기 제품에 대한 대단한 자부심과 자신감이 가득했다. 그는 이내 탁자 밑에서 당근 하나를 왼손으로 집어 들었다. 그러고는 오른손에 쥐고 있던 칼로 당근을 석석 베어냈다. 당근 파편이 사람들의 머리와 옷으로 튀어나갔다. 몇 번 깎지 않아 당근은 뾰족한 뿔이 되어버렸다. 흥미로웠지만 감동까지는 아니었다.

그러자 이 사나이, 껌을 질겅이며 둘러선 관객들을 비웃는 듯한 묘한 미소로 둘러보았다. 그러더니 탁자 밑에서 각목 하나를 사람들의 눈앞으로 들어올렸다. 그러고는 이내 나무를 깎아나갔다. 길쭉한 나무 파편이 사방으로 튀어나갈 때 내 마음에 감동이 밀려오기 시작했다. 순식간에 투박했던 각목은 위험을 느낄 정도의 뾰족한 목창(木槍)으로 변해 있었다.

사람들의 눈빛이 달라지자, 이 사나이는 더 건방진 미소로 사람들을 둘러보았다. 해석을 하자면 이런 말을 하는 것이었다. "이 정도로 그렇게 놀라는가? 이제 내가 진짜 놀라 자빠질 것을 보여줄까?" 그는 탁자 밑에서 아이 손목 정도 두께의 쇠파이프를 번쩍 들어올렸다. 그러고는 지체 없이 쇠파이프를 깎아나갔다. 칼날이 파이프 위를 지날 때마다 가늘게 깎인 쇠파편은 용수철처럼 돌돌 말려 사람들에게 날아갔다. 얼마 지나지 않아 그 파이프는 아차 하면 사람 몸을 꿰뚫을 수 있는 흉기로 변모했다.

사람들은 박수를 치고 환호하였다. 그러나 나는 등에 소름이 돋을 만큼 큰 충격을 받았다. 이 사람은 자기가 만든 칼 한 자루에도 그런 확신을 가지고 있는데, 또한 그 칼의 능력을 증거하고 싶어 견딜 수 없는 열정을 가지고 있는데, 단 한 마디의 말도 없이 그런 감동과 충격으로 자기 칼을 파는 시혜가 있는데, 나는 어떤가?

크리스천 교사로서 우리는 어떻게 하나님의 말씀을 가르치는가? 내가 전달하는 진리에 대한 그런 확신이 있는가? 그 진리를 전해주고자 하는 그런 열정이 있는가? 사람들의 마음을 열게 만들고, 반응하게 만들고, 사게 만드는 그런 지혜가 있는가?

# 7장

## 크리스천 티칭
## - 성령[21]

## 크리스천 티칭의 치명적인 변수

우리 집에는 여러 종류의 가전제품이 있다. 나는 50년 전에는 꿈도 꾸지 못했던 문명의 이기들을 누리며 살고 있다. 냉장고, 컬러 텔레비전, 전화기, 전자레인지, 컴퓨터… 전쟁으로 피폐한 땅에서 태어난 나에게는 이 기기 하나하나가 감동이고 은혜다. 그러나 이 모든 제품 가운데 내게 가장 큰 영적 통찰력과 감동을 주는 물건은 연장선(extension)이다. 연장선은 발전소에서 만든 전기와 우리 집 모든 전기 기기들을 연결하는 탯줄 같은 역할을 한다. 이 연장선이 없으면 많은 기계들이 기능을 멈춘다. 무용지물이 된다. 나는 이 전기 연장선에서 크리스천 교사로서 나의 소명과 정체성과 기능과 가치를 발견한다. 내게 연결된 사람들의 현재와 미래와 영원의 질이 나로 말미암아 달라질 수 있다는 두렵고도 엄청난 사실을 깨닫는다.

그러나 한 가지 일이 전제되지 않는 한 그런 일은 발생하지 않는다. 연장선의 한 끝이 소켓에 꽂혀 있듯이 내가 성령님의 동력에 연결되어 있지 않는다면 나의 티칭을 통해 어떤 일도 일어나지 않는다. 크리스천 교사로서 내가 아무리 확실한 가르침의 목표를 가지고 있다 해도, 내게 배우는 학생들에 대한 사랑과 비전이 아무리 강력하다 해도, 내가 가르칠 내용이 완벽하게 준비되었다 해도, 교사로서 나 자신이 열정으로 차고 넘친다 해도, 내가 가르치는 방법들이 아무리 참신하고 효과적이라고 해도 크리스천 티칭은 발생하지 않는다. 성령님은 살아 있는 전기와 같이 일하신다. 성령님의 동력에 내 사역을 연결하지 않는 한 크리스천 티칭은 작동하지 않는다.

이것이 일반 교육과 크리스천 티칭이 구별되는 가장 두드러진 차이점이다. 이것이 하나님의 말씀으로 하나님의 사람을 세우는 하나님의 동역자로서 우리가 배워야 할 가장 시급하고 중요한 레슨일지 모른다.

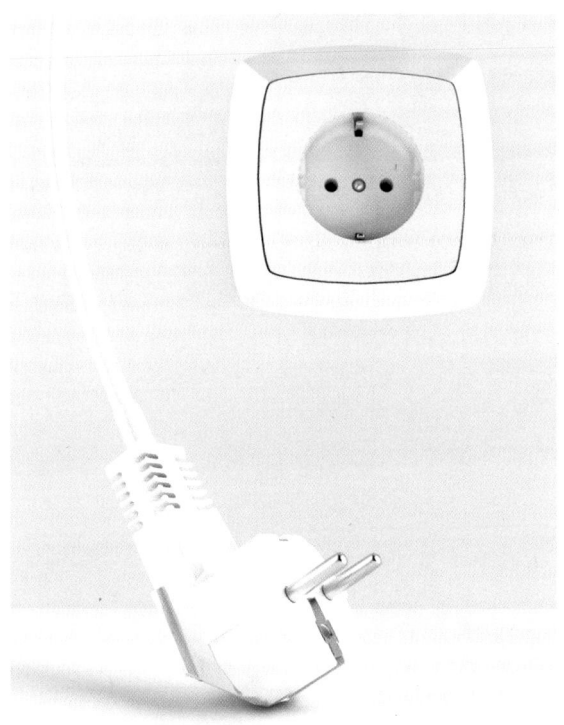

■ 당신의 힘의 근원은 어디에 있는가?

우리가 하는 흔한 실수 가운데 하나는 티칭이 힘을 얻지 못하는 이유를 엉뚱한 곳에서 찾는 것이다. 교재가 부적절해서일까? 훈련받은 교사가 부족해서? 교육 예산이 적어서? 교육 시설이 열악해서? 교수 방법이 낙후되어서? 이 모두가 어느 정도 영향을 미치겠지만, 결정적인 이유는 아니다. 진정한 이유는 성령의 동력에 우리의 가르침이 연결되지 못하는 것이다.

성령님은 크리스천 티칭의 치명적인 변수이다. 성경은 말한다.

"만군의 여호와께서 말씀하시되 이는 힘으로 되지 아니하며 능력으로 되지 아니하고 오직 나의 영으로 되느니라"(슥 4:6).

성령님을 제쳐놓는 순간 크리스천 티칭은 플러그를 뺀 가전제품처럼 그 기능을 멈추게 된다. 100년 전 영국의 유명한 신학자 W. H. 그리피스 토마스(W. H. Griffith Thomas)는 말했다. "기독교에서 절대로 분리할 수 없는 세 가지가 있다. 그것은 권능을 가진 성령님, 메시지를 전달하는 하나님의 말씀 그리고 도구로 쓰임받는 하나님의 사람이다."[22]

그러므로 태아가 탯줄로 엄마와 연결되듯이 성령님께 연결되는 삶과 사역의 실제는 크리스천 교사로서 우리가 배워야 할 가장 중요한 레슨이다.

워치만 니(Watchman Nee)라는 중국 사역자가 있다. 그가 사역을 하는 동안 폐결핵에 간질까지 여러 질병들이 그의 생명을 위협하였다. 가난과 핍박이라는 장벽이 사역의 발목을 잡았다. 그 태산 같은 난관들을 놓고 기도하던 중 어느 날 꿈을 꾸었다. 양쯔 강 급류를 배로 건너가던 중, 강바닥의 바위에 배가 걸려 오도 가도 못하는 위험에 빠지게 된 것이다. 그가 기도드리자 하나님이 물으셨다. "배를 밀어 나가게 해줄까, 수위를 높여줄까?" 워치만 니는 또 다른 바위에 걸리지 않도록 강의 수위를 높여주시길

기도했다. 하나님이 소낙비로 수위를 높여주시자 배는 유유히 빠져나가게 되었다. 그렇게 꿈은 끝났다. 그는 그 꿈을 통해 큰 레슨을 배웠다. 우리의 지식이나 능력, 환경이 문제가 아니라는 것을. 하나님의 능력의 수위, 성령님의 능력의 수위가 가장 중요한 요소라는 것을.

### 보이지 않는 교사, 성령님

성경은 성령님이 교사로서 하시는 기능을 다음과 같이 분명하게 말해 준다.

1. 성령님은 예수님의 진리를 가르치시고 생각나게 하신다.

"보혜사 곧 아버지께서 내 이름으로 보내실 성령 그가 너희에게 모든 것을 가르치고 내가 너희에게 말한 모든 것을 생각나게 하리라"(요 14:26).

2. 성령님은 우리를 진리 가운데로 인도하신다.

"그러나 진리의 성령이 오시면 그가 너희를 모든 진리 가운데로 인도하시리니 그가 스스로 말하지 않고 오직 들은 것을 말하며 장래 일을 너희에게 알리시리라"(요 16:13).

3. 성령님은 인간의 지성으로 깨달을 수 없는 하나님의 진리를 깨닫도록 비춰주신다.

"오직 하나님이 성령으로 이것을 우리에게 보이셨으니 성령은 모든 것 곧 하나님의 깊은 것까지도 통달하시느니라 사람의 일을 사람의 속에 있는 영 외에 누가 알리요 이와 같이 하나님의 일도 하나님의 영 외에는 아무도 알지 못하느니라 우리가 세상의 영을 받지 아니하고 오직 하나님으로부터 온 영을 받았으니 이는 우리로 하여금 하나님께서 우리에게 은혜로 주신 것들을 알게 하려 하심이라 우리가 이것을 말하거니와 사람의 지혜가 가르친 말로 아니하고 오직 성령께서 가르치신 것으로 하니 영적인 일은 영적인 것으로 분별하느니라"(고전 2:10-13).

우리의 모델 교사이신 예수님을 생각해보라. 3년이라는 짧은 기간에, 잘 준비되지 못한 학생들을 데리고, 변변한 교수 환경도 없이 숱한 편견과 방해 속에서 학생들을 가르치셨다.

그러나 그분의 가르침은 사람들의 영혼과 삶을 뒤집어놓았다. 그후 그분의 가르침은 역사와 함께 사라지지 않고 오히려 살아서 그 어떤 교사와도 비교할 수 없는 엄청난 영향력을 세상에 끼치고 계시다. 어떻게 그것이 가능할까? 예수님이 그 비밀을 이미 공개하셨다.

"예수께서 대답하여 이르시되 내 교훈은 내 것이 아니요 나를 보내신 이의 것이니라"(요 7:16).

"내가 스스로 아무 것도 하지 아니하고 오직 아버지께서 가르치신 대로 이런 것을 말하는 줄도 알리라"(요 8:28 하).

"내가 내 자의로 말한 것이 아니요 나를 보내신 아버지께서 내가 말할 것과 이를 것을 친히 명령하여 주셨으니"(요 12:49).

이 구절들의 공통점은 무엇인가? 예수님의 가르침은 아버지 하나님께 그 내용과 권위와 동력이 연결되어 있다는 것이다.

나는 어느 날 베드로의 설명을 듣고 깜짝 놀랐다. 나는 예수님의 권능의 근원은 그분의 신적인 능력이라고 생각했었다. 필요할 때 그 신적 능력으로 기적을 일으키시고, 사람을 가르치셨다고만 믿었다. 그러나 예수님을 3년간 따라다니며 그분의 가르침을 직접 목격하고 경험한 베드로는 다음과 같이 말한다.

"이스라엘 사람들아 이 말을 들으라 너희도 아는 바와 같이 하나님께서 나사렛 예수로 큰 권능과 기사와 표적을 너희 가운데서 베푸사 너희 앞에서 그를 증언하셨느니라"(행 2:22).

예수님이 행하신 큰 권능과 기사와 표적의 주어는 무엇인가? 주체는 누구인가? 누구의 동력으로 그분이 그런 기적을 일으키셨다고 말하는가? 베드로는 말한다. 그분과 함께하셨던 하나님이시라고! 예수님은 철저하게 그 하나님의 능력을 의지하셨고 순종하셨다.

예수님이 그러셨다면, 우리야 더 말할 것도 없다. 그래서 예수님은 세상을 떠나 하늘로 올라가시기 직전 우리에게 말씀하셨다.

"예수께서 나아와 말씀하여 이르시되 하늘과 땅의 모든 권세를 내게 주셨으니 그러므로 너희는 가서 모든 민족을 제자로 삼아 아버지와 아들과 성령의 이름으로 세례를 베풀고 내가 너희에게 분부한 모든 것을 가르쳐 지키게 하라 볼지어다 내가 세상 끝날까지 너희와 항상 함께 있으리라 하시니라"(마 28:18-20).

왜 하늘과 땅의 모든 권세를 가지신 예수님이 세상 끝날까지 제자 삼는 사역을 이룰 제자들과 함께, 작은 예수를 세우는 크리스천 교사들과 함께 하시겠다는 지상의 약속으로 지상의 사명을 포장해놓으셨을까? 그것은 우리의 힘으로 될 수 있는 일이 아니기 때문이다. 초자연적인 사역은 초자연적인 능력으로만 성취될 수 있다. 예수님은 이미 제자들에게 말씀하셨다.

"나는 포도나무요 너희는 가지라 그가 내 안에, 내가 그 안에 거하면 사람이 열매를 많이 맺나니 나를 떠나서는 너희가 아무 것도 할 수 없음이라"·(요 15:5).

이러한 예수님의 티칭 원리로 역사를 바꾼 또 한 분의 모델 교사는 바울이다. 바울 사도의 강력한 티칭의 비밀도 그 안에 살아계신 그리스도의 영, 곧 성령이심을 바울은 고백하고 있다.

"우리가 그를 전파하여 각 사람을 권하고 모든 지혜로 각 사람을 가르침은 각 사람을 그리스도 안에서 완전한 자로 세우려 함이니 이를 위하여 나도 내 속에서 능력으로 역사하시는 이의 역사를 따라 힘을 다하여 수고하노라"(골 1:28-29).

## 성령의 가르치는 사역

성령의 가르치는 사역에 대한 네 가지 잘못된 견해부터 살펴보자.[23]

첫째, 무용론(無用論)이다. 크리스천 교사로서 이 이론을 말로 주장하는 사람이 누가 있겠는가? 그러나 실제로는 많은 이들이 그렇게 믿는다. 적절한 교재, 좋은 교구, 잘 조직된 인력, 잘 계획된 프로그램, 창조적이고 숙

달된 교사만 있으면 교육은 얼마든지 일어날 수 있다고. 그 이야기는 결국 성령님은 가르침과 별 관계가 없다는 이야기다.

다음은 배제론(排除論)이다. 이 이론을 믿는 사람들은 성령님이 직접 성도를 가르치신다고 믿는다. 따라서 대개의 경우 인간 교사는 그분의 방해물이 된다고 본다. 그래서 어떻게 하자는 것일까. 그들은 기독교 교육이 가능하다고 생각이나 하는 것일까.

대행론(代行論)이 있다. 이 견해를 믿는 사람들은 성령은 인간의 노력을 대신하는 교사라고 믿는다. 인간 교사의 준비, 인간 교사의 계획, 인간 교사의 지혜와 열심은 아무 가치가 없다고 여긴다. 그래서 성령의 역사만 기도할 뿐 인간 교사로서의 책임과 준비를 하지 않는 실수를 범하게 된다.

마지막으로, 진인사대천명론(盡人事待天命論)이 있다. 어쩌면 크리스천 교사들이 가장 선호하고 실제로 신봉하는 이론이다. 이것은 우리가 진리를 심어 놓으면 성령이 나중에 그것을 영적으로 살려내신다는 이론이다.

그러나 이 네 이론은 모두 성경이 가르치는 성령의 사역에 대한 바른 그림을 반영하지 못하고 있다. 그러면 바른 그림은 무엇인가? 그것은 바울에게서 배울 수 있다. 다시 한 번 그의 교육 철학이 농축되어 있는 골로새서 1장 28-29절을 보자.

"우리가 그를 전파하여 각 사람을 권하고 모든 지혜로 각 사람을 가르침은 각 사람을 그리스도 안에서 완전한 자로 세우려 함이니 이를 위하여 나도 내 속에서 능력으로 역사하시는 이의 역사를 따라 힘을 다하여 수고하노라"(골 1:28-29).

이 구절에서 두 가지 원리를 찾을 수 있다.

첫째, 200퍼센트의 원리다. 성령님, 이 참되신 스승의 도움 없이는 우리는 아무것도 할 수 없다. 그러나 이것도 잊지 말아야 한다. 이 참된 스승도 우리 없이 일하지 않으신다. 성경이 그러하듯 크리스천 티칭도 100퍼센트 하나님의 일이고, 또 100퍼센트 사람의 일이다. 그러므로 성령님의 개입이 없으면 아무 일도 일어나지 않을 것처럼 절박하게 그분을 의지해야 하고, 나 없이는 성령님이 일하지 않으시는 것처럼 충성스럽게 최선을 다해야 한다.

둘째, 협동의 원리다. 크리스천 티칭은 성령님께 대한 교사의 협력으로 이루어진다.

"이는 우리 복음이 너희에게 말로만 이른 것이 아니라 또한 능력과 성령과 큰 확신으로 된 것임이라 우리가 너희 가운데서 너희를 위하여 어떤 사람이 된 것은 너희가 아는 바와 같으니라"(살전 1:5).

"너는 그리스도 예수 안에 있는 믿음과 사랑으로써 내게 들은 바 바른 말을 본받아 지키고 우리 안에 거하시는 성령으로 말미암아 네게 부탁한 아름다운 것을 지키라"(딤후 1:13-14).

또한 크리스천 티칭은 성령님께 대한 학생의 협력으로 이루어진다.

"그러므로 성령이 이르신 바와 같이 오늘 너희가 그의 음성을 듣거든 광야에서 시험하던 날에 거역하던 것 같이 너희 마음을 완고하게 하지 말라"(히 3:7-8).

"또 너희는 많은 환난 가운데서 성령의 기쁨으로 말씀을 받아 우리와 주를 본받은 자가 되었으니"(살전 1:6).

그리고 크리스천 티칭은 성령과 함께 일하는 크리스천 교사와 성령을 모신 크리스천 학생이 성령 안에서 협력함으로 발생한다.

"이러므로 우리가 하나님께 끊임없이 감사함은 너희가 우리에게 들은 바 하나님의 말씀을 받을 때에 사람의 말로 받지 아니하고 하나님의 말씀으로 받음이니 진실로 그러하도다 이 말씀이 또한 너희 믿는 자 가운데에서 역사하느니라"(살전 2:13).

## 성령과 함께 가르치는 법 배우기

우리는 허브(hub)란 말을 자주 쓴다. 허브란 자전거 바퀴의 살이 모여 있는 중심축을 말한다. 이것은 활동의 중심, 혹은 중추를 상징하는 말이다. 손바닥은 손의 허브이다. 손은 손바닥과 다섯 개의 손가락으로 구성된다. 손바닥은 각 손가락에 영양과 신경과 힘줄을 제공하는 손의 허브이다.

지금까지 이야기해온 크리스천 티칭의 목표, 크리스천 티칭의 교사, 크리스천 티칭의 내용, 크리스천 티칭의 학생, 크리스천 티칭의 방법은 마치 다섯 개의 손가락과 같다. 그렇다면 손바닥은 성령님이시다.

성령님은 크리스천 티칭의 허브이시다. 이제 성령님의 사역이 어떻게 티칭의 각 요소들과 연결되는지 살펴보자.

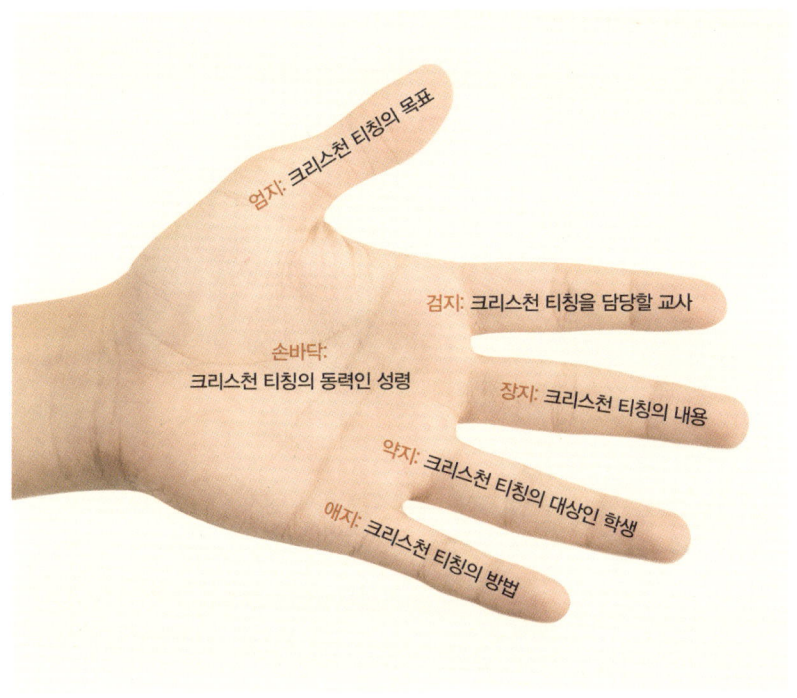

### 첫째, 가르치는 목적(Purpose)과 관련하여

우리의 구원은 성삼위 하나님이 다 동원되신 영광스런 작업의 열매이다. 건물로 비유하자면 하나님은 설계하셨고, 예수님은 시공하셨으며, 성령님은 입주시키신다. 2천 년 전 십자가에서 죽으시고 부활하신 예수님은 승천하셨다가 오순절에 그분의 영으로 우리에게 오셨다. 영으로 오셨기에 그분은 시간과 공간의 제약을 받지 않으시는 사역을 통해 그 약속을 이루신다. 예수님의 약속을 기억하는가? 하늘과 땅의 모든 권세를 가지신 그 예수님이 우리의 제자 삼는 사역을 위해 세상 끝날까지 우리와 항상 함께 계신다.

크리스천 티칭의 목적은 단지 성경이나 기독교 교리에 관한 지식을 전달하는 것이 아니다. 인간의 전인적인 회복을 목적으로 한다. 성령님은 한 사람을 작은 예수로 세우는 크리스천 티칭의 보편적 목적을 이루시는 주역이시다. 한 사람이 그리스도를 알고, 그리스도에게까지 자라고, 그리스도의 형상을 본받고, 그리스도 안에서 완전한 자로 서게 하는 모든 과정을 이끌어가신다.

성령님은 이러한 크리스천 티칭의 일반적인 목적을 이루실 뿐만 아니라 크리스천 티칭의 구체적인 목표를 인도하신다. 각 학생이 필요를 깨닫게 하시고, 말씀을 그들의 삶에 어떻게 적용해야 할지 통찰력을 주신다. 일시적인 적용뿐만 아니라 말씀이 각 학생들의 마음속에 깊이 뿌리를 내리도록 작업하신다. 바울은 자신이 무슨 일을 하는지에 대한 그림이 분명한 교사였다. 바울은 자신이 사람들 밖에서 일할 동안 사람들 속에서 일하시는 성령님의 손을 늘 의식하며 사람들을 세웠다. 우리도 그래야 한다.

"우리가 그를 전파하여 각 사람을 권하고 모든 지혜로 각 사람을 가르침은 각 사람을 그리스도 안에서 완전한 자로 세우려 함이니 이를 위하여 나도 내 속에서 능력으로 역사하시는 이의 역사를 따라 힘을 다하여 수고하노라"(골 1:28-29).

### 둘째, 가르치는 사람(Person)과 관련하여

크리스천 교사는 그 안에 성령님이 일하시는 살아 있는 하나님의 도구, 통로, 기계이다.

성령님은 교사를 세우신다. 교사를 부르실 뿐 아니라 가르치는 과정을 통해 그를 성숙으로 이끄신다. 성령님은 교사에게 가르칠 수 있는 은사를 베푸신다. 성령님은 진리를 이해하고 식별하도록 지혜를 주신다. 성경은 말한다.

"그가 어떤 사람은 사도로, 어떤 사람은 선지자로, 어떤 사람은 복음 전하는 자로, 어떤 사람은 목사와 교사로 삼으셨으니 이는 성도를 온전하게 하여 봉사의 일을 하게 하며 그리스도의 몸을 세우려 하심이라"(엡 4:11-12).

그것이 소그룹 토의든, 대규모 회중 앞에서의 설교든, 학교 강의든 간에 모든 가르침의 상황에 들어가기 전에 내가 빼놓지 않고 똑같이 드리는 기도가 있다. 성령의 동력과 내 티칭을 연결하는 기도다.

첫째, 성령님이 내게 기름 부으시길(anointing) 위해 기도한다. 기름 부음이란 구약적 표현이다. 성경에서 누군가에게 기름을 붓는다는 것은 그 사람을 하나님의 특별한 용도를 위해 구별하여 세운다는 뜻이었다. 기름 부음을 위한 기도는 그 주어진 시간에 나를 성령님의 도구로 써주시기를 간구하며 나 자신을 구별하여 그분께 드리는 기도다. 예수님의 생명이, 뜻이, 능력이, 긍휼이, 지혜가 나와 함께 나를 통해 역사하시도록 구하지 않고는 그 자리에 서야 할 의미가 없기 때문이다.

둘째, 성령님의 비추심(illuminating)을 위해 기도한다. 이것은 내가 가르치는 내용과 관련된 기도다. 성령님이 내 눈을 비추사 내가 진리를 명확하게 보고, 그 상황에서 역사하시는 성령님의 손길을 볼 수 있도록 기도하며, 학생들의 눈을 열어 성령님이 가르치시는 진리를 깨닫도록 기도하는 것이다. 언젠가부터 선지자 이사야의 기도는 나의 기도가 되었다.

"주 여호와께서 학자들의 혀를 내게 주사 나로 곤고한 자를 말로 어떻게 도와 줄 줄을 알게 하시고 아침마다 깨우치시되 나의 귀를 깨우치사 학자들 같이 알아듣게 하시도다"(사 50:4).

셋째, 성령님의 능력 부으심(empowering)을 위해 기도한다. 내가 사용할 티칭 플랜, 티칭 도구, 티칭 환경과 분위기, 내 표정, 내 목소리까지 모든 것을 성령님이 능력으로 주관하시기를 기도한다. 내 티칭이 학생들에게 말로만이 아니라 능력과 성령과 큰 확신으로 이루어지기를(살전 1:5) 기도하는 것이다. 내가 가장 강하게 사모하고 간구하는 은혜는 마가복음 마지막 상 마지막 절에 나오는 예수님의 확증하시는 사역이다.

"제자들이 나가 두루 전파할새 주께서 함께 역사하사 그 따르는 표적으로 말씀을 확실히 증언하시니라"(막 16:20).

마지막으로 간구하는 기도는 내가 학생들 외부에서 일할 동안 성령님이 학생들 내부에서 일하시기를(envisioning) 간구하는 것이다. 내가 전달하는 진리를 도구로 사용하셔서 길을 모르는 학생들에게는 이것이 바른 길이라고 교훈하시고, 길에서 벗어난 학생들에게는 경고하시며, 바른 길로 돌아가도록 교정해주시고, 바른 길을 가고 있는 사람에게는 격려를 주시도록 기도한다(딤후 3:16-17).

이 네 가지 기도는 나의 티칭 사역을 근원적으로 다르게 변화시켰고, 지속적으로 발전시키고 있다. 탯줄 같은 기도를 통해 성령님의 동력을 내 티칭에 연결함으로써 그것은 나 자신뿐만 아니라 내게 배우는 사람들이 동시에 신비한 은혜를 누리게 한다.

그러나 크리스천 티칭이 이루어지기 위해서는 성령님의 파트너로서 교사가 해야 할 일도 있다. 성경을 기준으로 삼아 삶이 한 방향으로 정렬되어 있는지를 늘 확인해야 한다. 그러기 위해서는 우리 안에 살아계신 그리스도, 즉 성령님과의 올바른 관계를 유지해야 한다. 다시 한 번 명심하자.

"나는 포도나무요 너희는 가지라 그가 내 안에, 내가 그 안에 거하면 사람이 열매를 많이 맺나니 나를 떠나서는 너희가 아무 것도 할 수 없음이라"(요 15:5).

언젠가 적어두었던 유명한 설교자 클래런스 맥카트니(Clarence. Macartney, 1879-1957)의 말이 늘 나를 긴장시킨다.

"훌륭한 인간일수록 훌륭한 설교자가 된다. 죽어가는 사람의 침상 옆에 무릎을 꿇을 때, 혹은 설교단의 계단을 오를 때 그가 값을 치른 온갖 자기 부정(自己否定), 그가 보인 모든 크리스천다운 인내, 죄와 유혹에 대한 모든 저항이 그에게로 돌아와 그의 팔을 힘 있게 하고, 그의 음성에 확신을 더해 줄 것이다. 마찬가지로 의무의 모든 회피, 모든 자기 탐닉, 악과의 모든 타협, 모든 비열한 생각과 말과 행동이 나타나 주일날 아침 설교단 위에 있는 목사를 찾아와 그의 눈에서 광채를, 그의 말씀에서 힘을, 그의 음성에서 감동을, 그의 마음에서 기쁨을 빼앗아갈 것이다."

### 셋째, 가르치는 내용(Precept)과 관련하여

사람을 세우시는 성령님의 작업터는 하나님의 말씀이다. 크리스천 티칭의 내용이 되는 하나님의 진리의 근원은 하나님의 말씀이다.

하나님은 자신의 말씀을 통해 하나님이 누구시며 하나님의 계획이 무엇인지를 우리에게 알려주신다. 이것을 신학적으로는 계시라고 부른다. 성령님은 이 계시를 기록하시는 과정을 주도하셨다. 그것을 신학적으로 영감(靈感)이라고 부른다. 영감은 진리의 오류 없는 기록에 관해 말한다.

계시된 진리로 인류를 가르치시기 위해 진리를 기록하신 성령님은 그 진리를 사람들의 필요와 부합시키신다. 이것을 적용이라고 말한다. 우리가 최근의 것이라고 해도 약 2천 년이나 되는 고대 문서를 오늘의 삶의 지침서로 붙들고, 살아가며, 배우고, 가르칠 수 있는 이유는 원저자이신 성령님이 계시기 때문이다. 성경은 말한다.

"예언은 언제든지 사람의 뜻으로 낸 것이 아니요 오직 성령의 감동하심을 받은 사람들이 하나님께 받아 말한 것임이라"(벧후 1:21).

"모든 성경은 하나님의 감동으로 된 것으로 교훈과 책망과 바르게 함과 의로 교육하기에 유익하니 이는 하나님의 사람으로 온전하게 하며 모든 선한 일을 행할 능력을 갖추게 하려 함이라"(딤후 3:16-17).

그러므로 앞에서 이야기했듯이 가르치는 내용과 관련해서 우리는 성령님의 비추심을 간구해야 한다. 우리에게 문제가 있기 때문이다. 하나님의 말씀은 결코 부족하지 않다. 이것은 마치 시각 장애인이 태양을 보면서도 그 빛을 볼 수 없는 것은 태양의 잘못이 아니라 그의 문제인 것과 같다. 이 점에 있어서 크리스천 교사나 학생들이나 본질적으로 영적인 시각 장애를 가지고 있다. 성령님이 비추사 눈을 열어주지 않으시면 우리는 하나님의 말씀에 담긴 진리를 제대로 가르칠 수도, 깨달을 수도 없다. 그래서 다윗은 자신을 위해 기도했다. "내 눈을 열어서 주의 율법에서 놀라운 것을 보게 하소서"(시119:18). 우리의 크리스천 교사 선배인 바울은 에베소의 학생들을 위해 기도했다.

"우리 주 예수 그리스도의 하나님, 영광의 아버지께서 지혜와 계시의 영을 너희에게 주사 하나님을 알게 하시고 너희 마음의 눈을 밝히사 그의 부르심의 소망이 무엇이며 성도 안에서 그 기업의 영광의 풍성함이 무엇이며 그의 힘의 위력으로 역사하심을 따라 믿는 우리에게 베푸신 능력의 지극히 크심이 어떠한 것을 너희로 알게 하시기를 구하노라"(엡 1:17-19).

티칭 내용을 준비할 때마다 내 책상 주위에는 세 인격이 모여 함께 준비한다. 물론 가상 현실 속에서 일어나는 일이다. 첫째는 성령님, 둘째는 나 자신, 셋째는 내 가르침을 들을 학생들. 나는 하나님의 말씀으로 하나님의 사람을 세우는 그분의 동역자로서 진리와 학생들 그 둘 사이를 연결해야 하는 긴장감을 느낀다. 성경 말씀은 역사적이고, 일반적이며, 객관적인 진리다. 학생들은 '지금 여기(here and now)'의 삶으로 그 말씀을 받고 반응해야 한다. 이 둘 사이에 그랜드 캐니언보다 더 엄청난 차이가 존재한다. 어떻게 객관적인 진리가 내 앞에 있는 바로 이 특정한 회중들의 필요를 채우는 특정한 진리로 제시될 수 있을까? 해결책은 하나다. 성경의 원저자 성령님이 그 말씀을 각 학생의 버전으로 번역해주시는 것이다. 성령님은 각 학생의 언어로 그 진리를 이해하고 받아들이고 믿고 순종하도록 인도하신다. 성령님은 그 진리를 어떻게 전달하는 것이 가장 좋은지 그 그릇을 선택하는 일에도 지혜를 주신다. 그래서 크리스천 교사는 언제나 겸손히 그분을 의지할 수밖에 없다.

### 넷째, 가르침을 받는 사람(Pupil)과 관련하여

성령님은 크리스천 교사를 사용하셔서 학생들을 세우신다. 그리스도가 이루신 역사적이고 객관적인 사역을 주관적이고 실제적인 경험으로 연결시키는 분은 성령님뿐이시다.

성령님은 학생들이 복음을 듣게 하시고(이것을 신학적으로는 외적 소명이라고 부른다), 그것을 자신을 위한 것으로 들리게 하시며(이것을 신학적으로는 내적 소명이라고 부른다), 하나님이 원하시는 삶을 살 수 있는 생명을 창조하시고(이것을 신학적으로는 외적 중생이라고 부른다), 그들 안에서 인격적인 관계를 영원히 지속하신다(이것을 신학적으로는 외적 내주라고 부른다). 그리고 그를 그리스도와 그분의 몸 된 교회 공동체 안에 붙이시고(이것을 신학적으로는 성령의 세례라고 부른다), 그들의 내면 속 왕좌에서 그의 모든 인격과 삶을 다스리신다(이것을 신학적으로는 성령 충만이라고 부른다). 성령님 없이 단지 신학적 지식으로 사람을 변화시킬 수 있는 길은 없다. 성경은 말한다.

> "그러나 진리의 성령이 오시면 그가 너희를 모든 진리 가운데로 인도하시리니 그가 스스로 말하지 않고 오직 들은 것을 말하며 장래 일을 너희에게 알리시리라"(요 16:13).

나의 복음에 대한 열정과 티칭에 대한 신념이 세워진 곳은 전라남도 신안군의 한 섬에서였다. 나는 방학 때마다 복음이 전해지지 않았거나 교회 상황이 열악한 섬들을 찾아다니며 어린이들에게 복음을 전했다. 어느 해 흑산면의 한 섬에서 겪은 영적인 체험은 30년이 훨씬 넘은 지금도 생생하게 기억된다. 성령님이 학생들의 마음에서 일하신다는 것이 무엇인지를 배운 현장이기 때문이다.

섬에 도착한 우리는 한 집사님이 목회자 겸 관리인으로 지키면서 방치되다시피 한 어느 교회에 짐을 풀었다. 이튿날 오전 그 집사님이 내가 가서 기도해주어야 할 사람이 있다며 나를 데리고 골목골목을 돌아 어느 집으로 들어갔다. 작고 컴컴한 방에는 스무 살이나 되었을까 한 처녀가 앉아 있었다. 그 처녀는 이발할 때 천을 두르는 것처럼 목에서부터 시작해 온몸을 홑이불로 덮고 있었다. 옷을 입을 수 없을 만큼 몸이 붓고 배에 물이 가득 차 있었기 때문이었다. 순간 나는 매우 당혹스러웠다. 가뜩이나 암담한 분위기에 짓눌린 나를, 예수 믿은 지 4년도 안 된 신학 대학생일 뿐인 나를 그 집사님은 이렇게 소개했기 때문이다. "서울에서 하나님의 종이 오셨소잉. 이분이 기도하면 병이 나을 것이요잉." 사태가 심상치 않았다. 도망칠 길을 모색하느라 생각이 분주했다. 난 하나님의 종이 아니라 대학생이라고 수정하고 방을 나갈까. 나는 신학 대학에서 이런 과목을 배운 적이 없다고 하고 가볍게 기도하고 나갈까. 나는 어린이들에게 전도하러 왔지 병 고치러 온 것이 아니라고 뺄까. 내게 가르치는 은사는 있어도 병 고치는 은사는 없다고 미리 선수를 칠까…. 그러나 내 마음속에 계신 예수님은 그 어떤 구실에도 고개를 끄덕이지 않으셨다.

상황이 겁이 나고 그 처녀가 불쌍하기도 했지만, 한쪽에서는 호기심이 발동했다. 나는 처녀가 두르고 있는 천 속으로 손을 넣어 배를 만져보았다. 얼마나 물이 많이 찼던지 마치 물로 가득 찬 고무풍선을 만지는 것 같았다. 말기 암으로 배에 복수가 찬 것이라는 사실은 몇 년이 지난 후에야 알았다. 어쨌든 무언가를 해야 했기에 고통 속에서 신음하는 그 처녀 앞에서 찬송을 몇 곡 부르고 말씀을 읽었다. 그리고 손을 내밀어 수줍어하는 처녀의 손을 붙들고 기도를 시작했다. 10분 정도 소리를 지르며 기도했더니 목이 쉬어버렸다. 땀은 비 오듯 쏟아지고 꿇고 있던 무릎도 아팠다. 눈으로 흘러내린 땀을 닦기 위해 잠시 눈을 떴을 때 나는 그 집 돌담 위로 죽 늘어선 동네 사람들의 얼굴을 보게 되었다. 서울에서 온 '하나님의 종'이 '푸닥거리'하는 모습을 관람하던 중이었다.

그들을 보자 이 일에 대한 내 초점이 병든 한 처녀에서 평생 하나님을 모른 채 두려움 가운데 살아온 섬 사람들의 영혼으로 전환되었다. 그 순간 내 마음에 슬픈 생각이 들었다. '내가 죽어서 이 섬을 나가야겠다. 나는 오늘밤 죽어도 천국에서 눈을 뜨겠지만, 이 사람들… 한평생 온갖 귀신을 섬기며 두려움 속에 살아온 이들이 이 사건으로 예수님의 영광을 보게 된다면, 하나님만이 참 신이심을 보게 된다면, 자자손손 하나님을 믿는 사람들의 섬이 된다면, 내 생명을 이분들을 위해 내려놓아야겠다.' 나는 그 처녀에게로 가까이 다가가 끌어안았다. 몸을 붙여 배를 밀착시켰다. 그녀의 배가 너무 불러 다 안을 수 없었지만, 나의 마른 배와 그녀의 불거져 나온 배가 맞닿은 느낌은 있었다. 그런 해괴한 자세로 나는 눈물로 부르짖었다. 이 두 배를 서로 바꾸어달라고. 그 처녀의 배가 나처럼 쏙 들어가는 기적적인 치유를 달라고. 이것으로 하나님의 영광을 보여달라고. 이 섬이 예수님이 살아계심을 보는 영광을 나타내달라고. 침이 마르고 목이 찢어지게 아프도록 부르짖었지만 그 처녀의 배가 들어가는 느낌도, 내 배가 불러오는 느낌도 전혀 없었다. 더 이상 기도할 힘이 없어 주님의 이름으로 기도를 맺었다.

그 간절한 기도에 아무 일도 벌어지지 않는 그 민망함, 구경하던 동네 사람들의 경멸하는 눈길들, 하나님의 영광을 위해 기도했는데 주님이 역사하지 않으시는 실망감이 내 마음에 뒤엉켰다. 쥐구멍이라도 있으면 들어가고 싶은 심정이었다. 고개를 숙인 채 그 집을 떠날 때, 땀으로 온몸이 젖은 내 뒤에 사람들이 예수님을 비웃는 소리, 복음을 멸시하는 소리가 따라오는 것 같았다. 그날 오후 나는 혼자 바닷가 큰 바위를 찾았다. 너무나 속상하고 자존심이 상했다. 왜 주님은 이렇게 협조를 안 하실까 원망스럽기까지 했다. 나와 함께 망신을 당하신 예수님을 이해할 수가 없었다. 저녁 예배 때 설교를 해야 하는데 몇 명이나 올까 걱정도 되었다. 이번 전도 여행은 이렇게 열매 없이 끝나는 건가 우울한 마음도 들었다.

그날 밤 그 작은 예배당에 무슨 일이 일어났는지 아는가? 앉을 자리가 없을 정도로 많은 사람들이 모여들었다. 물론 나의 어설프고 패색이 짙은 영적 싸움을 관람했던 관객들도 거기에 있었다. 그날 밤 나는 타협 없이 당당하게 복음을 전했다. 어차피 죽어 나가려고 한 몸인데 무엇을 주저하고 누구의 눈치를 살필 일이 있겠는가. 설교를 마무리 지으며 예수님을 영접할 사람은 손을 들어달라고 했을 때 나는 내 눈앞에서 벌어지는 일들을 믿을 수 없었다. 그 중에 절반이 넘는 사람들이 예수님을 영접하겠다고 손을 드는 것이었다. 왜 그랬을까? 어떻게 그런 일이 일어날 수 있었을까? 그 다음 날 나는 사람들이 서로 나누는 이야기를 듣고 그 이유를 알게 되었다. 서울에서 온 한 청년이 자기 목숨을 내걸고 시골 처녀를 위해 애간장이 끊어지게 기도하는 것을 보면서, 저 사람에게 무언가가 있다는 생각이 들어 알아보려고 모였다는 것이었다. 나는 그 처녀가 즉시 병이 나아 일어나는 것으로 예수님이 살아계신 증거를 보여달라고 간구했었다. 그러나 성령님은 그 민망한 사건을 통해 그들의 마음을 준비하고 계셨다. 그날 나는 성령님이 내 티칭 사역의 실제적인 주인이심을 배우게 되었다. 그 영혼들을 향한 열정도, 그날 밤의 담대한 복음 선포도, 그들의 반응도 모두 성령님이 하신 일이었다. 나는 배웠다. 그분이 여시면 내 부족함에도 사람들의 마음이 열린다는 것을. 그리고 그분이 열지 않으시면 어떠한 내 인간적인 노력도 그들의 마음을 열 수 없다는 것을.

### 다섯째, 가르치는 방법(Pattern)과 관련하여

어떤 이들은 자료나 방법은 인간적인 것일 뿐 성령님의 역사와 관계없는 것처럼 여긴다. 그러나 우리가 사용하는 어떤 가르침의 방법이나 기술도 성령님의 사역과 무관할 수 없다.

예수님이 이 땅에서 가르치실 때 그분은 모든 만물, 모든 사건, 모든 사실을 그분의 진리를 담는 그릇으로 사용하셨다. 우리도 그래야 하지만 지혜가 부족하여 가장 적절한 그릇을 찾는 데도 어려움을 겪는다. 가르침의 내용을 준비할 때, 그 내용을 담기에 가장 합당한 그릇을 생각나게 하시는 분도 성령님이시다. 그 방법을 소도구로 사용하셔서 사람들의 마음에 변화를 일으키시는 분도 성령님이시다.

티칭 방법을 성령님이 인도하시고 사용하시는 것을 가장 강력하게 배웠던 경험이 있다. 90년대 초 나는 유학 중에 배운 '성경의 파노라마'를 한국 교회에 소개하기 위해 방학을 이용해 일시 귀국하게 되었다. 내가 섬기다 떠난 본 교회의 목사님이 이 소식을 들으시고 주일 설교를 부탁해오셨다. 나는 중산층 신드롬 속에서 선진국에 대한 부푼 꿈으로 가득한 한국적인 상황과 그 속에서 사는 성도들의 삶을 놓고 기도하며 어떤 메시지를 전할까 구했다. 그리고는 웃시야 왕의 교만과 패망을 설교하는 것이 좋겠다는 인도를 받았다. 그 본문을 여러 번 읽고 묵상할 때 이 충격적인 주제를 평범한 말로 전달하는 것은 본문에 대한 반역처럼 느껴졌다. 나는 교회에서 웃시야 왕으로 분장을 하고 그 연기를 해줄 사람을 찾았다. 토요일 오후 그 역을 맡은 청년에게 내가 전할 메시지의 중심 사상과 전개 방식을 설명해주고 잘 준비하도록 부탁했다. 주일 아침 7시 30분 1부 예배가 시작되었다. 선교지를 방문하고 그 전날 돌아오신 담임 목사님도 정신이 없으셨고, 나도 그날 선포하게 될 새로운 방식의 설교에 대한 부담 때문에 마음의 여유가 없었다. 그래서 내 일생 후회할 실수를 하게 되었다. 그 드라마 설교에 대한 계획을 나눌 기회를 갖지 못한 채 예배가 시작된 것이다. 드디어 설교자인 내가 소개되고, 나는 강단 위에 서게 되었다. 나는 살아 있는 거북이 한 마리를 손에 들어 보이며 말문을 열었다.

"이 거북이는 주제를 잊지 말았어야 했습니다. 날마다 하늘 위를 시원하게 나는 황새들을 보며 거북이는 깊은 탄식을 했습니다. '나도 한번 날아 보았으면….' 어느 날 자기 동네에 찾아온 황새 부부에게 거북이는 특별한 부탁을 하게 됩니다. '나도 날고 싶어.' 황새가 충고했습니다. '너는 날 수 없어.' 거북이는 오래 구상해두었던 비행 계획을 일러주었습니다. 자기가 나뭇가지 중간을 입으로 물고 있을 동안 황새 부부가 양쪽을 입으로 물고 나는 것이었습니다. 협상이 성공적으로 이루어져 비행이 시작되었습니다. 하늘로 날아오를 때 그 감동을 무슨 말로 표현할 수 있을까요? 온 동네 거북이들이 고개를 빼고 자신을 올려다보는 것을 보는 쾌감은 또 어떻고요. 고도가 점점 높아지자, 온 나라의 거북이들이 자신을 존경스런 눈으로 바라보는 것이 아닙니까. 거북이는 너무 가슴이 벅차 그들에게 한마디 외치고 싶었습니다. 그래서 입을 크게 벌렸습니다. '내가 난다. 영어로 I fly!' '나'라는 말이 나오자마자 거북이는 돌덩이처럼 땅으로 곤두박질치고 말았습니다. 그날 이후 거북이 목이 이렇게 들어왔다 나왔다 하게 되었다고 합니다."

그 순간 지하에서 강단 오른쪽으로 올라오는 문이 벌컥 열리더니 나병환자 한 사람이 들어오며 소리를 질렀다. "지금, 누구 이야기를 하는 거냐?" 그 순간 사회석에 앉아 계시던 담임 목사님이 놀라서 일어나 계단 아래로 그를 밀어내셨다. 나는 작은 소리로 그것이 설교의 일부분임을 알려드렸다. 민망한 표정으로 목사님이 다시 문을 열어주셨다. 그 다음 등장한 웃시야, 그 모습이 지금도 생생하다. 산발한 가발을 내려뜨리고, 손가락 마디는 붕대로 감고, 고름과 피로 얼룩진 흰색 가운을 입은 채 일그러진 얼굴의 분장을 한 너무도 생생한 나병환자로 그가 등장했다. 담임 목사님 다음으로 놀란 것은 회중이었다. 사람들은 일제히 자리에서 일어났다. 8시도 안 된 아침, 아직 잠이 덜 깬 채 예배에 참여하고 있던 모든 회중이 놀라 눈이 휘둥그레진 채 앉을 줄을 몰랐다. 나는 태연히 말했다. "한번 들어나봅시다. 누구신가요?" 그 친구가 대답했다. "내가 누구냐고? 나는 유다의 16대 왕 웃시야야, 웃시야!" 그는 당황하지 않고 이야기를 이어나갔다. "조심해! 조심해야 해! 높아질 때, 잘나갈 때, 부유해졌을 때 조심해야 해. 내 꼴이 되지 않으려면 주제를 잊지 말아야 해…." 그는 하나님의 은혜로 번성하고 강해졌던 웃시야 왕이 마음이 높아져서 주제를 잊어버리고 제사장에게만 허락된 분향까지 직접 하려다 나병환자가 된 이야기를 간략하지만 강력하게 증거했다. 회중은 두 부류로 나뉘었다. 즉시 이것이 드라마틱인 설교임을 눈치채고 감동을 받은 사람들, 여전히 자리에 앉지 못한 채 서서 왜 목사님들이 정신병자를 세워놓고 그 말을 듣고 있는지 이해가 되지 않아 심장을 벌렁거리는 사람들…. 그가 들어가고 나는 몇 마디 말로 설교를 마무리 지었다. "지금 우리는 우리나라와 더불어 올라가고 있습니다. 올라갈 때 잊지 말아야 합니다. 우리의 능력이 아닌 하나님의 은혜로 올라가고 있음을. 그것을 잊으면 거북이 꼴이 됩니다. 웃시야처럼 됩니다." 설교는 도입에서 결론까지 모두 합쳐 15분 만에 끝났다. 지금껏 내가 주일 강단에서 한 설교 가운데 가장 짧은 것이었다.

긍정적이든 부정적이든 성도들이 받은 충격이 너무 크고 엄청나서 2부, 3부 예배에는 내가 소개한 후 웃시야가 나오도록 조정했다. 예고된 입장 때문에 그 충격은 떨어졌지만 그날 성령님은 그 모든 방법을 강력하게 사용하셔서 경제 부흥기, 중산층 의식에 부풀어 중심이 흔들리던 성도들의 마음을 주께로 향하게 만드셨다. 수십 년이 지난 지금도 나를 만날 때마다 그때 그 메시지를 기억하는 성도들이 있다. 그리고 웃시야 역할을 너무나 실감나게 잘해주어 나까지 놀라게 만들었던 그 청년은 그때의 영적 충격으로 원자력 박사의 꿈을 접고 신학교를 나와 목사가 되었고, 지금 나와 함께 일하는 동역자가 되었다. 성령님은 방법을 사용하신다. 티칭을 준비할 때 방법까지 성령의 지혜와 인도를 구해야 한다.

그러나 방법주의의 위험도 늘 경계해야 한다. 성령님의 능력 대신 방법의 효력만을 신뢰할 때, 방법이 내용을 압도하거나 지배할 때, 방법이 목적 자체로 둔갑할 때, 하나님 말씀의 권위를 방법의 효과로 대체할 때 우리는 성령님을 우리의 가르침에서 제쳐놓는 실수를 하는 것이다.

바울은 늘 그것을 염두에 두고 가르친 교사이다.

"내 말과 내 전도함이 설득력 있는 지혜의 말로 하지 아니하고 다만 성령의 나타나심과 능력으로 하여 너희 믿음이 사람의 지혜에 있지 아니하고 다만 하나님의 능력에 있게 하려 하였노라"(고전 2:4-5).

## 의수(義手) 이야기

의수는 부상으로 손을 잃은 사람에게 인공으로 만들어 붙이는 손이다. 요즈음은 의공학이 발달하여 의수가 진짜 손처럼 보이기도 하고, 의수로도 진짜 손처럼 물건을 집거나 들 수 있다. 그러나 의수가 아무리 좋게 기능한다고 해도 거기에는 그 사람의 심정이 통하거나, 마음이 전달되지 않는다.

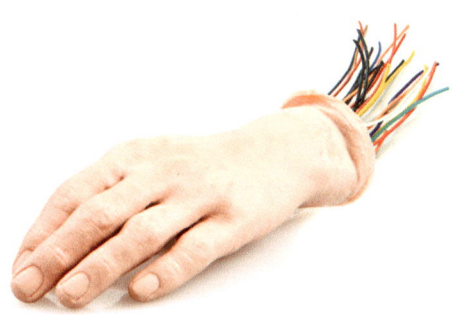

▪ 당신은 하나님의 마음에 합한 하나님의 오른팔이 되고 있는가?

다윗에게 요압 장군은 꼭 의수 같은 사람이었다. 다윗의 왕권 확립에 없어서는 안 될 큰일을 한 용사였다. 자신의 이력서에 패배의 기록이 없는 용장(勇將)이었다. 백전백승의 지장(智將)이었다. 다윗에게 오른팔 같은 사람이었다. 문제는 이 오른팔 같은 요압에게는 다윗의 마음이 통하지 않았다는 데 있다. 요압은 언제나 자기 중심적이었고 제멋대로였다. 왕의 감정이나 왕의 의지보다는 자기 기준, 자기 원리대로 움직였다. 북왕국 이스라엘의 군대 총수 아브넬을 죽일 때도 그랬고, 다윗의 신신당부에도 개의치 않고 압살롬의 심장을 찌를 때도 그랬으며, 솔로몬이 왕이 되는 것이 다윗의 뜻인 줄 뻔히 알면서도 제멋대로 아도니야를 왕으로 세우려고 역모를 할 때도 그랬다. 오죽했으면 다윗이 솔로몬에게 남긴 유언 가운데 하나가 절대로 요압이 평안히 죽지 못하게 하라는 것이었을까?

많은 일을 한다고 하나님이 기뻐하시는 것이 아니다. 큰일을 이루었다고 하나님이 깜짝 놀라시는 것도 아니다. 하나님의 관심은 우리가 무슨 일을 해내고 있는가보다는 우리가 어떤 사람이 되어가고 있는가에 있다.

성령님의 마음이 내 마음으로 통하고, 성령님의 기쁨이 내 기쁨으로 통하며, 성령님의 안타까움이 내 안타까움으로 통하고, 성령님의 생각이 내 생각으로 통하며, 성령님의 열정이 내 열정으로 통하는 그런 성령님의 사람이 되어야 한다. 성령님이 학생들 속에서 일하시는 동안, 우리는 그들의 밖에서 일하는 손발이 잘 맞는 동역자가 되어야 한다.

책을 마치며

자, 이제 우리의 여행을 끝낼 시간이 되었다. 비행사가 비행을 끝내고 돌아와 비행 상황에 대해 간단하게 보고하는 것을 디브리핑(debriefing)이라 한다. 크리스천 티칭이라는 긴 여행을 통해 우리는 많은 것을 배우고 느끼고 도전받았다. 이제 생각의 매듭을 짓기 위해 무엇을 배웠는지 디브리핑해보자. 크리스천 티칭의 큰 그림을 그린 이 여행을 통해 받은 가장 큰 도전은 무엇인가? 가장 큰 마음의 격려는 무엇인가? 이 여행에서 당신이 했던 가장 큰 마음고생은 무엇인가?

## 되돌아보며

### 왜 크리스천 티칭인가?

스토리는 이어져야 한다. 우리 믿음의 스토리는 세대로 이어져야만 한다. 스토리가 끊어질 때 한 민족, 한 나라의 미래가 위태로워지기 때문이다. 모세의 가문에서 일어난 비극이 우리의 비극으로 재현되지 않아야 한다(삿 18:30). 이스라엘 민족에게 일어난 비극이 우리 민족에게 다시 일어나지 않아야 한다. 김일성 가문의 비극이 이 땅에 다시는 없어야 한다.

이 이야기를 하면서 나는 우리 역사의 한 장면을 떠올리게 된다. 지금부터 420여 년 전, 무능력한 선조의 리더십 아래 우리나라 조정은 동인과 서인으로 갈라져 치열한 당파 싸움을 벌이며 국력을 소진하고 있었다. 일본은 통일되어가는데, 우리나라는 군 복무를 기피하는 젊은이들이 늘어만 갔고, 이미 징집된 군사들의 사기도 땅에 떨어진 상태였다. 그대로 10년만 더 간다면 외적의 침입을 감당하지 못하고 나라는 붕괴될 것이 뻔했다. 조정 대신들이 당파의 권익을 놓고 싸움하는 데 여념이 없을 때, 이 위기를 내다보고 대책을 마련한 사람이 있었다. 신사임당의 아들 율곡 이이였다. 그는 1583년 선조에게 유언 같은 간언을 올린다. 10년간 10만 명의 정예 병사를 훈련하고 세워 나라의 몰락을 막아야 한다는 것이었다. 이것이 유명한 십만양병설이다. 그러나 서인들의 주장과 맥락이 같다는 이유로, 그리고 재정이 없다는 이유로 그의 선각자적인 경고와 대안은 휴지 조각이 되고 말았다. 그 다음 해에 율곡은 세상을 떠났고, 그가 세상을 떠난 지 8년이 지난 1592년 일본은 명나라를 치러 가는 통로를 내놓으라는 억지를 부리며 조선을 침략하게 되었다. 7년간에 걸친 이 임진왜란으로 나라는 초토화되었다. 농토의 삼분의 일이 황폐된 후 찾아온 식량난으로 온 백성은 죽을 고생을 하게 되었다. 수도 한양은 경복궁을 제외한 거의 모든 건물이 불타 없어졌다.

믿음의 스토리가 끊어지는 너무도 분명한 그림을 보면서 나는 내 생애를 걸고 또 다른 십만양병 사역을 펴고 있다. 내일의 역사를 오늘에 보며 영적 계대(繼代)의 단절을 막을 주님의 용사를 일으켜야 한다는 한 가지 열정으로 오늘을 살고 있다. 스토리가 끊어져가는 이 시점에서 우리가 해야 할 일은 무엇인가? 우리 자신이 스토리텔러로 살면서 스토리텔러를 키우는 것이다. 신명기 6장 4-9절을 다시 보자.

"이스라엘아 들으라 우리 하나님 여호와는 오직 유일한 여호와이시니 너는 마음을 다하고 뜻을 다하고 힘을 다하여 네 하나님 여호와를 사랑하라 오늘 내가 네게 명하는 이 말씀을 너는 마음에 새기고 네 자녀에게 부지런히 가르치며 집에 앉았을 때에든지 길을 갈 때에든지 누워 있을 때에든지 일어날 때에든지 이 말씀을 강론할 것이며 너는 또 그것을 네 손목에 매어 기호를 삼으며 네 미간에 붙여 표로 삼고 또 네 집 문설주와 바깥 문에 기록할지니라."

부모가 되었든 주일학교 교사가 되었든 우리가 먼저 스토리텔러가 되어야 한다. 스토리가 가슴에 남아 있지 않는 사람이 어떻게 스토리를 이어주겠는가? 스토리텔러가 되기 위해 우리는 먼저 말씀을 들어야 하고, 그 말씀을 마음에 새겨야 한다(learn). 그러나 우리의 스토리텔링의 목적은 하나님에 대한 지식 전수, 정보 전달이 아니다. 하나님을 사랑하고 하나님과 동행하는 마음과 태도이다. 그래서 우리는 먼저 하나님을 사랑하되, 마음을 다하고 뜻을 다하고 힘을 다해 사랑해야 한다(love). 그리고 우리의 스토리는 말과 문장이 아닌 우리의 일상적인 삶, 실제의 삶을 통해 가르쳐지고 전달되어야만 한다(live). 그렇게 스토리텔러로 살아가면서 우리의 다음 세대를 스토리텔러로 세워야 한다(leave).

### 바나나 나무의 비전

나는 트리니티 신학대학원에서 선교학을 가르치시던 폴 히버트(Paul Hiebert) 박사로부터 내 인생의 랜드마크가 될 그림 하나를 얻었다. 인도 선교사의 아들로서 그가 자란 땅 인도에는 성장 유형이 판이한 두 종류의 나무가 있다고 한다. 한 종류는 바니안(Banyan) 나무인데, 한 그루가 학교 운동장 하나를 다 덮기도 하고, 큰 것은 작은 동산 하나를 다 덮을 만큼 크다고 한다. 이 나무는 길다란 줄기가 땅으로 늘어지다가 그 끝이 땅에 닿으면 뿌리를 내려 수없이 많은 줄기로 이루어진 등나무처럼 온 산을 덮어버린다는 것이다. 이 거대한 나무 밑에서 사람들은 낮잠도 자고 쉬기도 한다. 하지만 이 나무 밑에서는 풀 한 포기, 나무 한 그루도 자랄 수 없다. 모든 양분과 모든 햇볕을 차단하기 때문이다. 그러나 또 다른 종류의 나무인

■ 바나나 나무는 생후 6개월이면 다음 세대를 준비하는 지혜를 가지고 있다.

바나나는 정반대로 땅을 덮는다. 바나나 나무는 생후 6개월이면 서너 개의 새순을 마련하고 나머지 6개월 동안 자란 후 열매를 맺고 죽는다. 그러면 다음 세대 바나나가 그것을 거름으로 사용하여 자란 다음, 똑같이 6개월 동안 새순을 만들고 6개월 동안 열매를 맺고 죽는 반복된 과정을 통해 온 산을 바나나 밭으로 만든다. 나는 집에서 바나나 나무 한 그루를 키우고 있다. 계속해서 새순을 잘라 이 집 저 집으로 분양하고 있다. 나는 바니안 나무 같은 거목이 되기를 사모하지 않는다. 오히려 바나나 나무처럼 나를 능가하는, 더 건강하고 더 많은 새순들을 세우다 죽기를 소망한다. 열두 제자를 세워놓고 하늘나라로 가신 예수님처럼.

### 다음 세대를 위한 대안, 크리스천 티칭

다음 세대를 위해 헌신하는 스토리텔러의 열정을 나는 바나나이즘(bananaism)이라 부르고 싶다. 바나나이즘을 구현하는 그 실제적인 전략이 바로 크리스천 티칭이다. 크리스천 티칭은 고상한 교육 방법론이 아니다. 이것은 우리가 서느냐 무너지느냐를 가르는 이 시대를 살아가는 우리의 과제이다.

이미 배운 것을 한번 복습해보자. 크리스천 티칭이란 무엇인가? 예수 그리스도를 닮은 사람을 세우는 것을 목표로(Purpose), 그리스도와 함께 일하는 동역자로서(Person), 진리 되신 그리스도의 인격과 말씀을 가지고(Precept), 한 아이 속에서 하나님의 나라를 보시는 예수님의 시각으로(Pupil), 예수님이 하신 것과 같은 원리와 방법으로(Pattern), 우리 안에 살아계신 그리스도의 생명과 능력으로(Parakleitos) 예수 그리스도 그분에 대해 가르치는 것이다.

그것은 막연하거나 추상적인 일이 아니다. 실제적이고 분명한 모델이 있기 때문이다. 크리스천 티칭의 모델은 그리스도이시다. 예수님 자신의 가르침 속에는 무엇과도 견줄 수 없는, 그리고 보편적으로 적용할 가르침의 원형이 들어 있다. 크리스천 티칭의 원리는 그리스도로부터 나온다. 그분을 모델로 하여 어느 주제, 어느 대상, 어느 문화, 어느 시대에도 적용할 수 있는 진정한 가르침의 원리를 추출할 수 있다. 그리스도의 제자로서 우리의 삶과 사역에서 늘 붙들어야 할 목표와 기준선이 있다면 바로 그리스도 그분이시다. 누군가와 비교하면서 그 사람보다 더 잘 가르치는 사람이 되는 것으로 만족해서는 안 된다. 예수님은 높은 목표를 설정하여 당신의 눈높이를 갱신하기를 바라신다. 우리가 되어야 하고, 되고 싶은 교사는 예수님이어야 한다. 바울도 그랬다.

"내가 그리스도를 본받는 자가 된 것 같이 너희는 나를 본받는 자가 되라" (고전 11:1).

## 현실을 들여다보며

생뚱맞게 느껴질지 모르지만, 이 책을 마치기 전에 꼭 하고 넘어가야 할 말이 있다. 산 위의 영광과 산 아래의 현실에는 차이가 있을 수 있다는 것이다.

### 크리스천 교사의 발목을 잡는 회의와 좌절감

우리는 지금까지 크리스천 티칭의 큰 그림을 확인하며 마음속에 도전을 받았다. 마치 변화산 위에서 모세와 엘리야 사이에 서 계신 예수 그리스도의 영광을 보는 것처럼 하나님의 말씀으로 하나님의 세대를 세우는 영광스런 사역에 대한 그림을 그리게 되었다. 그러나 자칫 우리는 베드로처럼 여기가 좋사오니 하고 이론과 원리의 산 위에 머물 수 있다. 다시 산 아래로 내려가야 한다. 산 아래에는 어느 귀신들린 외아들을 치유하는 데 실패한 제자들의 민망하고 좌절된 현실이 기다리고 있었음을 기억하라. 크리스천 티칭을 현실로 가지고 들어갈 때, 거기에도 역시 우리로 하여금 좌절과 회의에 부딪히게 할 상황이 기다리고 있다.

예수님과 같은 목적으로, 예수님의 진리를 가지고, 예수님과 같은 사랑으로, 예수님이 보시듯 한 영혼을 대하며, 예수님이 가르치신 방법으로 가르치고, 그것도 성령으로 오신 예수님의 능력으로 가르친다고 하자. 모든 사람이 아멘으로 받고, 모든 사람이 순종하며, 모든 사람이 작은 예수로 살기를 결단하고, 그래서 모든 사람의 인격과 삶이 뒤집어질 것이라고 믿는가? 그렇지 않다. 어떤 사람은 당신의 가르침에 귀도 기울이지 않을 수 있다. 어떤 사람은 건성으로 듣고 그 심혈을 기울인 가르침을 낭비할 수도 있다. 어떤 사람은 당신의 가르침을 불신하고 불평하며 배척할 수도 있다. 그런 일을 당할 때를 위해 내가 말한다. 절대로 당황하지 말라. 실망하지 말라. 가장 안전한 것은 처음부터 그것을 예상하고 가는 것이다.

지난 40년간 내 티칭 사역을 돌아볼 때 두 가지 상반된 감정을 느낀다. 한쪽으로는 나의 부족한 티칭 사역을 통해 성장과 변화를 경험한 많은 이들에 대한 고마움과 보람이 있다. 반면 내 티칭을 통해 별로 도움도, 축복도 받지 못한 채 신앙이 자라지 않는 많은 이들로 인한 큰 눌림이 있다. 왜 그들은 말씀을 받지도 않고, 순종하지도 않을까? 왜 그들은 말씀의 능력도, 축복도 경험하지 못한 채 영적 빈곤에 시달리는 것일까? 왜 그들은 자라지 못할까? 왜 그들은 변화하려 하지 않을까? 무엇이 잘못되었을까? 내가 무엇을 잘못해서 저들이 그러는가? 어떻게 해야 저들의 마음을 열게 만들까? 이런 끝없는 물음표의 무게를 느끼며 많은 날을 울었다. 많은 날 잠을 이루지 못했다. 나 자신의 무능함에 괴로웠다.

어느 날 나는 고린도 성도들에게 쓴 바울의 편지를 읽다가 그런 회의와 좌절감이 나의 티칭 멘토인 바울 선생에게도 있었음을 보게 되었다. 사도 바울도 그랬다. 바울이 당했던 그 숱한 고통 가운데 가장 큰 것은 옥에 갇히는 것도, 매를 맞는 것도, 여러 위험 속에 던져진 것도 아니었다. 그것은 자라지 못하고, 연약함을 벗어나지 못하며, 쓰러지고 넘어지는 성도들로 인한 눌림이었다. 그의 이러한 고백은 내게 산소처럼 다가와 절망과 회의 속에 질식당할 뻔했던 나를 소생시켜주었다. 그의 고백을 들어보라.

"내가 수고를 넘치도록 하고 옥에 갇히기도 더 많이 하고 매도 수없이 맞고 여러 번 죽을 뻔하였으니 유대인들에게 사십에서 하나 감한 매를 다섯 번 맞았으며 세 번 태장으로 맞고 한 번 돌로 맞고 세 번 파선하고 일 주야를 깊은 바다에서 지냈으며 여러 번 여행하면서 강의 위험과 강도의 위험과 동족의 위험과 이방인의 위험과 시내의 위험과 광야의 위험과 바다의 위험과 거짓 형제 중의 위험을 당하고 또 수고하며 애쓰고 여러 번 자지 못하고 주리며 목마르고 여러 번 굶고 춥고 헐벗었노라 이 외의 일은 고사하고 아직도 날마다 내 속에 눌리는 일이 있으니 곧 모든 교회를 위하여 염려하는 것이라 누가 약하면 내가 약하지 아니하며 누가 실족하게 되면 내가 애타지 아니하더냐"(고후 11:23-29).

### 티칭 사역의 결과가 다른 이유

민수기를 묵상하던 어느 날 나는 40년 묵은 체증이 뚫리듯 내 마음을 누르던 회의와 절망감에서 벗어나는 경험을 하였다. 이스라엘의 고집스런 불신과 불순종을 보시며 느끼시는 하나님의 좌절감을 발견했기 때문이다. 위대하신 하나님이 완벽한 교육 목표와 완전한 지식과 지혜로, 그리고 완전한 사랑과 충만한 권능으로 가르치셨지만, 그 학생 이스라엘은 대부분의 경우 낙제생의 자리에 주저앉아 한 걸음도 나아가지 않았다. 하나님의 권능과 선하심을 늘 의심하고 반역하며 이집트의 옛 삶을 그리워하였다. 오죽하면 하나님이 이들을 다 쓸어버리고 싶다고 두 번씩이나 말씀하셨을까?

"여호와께서 또 모세에게 이르시되 내가 이 백성을 보니 목이 뻣뻣한 백성이로다 그런즉 내가 하는 대로 두라 내가 그들에게 진노하여 그들을 진멸하고 너를 큰 나라가 되게 하리라"(출 32:9-10).

"여호와께서 모세에게 이르시되 이 백성이 어느 때까지 나를 멸시하겠느냐 내가 그들 중에 많은 이적을 행하였으나 어느 때까지 나를 믿지 않겠느냐 내가 전염병으로 그들을 쳐서 멸하고 네게 그들보다 크고 강한 나라를 이루게 하리라"(민 14:11-12).

좋은 학교에 입학은 했지만 공부를 못해 학교에서 쫓겨난 학생들처럼, 이들은 하나님의 완전한 티칭 속에서도 변화되지 못하고 퇴출되고 말았다. 이집트에서 나올 때 20세 이상 되었던 성인 세대 가운데 가나안 땅에 들어간 사람은 여분네의 아들 갈렙과 눈의 아들 여호수아 외에는 아무도 없었다(민 26:65). 하나님은 얼마나 속상하셨을까? 얼마나 안타까우셨을까?

그렇다면 예수님의 티칭은 어떠했는가? 지긋지긋하게 말 안 듣는 죄인들을 구원하기 위해 하나님의 아들 예수님은 손수 사람의 몸을 입고 이 땅에 오셨다. 이 책에서 이미 살펴본 것처럼 예수님은 교육 목표, 교사로서의 인격, 티칭 내용, 학생들과의 관계, 티칭 방법, 성령의 능력이라는 교수 동력에서 완벽한 교사이셨다. 그 예수님이 가르치실 때 학생으로서 사람들의 반응은 어떠했는가? 소수의 사람들만이 그 가르침에 반응했을 뿐, 대부분의 사람들은 그 가르침을 낭비했다. 많은 이들은 말씀을 받지 않았다. 말씀을 듣고도 순종하지 않았다. 말씀의 능력도, 축복도 경험하지 못한 채 영적 빈곤에 시달려야 했다. 많은 사람들은 자기들의 고정 관념과 삶의 방식을 변화시키려는 예수님의 가르침을 거부하고 저항했다. 예수님은 얼마나 속상하셨을까? 얼마나 안타깝고 좌절감을 느끼셨을까? 그 마음을 잘 보여주는 말씀이 있다.

"이 세대를 무엇으로 비유할까 비유하건대 아이들이 장터에 앉아 제 동무를 불러 이르되 우리가 너희를 향하여 피리를 불어도 너희가 춤추지 않고 우리가 슬피 울어도 너희가 가슴을 치지 아니하였다 함과 같도다"(마 11:16-17).

"예루살렘아 예루살렘아 선지자들을 죽이고 네게 파송된 자들을 돌로 치는 자여 암탉이 제 새끼를 날개 아래에 모음 같이 내가 너희의 자녀를 모으려 한 일이 몇 번이냐 그러나 너희가 원하지 아니하였도다"(눅 13:34).

매우 죄송스럽지만 하나님과 예수님이 교사로서 느끼신 좌절감은 오히려 내게 큰 자유와 격려를 주었다. 교사로서 40년간 눌렸던 감정에서 벗어나는 치유를 받았다. 하나님이 가르치셔도, 예수님이 가르치셔도 안 들을 사람은 안 듣는다. 안 믿을 사람은 안 믿는다. 순종하지 않을 사람은 순종하지 않는다. 변화를 거부하는 사람은 변화되지 않는다. 하나님의 완벽한 티칭에도 그렇게 반응한다면, 부족하기 짝이 없는 내 티칭에 사람들이 100퍼센트 기뻐하고, 수용하며, 순종하여 변화되는 것을 기대한다면 그것은 허영이다.

별안간, 지금까지 이 책에서 세워놓은 원리가 무너지는 허망함을 느끼는가? 그렇지 않다. 사람들의 반응 여부에 따라 그 원리는 무너지지 않는다. 왜냐하면 티칭은 배움과 이어질 때 열매를 맺기 때문이다. 티칭이 씨를 뿌리는 교사 편에서의 책임이라면, 배움은 씨를 수용하는 학생 편에서의 책임이다. 하나님이 또한 예수님이 좌절을 느끼신 것은 자신들에 대해서가 아닌 진리에 대항하는 학생들의 강퍅한 마음 때문이었다. 예수님이 말씀하신 밭의 비유를 보라.

"씨를 뿌리는 자가 뿌리러 나가서 뿌릴새 더러는 길 가에 떨어지매 새들이 와서 먹어버렸고 더러는 흙이 얇은 돌밭에 떨어지매 흙이 깊지 아니하므로 곧 싹이 나오나 해가 돋은 후에 타서 뿌리가 없으므로 말랐고 더러는 가시떨기 위에 떨어지매 가시가 자라서 기운을 막았고 더러는 좋은 땅에 떨어지매 어떤 것은 백 배, 어떤 것은 육십 배, 어떤 것은 삼십 배의 결실을 하였느니라"(마 13:3-8).

같은 사람이 같은 시간에 같은 씨를 뿌려도 그 결과는 판이하다. 그것은 씨를 받아들이는 토양의 차이 때문이다. 같은 사람이 같은 시간에 같은 공간에서 같은 말씀을 가르쳐도 그 결과가 다른 이유 또한 바로 이 때문이다.

그렇다면 어떻게 해야 하는가? 25퍼센트만이 긍정적으로 반응할 것이라 생각하고 75퍼센트는 포기하라는 말인가? 예수님처럼 가르쳐도 소용없으니 대충 하라는 말인가? 사람은 그렇게 쉽게 바뀌지 않으니 티칭의 능력을 크게 기대하지 말라는 것인가? 그 반대다. 크리스천 교사의 바른 믿음이 필요하다는 것이다. 그것을 위해 우리는 어떻게 해야 하는가?

## 주님을 바라보며

### 하나님의 주권을 믿으라

하나님이 주인이시다. 크리스천 교사로서 우리가 결코 잃지 말아야 할 것은 하나님의 주권에 대한 믿음이다. 다윗이 힘들고 어려운 현실, 도무지 이성으로 이해되지 않는 일들을 견디어낼 수 있었던 한 동력은 하나님의 주권에 대한 믿음이었다.

"여호와여 위대하심과 권능과 영광과 승리와 위엄이 다 주께 속하였사오니 천지에 있는 것이 다 주의 것이로소이다 여호와여 주권도 주께 속하였사오니 주는 높으사 만물의 머리이심이니이다 부와 귀가 주께로 말미암고 또 주는 만물의 주재가 되사 손에 권세와 능력이 있사오니 모든 사람을 크게 하심과 강하게 하심이 주의 손에 있나이다"(대상 29:11-12).

요셉이 그가 처한 현실에 따라 일희일비하지 않고 자신에게 주어진 삶의 장이 어디이든 승리하며 견디어낼 수 있었던 것도(창 39:23) 하나님의 주인 되심에 대한 확고한 믿음 때문이었다.

"요셉이 그들에게 이르되 두려워하지 마소서 내가 하나님을 대신하리이까 당신들은 나를 해하려 하였으나 하나님은 그것을 선으로 바꾸사 오늘과 같이 많은 백성의 생명을 구원하게 하시려 하셨나니 당신들은 두려워하지 마소서"(창 50:19-21).

요셉은 13년 동안 감옥에서 썩지 않았다. 그 긴 시간 하나님의 학교에서 한 국가와 시대의 지도자로 서기 위한 수업을 받았다. 이해되지 않는 교과목이었지만, 거기에는 하나님의 계획이 있음을 믿음으로 그 고통의 13년을 자신을 썩히지 않고 세우는 축복으로 활용하였다. 다윗이 이스라엘의 왕으로 기름 부음 받은 후 그 자리에 오르기까지 22년 6개월이 걸렸다. 다윗은 그 시간을 좌절과 회의 속에서 낭비하지 않았다. 그는 하나님의 주권을 믿음으로 참으로 하나님의 마음에 합한 지도자로서의 훈련을 잘 이수하였다.

크리스천 교사로서 우리가 열매에 조급하고, 열매 없음에 좌절하며, 나의 노력과 섬김을 낭비하는 학생들에 대해 분노하는 이유는 하나다. 내가 하나님 행세(playing God)를 하기 때문이다. 그것은 내가 원하는 때에 내가 원하는 열매를 내가 원하는 만큼 따고 싶은 욕심일 뿐이다. 크리스천 교사로서 우리는 그분이 쓰시는 도구에 불과하다는 사실을 잊지 말아야 한다. 우리는 그분의 왕국에 부름 받은 하늘 왕의 일꾼일 뿐이다. 그것을 잊을 때 우리는 다윗이 말년에 저지른 실수를 반복하게 된다. 사탄은 슬그머니 다윗의 마음에 그가 왕으로서 이룬 열매를 확인해보고 싶은 마음을 심었다. 인구 조사를 한 일이 왜 죄가 되는가? 인구 조사 자체가 죄가 아니다. 그 조사를 하려는 다윗의 동기가 죄가 된다. 과거를 보면서 '내가' '내 힘으로' 이룬 '내 나라'의 모습을 확인함으로써 보람과 긍지를 느끼고 싶었을 것이다. 미래를 보면서 자신이 의지할 자산을 확인해보고 싶었을 것이다.

그리스도와 함께 가르치는 크리스천 교사로서 우리가 해야 할 일은 마

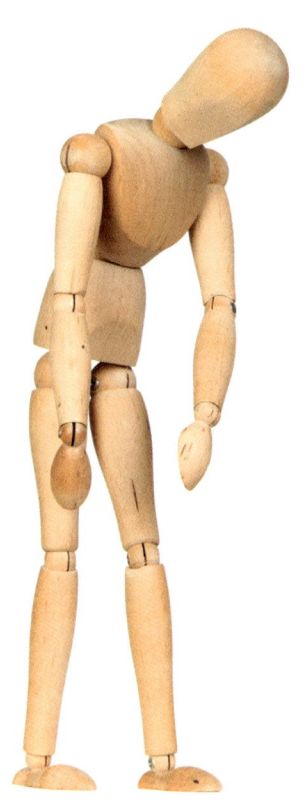

▪ 당신은 하나님 행세(playing God)를 하고 있는가?

스터 교사이신 예수 그리스도와 한 방향 정렬을 하는 것과, 주어진 여건 속에서 충성을 다하는 것뿐이다. 하나님의 주권을 믿고 결과를 보고 싶은 욕심을 내려놓아야 한다. 내 눈에 보이는 결과가 하나님이 의도하신 모든 결과인 것은 아니다. 내 눈에 보이는 실패 속에는 하나님의 측량 못할 계획이 들어 있다. 나는 성경책 갈피에 마더 테레사의 기도문을 붙여 놓았다.[24] 그 기도문을 읽을 때마다 그녀는 결과를 주님 앞에 내려놓는다는 것이 무엇인지를 알았던 교사라는 생각이 든다. 마더 테레사가 말한 '다른 사람'의 자리에 '나의 학생들'이라고 넣어 읽어보면 그것이 더욱 확실히 느껴진다.

존경받으려는 욕망으로부터
사랑받으려는 욕망으로부터
칭찬받으려는 욕망으로부터
명예로워지려는 욕망으로부터
찬양받으려는 욕망으로부터
선택받으려는 욕망으로부터
조언받으려는 욕망으로부터
인정받으려는 욕망으로부터
인기를 끌려는 욕망으로부터

모멸받는 두려움으로부터
경멸받는 두려움으로부터
질책당하는 두려움으로부터
비방당하는 두려움으로부터
잊혀지는 두려움으로부터

오류를 범하는 두려움으로부터
조롱당하는 두려움으로부터
의심받는 두려움으로부터
나를 해방시켜주소서.

오 주여, 우리의 마음도 당신처럼 되게 하소서
나보다 다른 사람들이 더 사랑받게 하소서.
나보다 다른 사람들이 더 존경받게 하옵시고
주여! 이런 욕망들에서 벗어나도록 저에게 은총을 베푸소서.
나는 젖히시고 다른 사람들이 선택받게 하시고
나는 눈에 띄지 않고 다른 사람들이 찬양받게 하시며
모든 일에서 나보다 다른 사람들을 택하여주시고
내가 성스러워지려고 하는 것만큼
나보다 다른 사람을 더 성스럽게 하소서.

### 말씀의 능력을 믿으라

크리스천 교사로서 우리가 티칭의 결과로 인해 실망하지 않을 수 있는 두 번째 믿음은 말씀의 능력에 대한 믿음이다. 크고 작음에 관계없이 모든 티칭 사역에 앞서 내가 붙들고 기도하는 말씀이 있다. 그것은 말씀에 대한 주님의 약속이다.

"비와 눈이 하늘로부터 내려서 그리로 되돌아가지 아니하고 땅을 적셔서 소출이 나게 하며 싹이 나게 하여 파종하는 자에게는 종자를 주며 먹는 자에게는 양식을 줌과 같이 내 입에서 나가는 말도 이와 같이 헛되이 내게로 되돌아오지 아니하고 나의 기뻐하는 뜻을 이루며 내가 보낸 일에 형통함이 니라"(사 55:10-11).

하나님의 말씀은 살아 있다. 하나님의 말씀은 살게 만든다. 성경이 말씀한다. "하나님의 말씀은 살아 있고 활력이 있어"(히 4:12). 하나님의 말씀이 살아 있고, 또한 살게 만드는 것은 그 말씀을 하신 하나님이 살아계시기 때문이다. 하나님은 말씀하신 바를 반드시 이루신다.

2006년 국립수목원은 고대 이집트 제18대 왕조의 12대 왕(B.C. 1370-B.C. 1352) 투탕카멘의 무덤을 발굴할 때 나온 완두콩 씨앗 5개를 확보해 이 중 두 개를 싹 틔우는 데 성공했다.[25] 그 이듬해가 되자 그새 피라미드 완두콩의 수가 증식해 씨앗은 1,500개, 다 자란 식물체는 200개나 되었다. 투탕카멘이 죽은 해가 B.C. 1352년이니 3,300년이 넘은 정말 오래 묵은 씨앗인데, 그 씨앗이 생명의 능력을 발휘한다는 사실이 참으로 경이롭다. 하나님의 말씀은 이 씨앗보다 더 힘이 있다는 사실을 우리는 믿어야 한다. 그것은 마치 우리가 누군가를 가르칠 때 부딪히는 실망을 이겨내도록 응원하는 신호처럼 느껴진다.

씨앗의 기적을 믿는다면 기적의 말씀을 믿어야 한다. 성경은 말한다.

"하나님은 사람이 아니시니 거짓말을 하지 않으시고 인생이 아니시니 후회가 없으시도다 어찌 그 말씀하신 바를 행하지 않으시며 하신 말씀을 실행하지 않으시랴"(민 23:19).

예수님의 놀라운 말씀을 들으면서도 정작 동생들은 예수님을 믿지 않았다. 믿지 않는 정도가 아니라 예수님이 미쳤다고 잡으러 오기까지 했다(막

씨앗의 기적을 믿는다면 하나님의 말씀이 이루시는 기적을 믿어야 한다.

3:21). 위대한 교사이신 예수님이 친형제들도 변화시키지 못하셨다고 생각하는가? 말씀이 그렇게 무의미하게 증발되고 말았다고 생각하는가? 이야기는 거기서 끝나지 않았다. 예수님의 말씀은 부활 후 그 형제들 속에서 위대한 싹을 틔웠다. 그들은 부활한 예수님을 만났으며, 그분의 승천을 목격했고, 성령님의 임재를 체험한 예루살렘 교회의 '창립 멤버'가 되었다. 특별히 예수님 바로 밑의 동생 야고보는 예루살렘 교회의 주요 지도자가 되었다. 그는 야고보서를 기록하는 주님의 도구로 쓰임받았다. 가르친 즉시 약효가 나타나지 않는다고 실망하는 것은 주님의 주권과 말씀의 능력에 대한 불신 때문이다.

사도행전 7장에 나오는 스데반 집사의 티칭 사역은 우리에게 많은 생각의 근거를 준다. 티칭의 관점에서 보면 스데반은 정말 예수님을 닮은 크리스천 교사다. 그의 티칭 목표는 분명했다. 자신의 학생들이 예수님을 믿고 회개하며 구원받게 하는 것이었다. 교사로서의 인격도 흠잡을 데가 없었다. 그는 성령과 지혜가 충만하여 칭찬받는 사람이었다(행 6:3). 그의 티칭 내용은 구약이 가르치는 그리스도가 바로 예수님이시라는 논리 정연한 복음의 변증이었다. 그는 학생들을 진정으로 사랑한 교사였다. 때문에 자신을 향해 돌을 던지는 그들을 위해 기도할 수 있었다(행 7:60). 그의 가르침은 어찌나 성령의 능력으로 충만했던지 누구도 능히 당할 수 없었다(행 6:10). 그는 크리스천 티칭의 모든 요소를 강력하게 소유한 교사였다. 그런데 그 티칭의 결과는 무엇이었는가? 죽음이었다. 6P로 가르친 스타 교사 스데반은 첫 번째 순교자가 되고 말았다. 교사로서 그의 삶은 헛된 것이었는가? 결코 아니다. 스데반이 자신의 목숨을 지불한 비싼 티칭은 그를 처형시킨 책임자였던 사울의 대리석과 같은 마음판에 균열을 일으켰다(행 7:58, 60). 그의 티칭으로 얻은 한 학생이 주님을 위해 얼마나 놀라운 일을 하게 될지 그는 상상도 못한 채 하늘나라로 간 것이다.

하나님의 말씀이 당장 열매 맺지 않아도 실망하지 말아야 할 것을 보여 주는 예가 바로 빌리 그레이엄(Billy Graham)이다.[26] 그의 회심에는 다음과 같은 배경이 있다. 1858년 보스턴의 어느 교회에 에드워드 킴볼(Edward Kimball)이라는 주일학교 교사가 있었다. 그는 구둣방에서 일하는 한 소년을 그리스도께로 인도했다. 그 소년이 바로 19세기 후반 미국과 유럽의 영혼을 뒤흔든 세계적인 복음 전도자 D. L. 무디(D. L. Moody)다. 이후 한 교사로 시작된 한 사람의 영향력은 무디에서 F. B. 마이어(F. B. Meyer)로, 마이어에서 J. W. 채프만(J. W. Chapman)으로, 채프만에서 빌리 선데이(Billy Sunday)로 이어지게 된다. 빌리 선데이는 1917년 10주 동안의 보스턴 집회에서 150만 명의 영혼을 주님께로 인도했다. 그 부흥회에 참석해 은혜를 받은 노스캐롤라이나 주의 사업가들이 모르드개 함(Mordecai Ham) 목사를 초청해 샬럿에서 3주간 말씀 집회를 열었다. 그런데 겨우 열두 살짜리 소년 한 명만 결신하게 되었다. 그 목사의 입장에 서보라. 얼마나 상처가 되겠는가? 얼마나 낙심되고 부끄럽겠는가? 그러나 우리는 이야기가 거기서 끝나지 않았음을 기억해야 한다. 그때 말씀 앞으로 돌아온 그 열두 살짜리 소년 한 명이 전 세계 수백만 명에게 복음을 전하며 회심하게 만든 위대한 설교자 빌리 그레이엄이기 때문이다. 말씀의 능력을 믿을 때 열매를 세어보며 우쭐해하거나, 교만으로 치닫는 죄의 유혹을 이길 수 있다.

### 하나님의 은혜를 믿으라

사막에도 꽃이 필 수 있는가? 물론이다. 물길만 닿으면 사막에도 꽃이 핀다. 어느 선교사의 일화가 있다. 사방이 사막으로 이어진 선교사의 집 뒤꼍으로 어느 날 아름다운 꽃이 피어났다. 나무 한 그루 풀 한 포기 없는 삭막한 그곳에 어떻게 아름다운 꽃이 피게 되었을까? 비밀이 있었다. 바로 부인 선교사의 설거지물 때문이었다. 하수 시설이 없었기에 부인 선교사는 설거지를 할 때마다 그 물을 창 밖으로 버렸다. 그런데 그 물이 사막에 꽃을 피웠던 것이다.

세상은 더욱 각박해지고 있고, 사람들의 마음밭은 길가, 돌밭, 가시떨기로 황폐되어가는 것 같다. 말씀이 먹히지 않을 때 교사는 절망하게 된다. 그러나 그것은 속상할 뿐 절망할 필요는 없다. 하나님의 은혜가 있기 때문이다. 농사꾼은 세 가지 힘을 의식하며 농사를 짓는다. 식물 자체에 내장된 잠재력과 식물을 보살피는 농부의 외적인 영향력. 그러나 이것만으로 식물이 자랄 수 없다. 식물이 자라기 위해서는 농부의 능력을 벗어난 두 가지 변수가 있다. 바로 햇빛과 공기다. 햇빛과 공기가 없으면 농부의 어떠한 노력도 허사일 수밖에 없다. 햇빛과 공기는 하나님의 은혜. 은혜의 힘을 모든 농부는 안다. 그래서 세계 어느 민족, 어느 나라에도 추수 감사제가 있는 것이다. 사람을 가르치는 교사가 결코 놓쳐서는 안 될 믿음은 하나님의 은혜에 대한 믿음이다. 교사의 노력으로 사람이 변화되리라고 믿는 것은 햇빛과 공기 없이도 식물을 키울 수 있다는 생각과 조금도 다르지 않다.

나는 열왕기하와 역대하에서 유다 왕들의 통치를 묵상하며 큰 도전을 받았다. 간략하게 요담부터 시작해보자. 요담은 여호와 앞에서 바른 길로 행한 좋은 왕이었다. 그러나 그에게서 태어나고 가르침을 받은 그 아들 아하스는 하나님이 그토록 미워하시는 우상 숭배의 챔피언이 되었다. 바알 숭배는 기본이고 힌놈의 아들 골짜기에서 자기 자식들을 불살라 몰록을 경배할 정도였다. 그 악한 왕의 아들은 히스기야였다. 그는 유다에서 보기 드문 선한 왕이었다. 그렇게 악한 아버지 아래서 어떻게 그런 좋은 왕이 나올 수 있는가? 어떻게 설명할 수 있겠는가? 답은 하나다. 하나님의 은혜

말씀이 먹히지 않을 때 교사는 절망한다.
그러나 하나님의 은혜가 있다. 하나님의 은혜가 사람을 바꾼다.

다. 그러나 그 선한 왕 히스기야의 아들 므낫세는 유다가 배출한 악한 왕의 최고봉이 되었다. 악한 아버지를 본받아 그의 아들 아몬도 악한 왕으로 살았다. 그러나 악의 화신 같은 할아버지와 아버지 밑에서 요시야라는 유다 최후의 선한 왕이 나온다. 이 일은 어떻게 설명할 수 있는가? 어떤 변수 때문에 그렇게 되었다고 설명할 길이 없다. 성경주석가 매튜 헨리(Matthew Henry)는 이것을 하나님의 은혜라고 설명한다.

"하나님의 은혜의 주권을 보자. 하나님은 아비인 므낫세는 무시하셔서 자기 죄 가운데서 멸망하도록 버려두시고, 그의 아들인 요시야는 선택 받은 그릇으로 사용하셨다. 하나님의 은혜는 상황이 너무 곤란하기 때문에 하지 못하실 일이 없다. 요시야의 좌우편이 모두 실수로 가득 차 있었으나, 하나님은 그를 지켜 바른 길을 가게 하셨다."[27]

크리스천 교사가 붙잡아야 할 확신은 하나님의 은혜가 사람을 바꾼다는 것이다. 우리가 누군가를 가르치다가 보이지 않는 열매 때문에 실망스럽고, 마음이 곤해지며, 자기 연민에 빠지게 될 때 불러야 할 찬송이 있다.[28]

새벽부터 우리 사랑함으로써 저녁까지 씨를 뿌려봅시다
열매 차차 익어 곡식 거둘 때에 기쁨으로 단을 거두리로다

비가 오는 것과 바람 부는 것을 겁을 내지 말고 뿌려봅시다
일을 마쳐 놓고 곡식 거둘 때에 기쁨으로 단을 거두리로다

씨를 뿌릴 때에 나지 아니할까 염려하며 심히 애탈지라도

나중 예수께서 칭찬하시리니 기쁨으로 단을 거두리로다

(후렴) 거두리로다 거두리로다 기쁨으로 단을 거두리로다
거두리로다 거두리로다 기쁨으로 단을 거두리로다

### 하나님의 상급을 믿으라

이 시간에도 올림픽 선수촌에서는 많은 젊은이들이 먹고 싶은 것, 하고 싶은 것, 자고 싶은 것, 가고 싶은 것 모두를 내려놓고 모든 에너지를 쏟아 훈련에 임하고 있다. 그들이 그렇게 할 수 있는 동력은 어디서 오는가? 금메달에서 온다. 금메달의 상급, 세계에서 제일인자로 인정되는 영광에서 온다. 크리스천 티칭은 그와는 비교도 할 수 없는 보상이 큰 사역이다. 우선 현재의 상급이 크다. 다시 한 번 우리의 사명을 선언해보자.

"나는 하나님의 말씀으로 하나님의 사람을 세우는 하나님의 동역자!"

하나님이 학생들 속에서 일하실 동안, 우리는 그들 밖에서 일하는 하나님의 파트너이다. 부족하기 짝이 없는 우리를 통해 하나님은 그분의 뜻을 이 땅에 이루어가신다. 하나님의 파트너로 쓰임을 받다니, 이 땅 위에 이보다 더 큰 영광은 없다. 크리스천 티칭 사역은 결코 쉽거나 가벼운 마음으로 할 수 있는 일이 아니다. 자주 놀리고, 속상하며, 부담스럽고, 실망스러운 사역이다. 그러나 바울의 말과 같이 현재의 고난은 장차 우리에게 나타날 영광과는 족히 비교할 수 없다(롬 8:18).

나는 천국에서의 상급에 대한 성경의 약속을 믿는다. 그 믿음이 오늘까지 이 사역을 이어오는 힘이 되었다. 1978년 달라스 신학교의 선교학 교수 월터 베이커(Walter Baker) 박사로부터 들은 이야기는 평생 나의 영적 시선을 한 순간에 고정시켜준 못이 되었다.

인도에서 평생을 사역한 어느 선교사가 온 몸이 만신창이가 된 채 사역을 은퇴하고 집으로 돌아오는 기차에 몸을 실었다. 몸이 짐짝처럼 구겨지도록 사람으로 가득 찬 열차 때문에 그의 몸과 마음은 더욱 지쳐갔다. 힘든 시간을 보내고 드디어 그리운 가족이 있는 종착역에 도착하게 되었다. 주저앉고 싶을 만큼 피곤에 눌려 역에 내린 그의 눈에 한쪽 벽에 걸린 커다란 환영 현수막이 들어왔다. 그리고 그 앞에는 팡파르를 울리기 위한 악대가 죽 늘어서 있었고, 많은 사람들이 꽃목걸이를 들고 선 채 누군가를 기다리고 있었다. 선교사는 곁에 있던 사람에게 물었다. "무슨 일입니까?" 그가 신바람이 나서 대답했다. "벵갈 호랑이 사냥을 마치고 돌아오는 우리 족장을 환영하는 의식입니다." 선교사는 마음속에서 분노의 화산이 폭발하는 것을 느꼈다. "하나님! 이것이 공평합니까? 멀쩡한 호랑이를 잡아온 저 족장을 위해서는 팡파르를 울리며 이렇게 환영하는데, 죽을 영혼을 살리기 위해 죽을 고생을 다하고 돌아온 제게는 수고했다는 인사 한 마디 없는 이 상황이 공평합니까?" 그때 주님이 말씀하셨다. "얘야, 너는 아직 내 집에 도착한 것이 아니지 않니? 내 집에 도착하는 날 너의 모든 수고와 눈물은 너를 맞을 팡파르의 곡조가 되고, 너의 모든 노력과 헌신은 너를 맞을 환영 노래의 가사가 될 것이란다." 이것은 단지 상상 속의 이야기가 아니다. 주님의 약속이다. 언젠가 우리가 이 세상을 떠나는 그날, 그 순간 거기서 우리는 주님께 보고해야 한다. 그 시상대 앞에서 우리가 저축한 모든 수고와 헌신은 넘치는 상급으로 돌아오게 된다. 이 땅에서 흔들리지 않는 견고함으로 주님과 동역하기를 바라는가? 그날 거기서 그 순간이 영광스럽기를 원하는가? 우리를 위해 상을 예비하고 계신 주님의 약속을 붙들고 나아가라.

"지혜 있는 자는 궁창의 빛과 같이 빛날 것이요 많은 사람을 옳은 데로 돌아오게 한 자는 별과 같이 영원토록 빛나리라"(단 12:3).

"네가 죽도록 충성하라 그리하면 내가 생명의 관을 네게 주리라"(계 2:10).

## 1장

1. 1971년 폴 리비어 앤 더 레이더스(Paul Revere & The Raiders)가 부른 이 노래는 10년 동안 600만 장이나 판매되었다.
2. 찰스 만, 「인디언- 이야기로 읽는 인디언의 역사(오래된 미래)」, 2005.
3. 류영모, '출산 장려, 교회가 앞장서자', 2011년 8월 25일 자 기독공보.
4. 한미라, 「개신교 교회교육(대학기독교서회)」, 2005. p. 397.
5. 유진 깁스, 「한권으로 읽는 교육학 명저 24선(도서출판 디모데)」 중 19장 '교육적인 이슈의 해결'에서 인용, 1998. p. 400.
6. 예수님의 위대한 교사로서의 자질을 분석해놓은 자료를 원한다면 로이 B. 주크의 「예수님의 티칭 스타일(도서출판 디모데)」, 2000. p. 89-136이 제공하는 상세한 자료를 참조하라.

## 2장

7. 브루스 윌킨슨, 「삶을 변화시키는 가르침의 7가지 법칙(디모데성경연구원)」, 1998. p. 63.
8. 크리스천 티칭의 목표는 크리스천의 삶의 목표와 함께 간다. 나의 책 「크리스천다움(도서출판 디모데)」에 이 목표에 대한 더 자세한 설명이 실려 있다. 2009. p. 58-213.
9. Nicholas Wolterstorff, 「Educating for Responsible Action」, Grand Rapids: Eerdmans, 1980. p. 9-10.
10. Frances A. Schaeffer, 「Pollution and the Death of Man」, Wheaton, Ill.: Tyndale, 1970. p. 67, 로날드 하버마스 & 클라우스 이슬러, 「화목을 위한 가르침(도서출판 디모데)」, 1997. p. 568에서 재인용.
11. 로날드 하버마스와 클라우스 이슬러는 크리스천 티칭의 궁극적인 목적인 화목을 이루기 위한 네 개의 큰 목표를 영적 교제(Communion), 공동체(Community), 인격(Character), 사명(Commission)으로 요약하였다. 「화목을 위한 가르침」, p. 42, 61.
12. 같은 책. p. 43.
13. 매트 프리드만, 「이렇게 가르치셨다(파이디온 선교회)」 1995. p. 32에서 재인용.

## 3장

14. 양승헌, 「크리스천다움」, p. 62-63.

### 4장

15. 브루스 윌킨슨, 「삶을 변화시키는 가르침의 7가지 법칙(디모데성경연구원)」, 1998, p. 28-29.
16. 유진 L. 로우리, 「이야기식 설교 구성(한국장로교출판사)」, 1996.

### 5장

17. 문화교육연구회, 「학교야 학교야 뭐하니(풀빛)」 중 '고교 교육헌장', 1989, 「누르는 교육자라는 아이들(또 하나의 문화)」, 1995, p.19-22에서 재인용.
18. 이 손은 테드 워드 교수로부터 배운 하나님의 형상의 구조 그림이다.
19. 이것은 세계적인 선교 전략가 루이스 부시(Luis Bush, Transform World Connections 국제 대표) 목사가 「The 4/14 Window: Raising Up a New Generation to Transform the World」라는 책을 통해 발표한 새로운 선교 개념이다.

### 6장

20. 브루스 윌킨슨, 「티칭 스타일(디모데성경연구원)」, 2000, p. 24-26.

### 7장

21. 크리스천 티칭에 있어서 성령의 사역에 관한 상세하고 풍성한 이해를 얻기 원한다면 로이 B. 주크 교수가 쓴 「성령 충만한 가르침(도서출판 디모데)」을 권한다, 2000.
22. W. H. Griffith Thomas, 「Ministerial Life and Work」, Grand Rapids: Baker, 1974, p. 82, 로이 B. 주크, 「성령 충만한 가르침」, p. 24에서 재인용.

### 책을 마치며

23. 로이 B. 주크, 「성령 충만한 가르침」, 2000, p. 77-84.
24. 호세 루이스 곤살레스 발라도, 「마더 데레사 자서전(황금가지)」, 2005.
25. 2007년 11월 5일 자 연합뉴스
26. 하베스트 교회 그렉 로리(Greg Laurie) 목사의 설교, 2008. 7. 23.
27. 매튜 헨리, 「단권 매튜 헨리 구약주석 상(도서출판 풍만)」, 1986. p. 783.
28. 새찬송가 496장.

# 크리스천 티칭

**1쇄 인쇄**   2012년 1월 5일
**5쇄 발행**   2018년 4월 17일

**지은이**   양승헌
**펴낸이**   고종율

**펴낸곳**   주)도서출판 디모데 〈파이디온 선교회 출판 사역 기관〉
**등록**   2005년 6월 16일 제 319-2005-24호
**주소**   서울특별시 서초구 서초대로 141-23(방배동, 세일빌딩)
**전화**   마케팅실 070)4018-4141
**팩스**   마케팅실 031)902-7795
**홈페이지**   www.timothybook.com

값 16,000원
ISBN 978-89-388-1538-5 03230
Copyright ⓒ 주)도서출판 디모데 2012 〈Printed in Korea〉